Wertschätzung

Dieter Frey · Uta Jungmann

Wertschätzung

Der Schlüssel für ein
zugewandtes Miteinander
in Beruf und Alltag –
148 Fragen und Antworten

Dieter Frey
Center for Leadership and People Management
Ludwig-Maximilians-Universität
München, Bayern, Deutschland

Uta Jungmann
Walluf / Rheingau, Deutschland

ISBN 978-3-662-69301-8   ISBN 978-3-662-69302-5 (eBook)
https://doi.org/10.1007/978-3-662-69302-5

Die Deutsche Nationalbibliothek verzeichnet diese Publikation in der Deutschen Nationalbibliografie; detaillierte bibliografische Daten sind im Internet über https://portal.dnb.de abrufbar.

© Der/die Herausgeber bzw. der/die Autor(en), exklusiv lizenziert an Springer-Verlag GmbH, DE, ein Teil von Springer Nature 2025

Das Werk einschließlich aller seiner Teile ist urheberrechtlich geschützt. Jede Verwertung, die nicht ausdrücklich vom Urheberrechtsgesetz zugelassen ist, bedarf der vorherigen Zustimmung des Verlags. Das gilt insbesondere für Vervielfältigungen, Bearbeitungen, Übersetzungen, Mikroverfilmungen und die Einspeicherung und Verarbeitung in elektronischen Systemen.
Die Wiedergabe von allgemein beschreibenden Bezeichnungen, Marken, Unternehmensnamen etc. in diesem Werk bedeutet nicht, dass diese frei durch jede Person benutzt werden dürfen. Die Berechtigung zur Benutzung unterliegt, auch ohne gesonderten Hinweis hierzu, den Regeln des Markenrechts. Die Rechte des/der jeweiligen Zeicheninhaber*in sind zu beachten.
Der Verlag, die Autor*innen und die Herausgeber*innen gehen davon aus, dass die Angaben und Informationen in diesem Werk zum Zeitpunkt der Veröffentlichung vollständig und korrekt sind. Weder der Verlag noch die Autor*innen oder die Herausgeber*innen übernehmen, ausdrücklich oder implizit, Gewähr für den Inhalt des Werkes, etwaige Fehler oder Äußerungen. Der Verlag bleibt im Hinblick auf geografische Zuordnungen und Gebietsbezeichnungen in veröffentlichten Karten und Institutionsadressen neutral.

Springer ist ein Imprint der eingetragenen Gesellschaft Springer-Verlag GmbH, DE und ist ein Teil von Springer Nature.
Die Anschrift der Gesellschaft ist: Heidelberger Platz 3, 14197 Berlin, Germany

Wenn Sie dieses Produkt entsorgen, geben Sie das Papier bitte zum Recycling.

Vorwort

„Wertschätzung, was heißt das im Beruf?" Über diese Frage für einen Zeitungsartikel haben wir uns im Jahr 2019 kennengelernt.[1] Wir, das sind der Organisationspsychologe Dieter Frey und die Journalistin Uta Jungmann. Als das Interview fertig war, hatten wir noch jede Menge Fragen zum Thema übrig. Neugierig darauf, zu welchen Antworten uns die Überlegungen am anderen Ende der Telefonleitung führen würden, haben wir den Austausch fortgesetzt.

Ausgegangen sind wir dabei von der Überlegung: Wertschätzung wirkt wie Kitt fürs Unternehmen, sogar in der Gesellschaft. Aber wie kann sie funktionieren?

Vor allem über ihren Dominoeffekt, wie beim Lachen: Wenn jemand lacht, lachen andere meist mit. Wenn jemand Wertschätzung zeigt, kommt Wertschätzung zurück. Umgekehrt aber auch: Wenn einer herumbrüllt, gehen

---

[1] Jungmann (2019).

andere in Deckung, und wenige wissen, wie sie mit einem solchen Wutausbruch umgehen sollen. Ist sonst die Tonart im Unternehmen ebenfalls ruppig oder gleichgültig, fehlt es zudem an Lob und Anerkennung füreinander. Solcher Mangel führt zu Unzufriedenheit und mindert die Leistung. Er macht sogar krank. Die Sehnsucht nach besseren Formen der Begegnung drückt sich deshalb nicht nur bei der jüngeren Generation im Anspruch aus, mehr anerkannt und respektiert zu werden.

Im Austausch darüber, was das im Alltag heißt, haben wir am Telefon an der Verteilung unserer Rollen festgehalten: Die Journalistin fragt nach Formen des Umgangs miteinander; der Psychologieprofessor antwortet, bis der Kern der Sache offenliegt. Recherchen in Bibliotheken und ein reger E-Mail-Verkehr mit weiterführenden Gedanken haben unsere Gespräche ergänzt. Einzelne Fragen haben wir so in einen größeren Zusammenhang gerückt. Dort, wo wir uns dabei auf die Ideen oder Studien anderer Autoren stützen oder sich ein Thema gut vertiefen lässt, haben wir das im Buch kenntlich gemacht: Es fasst unsere Fragereise zur Wertschätzung zusammen, mit der Absicht, jede/n daran teilhaben zu lassen.

Am Anfang unserer Reise mussten wir den Begriff Wertschätzung zu fassen bekommen: Was ist sie – ein Wert, ein Wertebündel oder eine Haltung? Darüber streiten die Philosophen.[2] Auch wir haben lange damit gerungen, worauf Wertschätzung fußt, wofür sie steht und wo ihre Grenzen sind, wie Kapitel 2 darlegt. Für uns hat sie sich am ehesten als Haltung und als Wegweiser gezeigt: Dafür, wie sich anderen Menschen und ihrer Würde begegnen lässt und, noch wichtiger, jede/r sich selbst begegnen kann.

---

[2] Zum Beispiel: Kant (1785), Anderson (1995) oder Frey & Schmalzried (2013).

Doch dieses „Wie" in der Begegnung gestaltet sich nicht von selbst, erst recht nicht im Beruf mit seinen vielen fremdbestimmten Situationen, Sachzwängen, Verlustängsten oder unerwarteten Anfeindungen. In einer angespannten Lage, wenn die Nerven blank liegen, Wertschätzung als Kompass zu nehmen, fällt überdies schwer.

Wie sie sich dennoch angehen lässt, schildert Dieter Frey anhand seiner Erfahrung aus Wissenschaft und Praxis: Mehr als 40 Jahre hat er Unternehmen beraten und begleitet, zum Beispiel beim Aufbau einer ethikorientierten Führung in verschiedenen Abteilungen großer Automobilhersteller wie BMW, bei Sparkassen oder Versicherungen wie der Allianz. Zugleich kennt er aus der eigenen Rolle als Chef das Ringen um Wertschätzung: Zuletzt als Leiter des Center for Leadership and People Management, CLPM, eines Forschungs-, Trainings- und Beratungszentrums an der Ludwig-Maximilians-Universität München, LMU.[3]

Unterm Strich hat dabei die Erkenntnis gestanden: Ohne Wertschätzung läuft nichts. Gelingt sie, profitieren beide Seiten gleichermaßen. Im Sinne von: „Ich gebe etwas und bekomme viel zurück: gute Leistungen, ein gutes Mitarbeiten, ein wohlgesinntes Miteinander, gute Stimmung und gute Problemlösungen – sowie einen unkomplizierten Umgang mit Lachen und Gelassenheit."

Doch auch wir, die Autoren dieses Buches, erleben und haben erlebt, wie Menschen in Beruf und Alltag eben nicht wertschätzend miteinander umgehen, ja sich bekriegen, nicht mehr miteinander reden – und sind manchmal Teil

---

[3] Das Center bietet Kurse und Programme an, die Wissenschaftler und Wissenschaftlerinnen der LMU auf eine Führungsrolle vorbereiten oder sie darin unterstützen, vom Doktoranden bis zur Professorin. Das Angebot umfasst Seminare, Vorlesungen und Workshops ebenso wie Coachings, Maßnahmen zur Teamentwicklung oder Organisationsanalysen.

davon gewesen. Auch uns vergeht bei Leuten, von denen wir uns unfair behandelt fühlen, die Lust, ihnen freundlich zu begegnen oder eine Beziehung aufrechtzuerhalten.

Und trotzdem kommen wir und verlangen Wertschätzung: Wieso fordern wir das, wenn sie doch täglich weltweit tausendfach verletzt wird? Die Antwort ist: Ohne sie und das Streben danach wäre die Welt noch schlimmer, gerade die Arbeitswelt mit ihren vielen Abhängigkeiten zwischen Menschen. Eine Idee von ihr zu haben, heißt, immerhin eine Orientierung zu haben – wie ein rettendes Geländer.

Welche Bandbreite an Möglichkeiten zum Antworten und Handeln Wertschätzung bietet, gerade wenn es schwierig und persönlich wird, hat uns deshalb beschäftigt. Auch, was sich davon in den Alltag, in Familien, Schulen oder Sportvereine übertragen lässt. Etwa bei den Antworten darauf, weshalb es sich lohnt, sich an den Kompass der Wertschätzung zu halten, wenn deren Widersacher auftreten, wie Kapitel 3 und 4 zeigen. In Kapitel 5 greifen wir auf, welche Rolle dabei unausgesprochene Erwartungen in Unternehmen spielen – und in allen drei Kapiteln, wie Spielregeln helfen, dem zwischenmenschlichen Fair Play eine Chance zu geben.

Wieso die Führungskraft dabei vorangehen muss, jedoch ohne den Rückhalt und die Unterstützung ihrer Mannschaft auf verlorenem Posten steht, betrachten wir in Kapitel 6. Ebenso, welche Praxistipps beiden Seiten helfen, sich im Alltag wertschätzend zu verhalten. Was sich daraus für die Personalauswahl ergibt, folgt in Kapitel 7. Welche Währungen für Wertschätzung es für die Beschäftigten im Unternehmen gibt, betrachten wir anhand der Erwerbsbiografie in Kapitel 8 sowie anhand von Ritualen in Kapitel 9.

Was einschneidende Veränderungen im Unternehmen für die Mitarbeitenden bedeuten, besprechen wir in Kapitel 10. Weil Wertschätzung vor allem über ihre Kommunikation vermittelt wird, ist dem unser größtes Kapitel 11 gewidmet, mit eigenen Unterpunkten zum Loben, Kritisieren und der Sandwichmethode. Mit ihr lässt sich vor allem Kritik besser vermitteln, die so das Gegenüber leichter erreicht: Nicht nur im Unternehmen, auch im Alltag.

Wie Wertschätzung bei schwierigen Menschen gelingt sowie in der Abwehr von Mobbing oder Intrigen am Arbeitsplatz oder von Hetze sogar hilft, darauf gehen wir in Kapitel 12 sowie 13 ein – und in Kapitel 14 darauf, was der aufbauende Umgang mit sich selbst dabei braucht. Auch für mehr digitale Zivilcourage: Im Zeitalter neuer Techniken ist sie im Beruflichen wie Privaten ebenso gefragt wie neue Formen von Streitkultur in den sozialen Medien.

In Kapitel 15 fragen wir uns, wie sich im beruflichen Umfeld die eigene Haltung gegenüber menschenfeindlichen – etwa rassistischen – Äußerungen vertreten lässt, ohne den Respekt vor dem- oder derjenigen aufzugeben, von dem/der sie kommen. In Kapitel 16 setzen wir uns schließlich damit auseinander, wie sich Brücken bauen lassen, wenn der gegenseitige Respekt in Schieflage geraten ist. Was Unternehmen aus Krisen lernen können und wie einzelne Mitarbeitende in ihnen bestehen können, wollen wir zudem wissen.

Wir hoffen, damit unseren Leser/innen Anregungen zu geben, wie sich Beruf und Alltag mit Wertschätzung besser angehen lassen. Zum Beispiel dabei:

- über einer Sache zu stehen, nicht in ihr;
- Humor zu zeigen;
- zu einem Brückenbauer zu werden.

Mit Blick auf Sie, liebe Leserinnen und Leser, haben wir überlegt, wie wir es mit dem Thema Gendern halten wollen: Wir sprechen jede/n von Ihnen an. Das vermitteln wir so gut wie möglich mit wechselnder Anrede. Ein Dogma haben wir daraus aber nicht gemacht und uns im Zweifel für einen Sprachgebrauch zugunsten eines besseren Leseflusses entschieden. Mitgedacht und -gemeint ist immer jede/r in unserer Leserschaft.

Herzlich danken möchten wir auch: Steffen Wuth, dem Ehemann der Autorin, für seinen Rückhalt und seinen Rat in personalwirtschaftlichen Fragen. Sofia Sikman für ihre klugen Anmerkungen zum Thema Konflikte. Franca Bergunde und Tamara Weindl für ihre sorgfältigen Korrekturen und die formale Bearbeitung des Manuskripts. Schließlich Joachim Coch, unserem Lektor beim Springer Verlag, für seine Geduld und Offenheit gegenüber unseren Ideen in den vergangenen drei Jahren.

Bedanken möchten wir uns auch bei all den Menschen, die uns Wertschätzung gegeben haben und geben. Sie haben uns damit gestärkt und befähigt, das zu leben, was in uns steckt. Sie haben uns Selbstwert geschenkt – und so die Freiheit, aus unseren Fähigkeiten etwas zu machen. Ebenso möchten wir uns bei denjenigen bedanken, mit denen wir um Wertschätzung ringen mussten oder müssen. Auf ihre (nicht immer sanfte) Art haben sie uns Anstöße gegeben, darüber nachzudenken, was für uns Wertschätzung heißt und Augenhöhe bedeutet. Auch als Kompass dafür, zu einem eigenen Handeln zu kommen und es sich nicht als Reaktion auf das anderer vorgeben zu lassen.

Am Ende steht die Hoffnung, dass unser Buch viele unterstützt, ihren Überlegungen und Zielen in Sachen Wertschätzung näher zu kommen. Gerade in schwierigen Zeiten zählt es, auf solche Menschen zu treffen. Sie machen einen Unterschied: Weil sie auf Wertschätzung setzen, darin vorangehen und die Lösung in einem zugewandten Miteinander sehen.

Dieter Frey
Uta Jungmann

Inhaltsverzeichnis

1	**Darum geht es – Wertschätzung!**	1
	Wonach fragen wir?	1
	Was will unser Buch?	4
2	**Bedarf und Verständnis**	9
	Herr Frey, wozu brauchen wir Wertschätzung?	9
	Wie werden die Weichen am Arbeitsplatz dafür gestellt?	12
	Wieso geht es für Sie nicht ohne, Herr Frey?	16
	Was schützt vorm Missachten anderer?	18
	Was heißt das für den Umgang miteinander?	20
	Wieso lohnt es sich, im Beruf nach der goldenen Regel zu leben?	22
	Und wie gehen Sie es an, Herr Frey?	24
	Zuletzt – was hindert manchen, wertschätzende Gesten anzunehmen?	26

3	**Gleichwürdig sein und bleiben**	29
	Herr Frey, warum soll ich Respekt zeigen, wenn der Kollege mich anschreit?	29
	Was hat ein Eisberg damit zu tun?	31
	Toleranz anderen gegenüber – wo hört sie auf?	33
	Wer gerät ins Abseits?	34
	Wie jedem seinen Raum beim Streiten lassen, Herr Frey?	36
	Wertschätzende Regeln und Sprache: Wie lassen sie sich festlegen?	39
	Und wenn es trotzdem knallt?	42
	Doch es gibt nicht immer eine einvernehmliche Lösung. Oder, Herr Frey?	45
	Manchmal sind Grenzen überschritten. Da wertschätzen, ehrlich, Herr Frey?	47
4	**Harter Wettbewerb und Fair Play**	49
	Herr Frey, was ist der größte Widersacher der Wertschätzung?	49
	Was macht ein Miteinander im Unternehmen so schwierig?	51
	Wie kippt der Wettbewerb zum erbitterten Kampf, Herr Frey?	55
	Welcher Typ neigt dazu, den Teamgeist zu zerstören?	57
	Aber können sich Gutmenschen im Unternehmen überhaupt durchsetzen?	59
	Bremst nicht das Silodenken die Gutwilligen von vornherein aus, Herr Frey?	61
	Sie sprechen Seilschaften an. Was ist der Unterschied zu einem Netzwerk?	62
	Widersprechen sich Wettbewerb und Wertschätzung nicht?	66
	Wozu führt mangelnde Wertschätzung, Herr Frey?	67

Inhaltsverzeichnis XIII

Knallharte Chefs haben teils großen Erfolg.
Zahlt sich Härte doch aus, Herr Frey? 69
Wie bekommt das Fair Play eine Chance? 71
Wie bringt Wertschätzung das Unternehmen
weiter? 75

**5 Versteckte Psychologie: Zwischen Erwartung
und Passung** 77
Herr Frey, wie stehen stille Erwartungen der
Wertschätzung im Weg? 77
Was bedeutet Passung? 79
Was, wenn es nicht passt, Herr Frey? 80
Letzter Ausweg – Abbruch? 82
Was führt nach Ihrer Erfahrung zu mehr
Passung im Team? 85

6 Mannschaft und Führungsprinzip 89
Herr Frey: Wohin steuert eine Mannschaft
ohne gegenseitige Wertschätzung? 89
Was bedeutet Wertschätzung als
Führungsprinzip? 91
Wie geht das genau: Sinn vermitteln im Alltag,
Herr Frey? 95
Wieso hilft Fairness beim Steuern auf der
Brücke? 97
Was muss die Mannschaft einbringen, Herr
Frey? 100
Sich wertgeschätzt zu fühlen, ist schön.
Doch was ist der Ertrag davon? 102
Was setzt Wertschöpfung durch
Wertschätzung vor allem voraus? 106

**7 Die richtigen Leute für das Team – und das
Team für mich** 111
Herr Frey, was zieht die richtigen Leute ins
Unternehmen? 111

Woran erkennen Arbeitgeber, wie sich Bewerber im Alltag verhalten werden?	113
Beim Aufstieg aus den eigenen Reihen: Wer empfiehlt sich als Führungskraft?	117
Und woran erkennen Bewerber, wie Wertschätzung beim Arbeitgeber gelebt wird?	121

8 Währungen für Respekt – auf dem Weg durchs Unternehmen 123

Herr Frey, wieso beginnt Wertschätzung schon beim Geld?	123
Welche Währungen gibt es noch?	126
Der Eintritt: Wie werden die Neuen an Bord begrüßt?	128
Welche Worte zählen im Joballtag, Herr Frey?	130
Wie geht das kleine Einmaleins der Wertschätzung auf der persönlichen Ebene?	132
… und auf der fachlichen Ebene?	135
Wieso ist es wichtig, die Leistung des Einzelnen zu betrachten, Herr Frey?	136
Weshalb Rückmeldungen geben?	137
Wieso setzt Wertschätzung den Zugang zu Informationen voraus?	139
Will wirklich jeder so viel zu seiner Arbeit wissen, Herr Frey?	140
Woran erkennt die Führungskraft, wie viel Mitsprache jemand möchte?	141
Wie viel Zeit kostet Wertschätzung?	142
Der Aufstieg von Mitarbeitern: Was hat er mit Wertschätzung zu tun?	143
Was, wenn die Beförderung ausbleibt, Herr Frey?	144
Wie hilft das offene Wort weiter?	147
Bildschirm und Beraterrolle: ein Ausgleich für die fehlende Beförderung?	149

9 Wie stärken Rituale die Wertschätzung füreinander? 153

Herr Frey, wieso im Unternehmen Gebräuche pflegen? 153
Angefangen bei Geburtstagen: Warum an die Kollegen denken? 154
Wieso ist es von Bedeutung, Jubiläen zu feiern? 155
Ist der Umtrunk noch zeitgemäß, Herr Frey? 156
Frühstückskaffee oder Nachmittagstee? 156
Was ist mit Betriebsausflügen? 157
Weihnachtsfeier und mehr: Wie geht ein Hoch aufs Team? 157
Soll die Familie in den Betriebsalltag einbezogen werden, Herr Frey? 158
Der Abschied naht, wegen Jobwechsel oder Ruhestand. Was ist zu beachten? 160
Wie lässt sich im Krankheitsfall wertschätzend handeln? 161
… und im Todesfall? 164

10 Alles wird anders im Unternehmen 165

Herr Frey, welche wertschätzenden Pflichten gelten bei betrieblichen Veränderungen? 165
Wie lassen sich unpopuläre Maßnahmen transportieren? 166
Umstrukturierung oder Verkauf: Was darf noch erzählt werden, Herr Frey? 167
Wie betroffenen Mitarbeitern sagen, dass die Zukunft ohne sie stattfindet? 168

11 Rund um die Kommunikation 173

Herr Frey, was heißt, auf gleicher Augenhöhe miteinander zu reden? 173

Wie soll das gehen – mit Blick auf das Gefälle in der Hierarchie? ... 174
Gilt das wirklich für jeden: Pförtner, Reinigungs- und Kantinenkräfte, Herr Frey? ... 176
Wie steht sich manche Führungskraft selbst im Weg? ... 178
Rund um die Kommunikation: Richtig loben ... 179
   Herr Frey, wie wirkt ein Lob? ... 179
   Wie lässt sich ein Lob treffend formulieren? ... 180
   Wieso ist manchem Beifall peinlich, Herr Frey? ... 182
   Was gibt es zu beachten, damit Lob nicht falsch ankommt? ... 184
   Stimmt der Spruch: Großherz macht groß, und Kleinherz macht klein? ... 186
   Was ist ein kaltes Lob? ... 187
   Lässt sich das Loben lernen, Herr Frey? ... 187
   Brauchen manche Menschen mehr Lob als andere? ... 189
   Ist es klug, Mitarbeiter zu fragen, ob sie sich genug gelobt fühlen? ... 190
   Was ist besser – ein Lob unter vier Augen oder vor versammelter Mannschaft? ... 190
   Was ist, wenn Leute im Team sagen, es gebe einen Nasenfaktor? ... 191
   Wann wird Lob zur Manipulation, Herr Frey? ... 192
   Darf die Führungskraft trotz schlechter Zahlen loben? ... 192
   Sollte ein Chef sagen, dass er sich auch über ein Lob freuen würde? ... 193
   Darf der Mitarbeiter die Chefin loben, Herr Frey? ... 194
Rund um die Kommunikation: Das Sandwich – eine Methode zum Loben und für konstruktive Kritik ... 195

Herr Frey, ist es möglich, dass sich alle im Team gegenseitig loben und kritisieren?	195
Wie lässt sich eine Baustellenrunde abschließen, Herr Frey?	198
Lob und Kritik für mich – wie lässt sich darauf reagieren?	199
Rund um die Kommunikation: Wertschätzend kritisieren	200
Herr Frey, wie begleitet die Führungskraft, damit es gar nicht erst zur Kritik kommt?	200
Dem Mitarbeiter ist ein Fehler passiert. Was nun, Herr Frey?	201
Wie schafft es jemand, sich von Fehlerkritik nicht herunterziehen zu lassen?	204
Darf die Führungskraft ein Mitglied vorm Team korrigieren?	205
Wenn ich unzufrieden bin – wie bringe ich das als Mitarbeiter an?	206
Was müssen Angestellte bei Kritik am Vorgesetzten beachten, Herr Frey?	206
Soll Kritik sofort geäußert werden oder besser später?	207
Inwiefern hat das Homeoffice die Kritikkultur verändert?	208
Und wie bauen Manager die Fehlerkultur im Unternehmen wieder aus?	209
Herr Frey, was bringt es, Fehler wertzuschätzen?	211

12 Die Wertschätzung von schwierigen Menschen 215

Herr Frey, wie lassen sich schwierige Mitarbeiter wertschätzen?	215
Wie geht's ans Eingemachte?	216
Und wenn die Leistung nicht stimmt?	217

	Abmahnung: Wie kann das Gespräch wertschätzend erfolgen?	220
	Wie leite ich eine Kündigung oder eine Trennung ein?	221
	Mein Chef ist Trump. Was soll ich an ihm wertschätzen?	226
13	**Verteidigung gegen Mobbing und Intrigen**	**233**
	Herr Frey, wer macht andere nieder?	233
	Was tun gegen Narzissten, Machiavellisten und Psychopathen im Team?	237
	Von „Na und?" bis „Was soll's?": ein Türöffner für Intrigen, Herr Frey?	239
	Wie mit Mobbing umgehen?	240
	Was, wenn sich Mobbing in den sozialen Medien fortsetzt?	243
	Im Unternehmen: Wer sind die Hüter seiner Werte, Herr Frey?	246
	Aber was ist mit den Miesepetern?	248
	Was, wenn die Mannschaft doch ein festes Regelwerk braucht, Herr Frey?	251
	Und wenn die Überzeugung fehlt, sich an Werte und Regeln zu halten?	252
	Wieso brauchen Führungskräfte noch mehr Werteorientierung als Mitarbeiter?	252
14	**Die eigene Gegenwehr – für andere, für mich und überall**	**255**
	Herr Frey, wieso ist Gegenwehr an jedem Ort gefragt?	255
	Wann sollte ich für den Kollegen eintreten?	257
	Wohin mit der eigenen Wut darüber, wie meiner Kollegin zugesetzt wird?	259
	Jeder bekommt mal einen dummen Spruch ab. Übergehen Sie ihn, Herr Frey?	261

| | Inhaltsverzeichnis | XIX |

	Wie wehre ich mich gegen Kränkungen im Job?	264
	Entwertet wird auch oft mit Aggression. Ein Teufelskreislauf?	267
	Wann ist es besser, zu gehen: Woran zerbreche ich?	268

15 Widerspruch mit Haltung — 271
Herr Frey, verlieren wir die Fähigkeit, verschiedene Meinungen auszuhalten? — 271
Bei Tisch stoßen mir die Ansichten eines Kollegen übel auf. Was nun? — 275
Früher hat der Kollege, die Kollegin anders getickt. Was ist passiert? — 277
Und wenn es doch um die politische Überzeugung geht, Herr Frey? — 278
Einige suchen nach Publikum für ihre Überzeugungen. Wie sich dem entziehen? — 280
Manche sind voller Hass, weil ein Krieg ihre Familie betrifft. Was ist mit ihnen? — 282

16 Ausgleich mit Achtung — 287
Herr Frey, wie entschuldigen Sie sich? — 287
Aber wenn sich beide im Recht fühlen, was dann? — 289
Wann macht die Bitte um ein klärendes Gespräch Sinn? — 292
Wie sich auf ein klärendes Gespräch vorbereiten, Herr Frey? — 293
Was, wenn trotz Schieflage zusammengearbeitet werden muss? — 295
Was bleibt, wenn die Leute nicht mehr miteinander reden? — 298
Wie wird die Brücke tragfähig? — 301

Fürs Unternehmen: Welche Lehren lassen
sich aus Krisen ziehen, Herr Frey? 302
Und wie hilft Wertschätzung am Arbeitsplatz
durch Krisen hindurch? 305

17 Nachwort 309

Literatur 317

Über die Autoren

© Florian Geserer

Dieter Frey, geboren 1946 in Baiersbronn, ist Professor für Sozialpsychologie an der Ludwig-Maximilians-Universität München. Zugleich ist er akademischer Leiter des LMU Center for Leadership and People Management; das Forschungs-, Trainings- und Beratungsinstitut ist im Zuge der Exzellenzinitiative der Universität gegründet worden.

Zuvor hatte Frey eine Professur in Kiel und in New York inne.

Von 2003–2013 war er Leiter der Bayerischen Eliteakademie. Er ist gleichzeitig Mitglied in der Bayerischen Akademie der Wissenschaften. Für seine Forschung, die Welt etwas humaner zu machen, wurde er unter anderem von der Margrit-Egnér-Stiftung der Universität Zürich ausgezeichnet. Zudem wurde er für seine Arbeit, Theorie und Praxis zu verbinden, zum Deutschen Psychologiepreisträger – Psychologe des Jahres 1998 – ernannt. Seine Forschungsinteressen sind ethische sowie toxische Führung, Zivilcourage, Innovation, Kreativität, Entstehung und Veränderung von Werten. Im Fokus der ethischen Führung stehen seine Ziele, Exzellenz mit Menschlichkeit zu verbinden und die Ausbildung von ethikorientierten Persönlichkeiten, die den Unterschied machen. Seit seines Lebens hat er versucht, mit seinen Veröffentlichungen sowie mit seinen Vorträgen und Workshops in sozialen Organisationen und Unternehmen, die Welt im Großen oder im Kleinen etwas besser zu machen. Seine Vorbilder sind die Philosophen Immanuel Kant und Karl Popper.

© Wolfgang Radtke

Uta Jungmann, geboren 1967 in Neustadt an der Weinstraße, lebt und arbeitet als freie Journalistin im Rheingau. Sie schreibt für die Frankfurter Allgemeine Zeitung und verschiedene Titel der Kirchenpresse zu Themen aus der Arbeitswelt, der Psychologie und zu Kulturellem. Mit journalistischen Mitteln den Dingen auf den Grund zu gehen, hat sie im Volontariat bei der Katholischen Nachrichten-Agentur in Bonn gelernt. Die begleitende Ausbildung an der katholischen Journalistenschule ifp in München hat sie zudem ermutigt, ethische Fragen zu stellen, auch zum Berufsalltag. Davor hat sie ein Studium in Neuerer Geschichte, Öffentlichem Recht und Neuerer deutscher Literatur an der Universität Tübingen absolviert. Heute ist sie beruflich im In- und Ausland unterwegs, von 1999–2011 auch für Reportagen zur Entwicklungszusammenarbeit in Asien, Afrika und Lateinamerika. Ihre Begegnungen mit ganz unterschiedlichen Persönlichkeiten, deren Lebensbedingungen und Kulturen haben ihr Interesse geweckt, vertieft zu betrachten, was Einzelne in ihrem Handeln leitet und woran sie sich dabei orientieren. Immer wieder beeindrucken sie Menschen, die ihre Werte leben und dabei anderen genug Raum für ihre Werte und ihr Leben lassen.

1

Darum geht es – Wertschätzung!

Wonach fragen wir?

Wir wollen wissen: Was ist Wertschätzung am Arbeitsplatz, was nicht – und was macht sie aus? Warum gibt es Wertschätzung, wieso Verletzungen davon? Was ist viel, was ist wenig Wertschätzung? Warum lassen es Menschen anderen gegenüber daran oft mangeln, gerade im Beruf? Je mehr wir fragen, je mehr wir Verhalten hinterfragen, desto näher wollen wir den Treibern und Hindernissen in unseren Antworten kommen – und an praktischen Beispielen zeigen, wie sie sich auf Menschen und ihre Arbeitsergebnisse auswirken.

Wir sind überzeugt: Gute Führung und eine von Offenheit sowie Vertrauen geprägte Unternehmenskultur wirken ansteckend und strahlen auf alle Beschäftigten aus. Das zeigt sich auch in Diskussionen und bei Streitigkeiten: Sie müssen ausgefochten werden, sobald Klärung nötig ist. Zugleich sind sie Gelegenheiten, bei denen sich der gegenseitige Respekt zwischen den Beteiligten beweisen kann und sollte.

Wertschätzung heißt dabei im beruflichen Alltag: Jemand gibt mir Aufmerksamkeit und will, dass ich meine Ziele ebenso erreiche wie die des Unternehmens. Er sieht mich, hört mich, bestärkt und lobt mich oder bringt mich mit konstruktiver Kritik voran. Das löst fast immer aus: Da will ich etwas zurückgeben. Den will ich nicht enttäuschen. Da will ich mich anstrengen. Da bin ich motiviert und engagiert. Während das Umgekehrte, mangelnde Wertschätzung, genau das Gegenteil bewirkt: Ich bin enttäuscht, gefrustet und deprimiert und gebe wenig oder nichts zurück. Schlimmer noch: Aus Frust schade ich vielleicht sogar anderen oder dem Betrieb. Wird der Mensch von Dritten hingegen positiv gesehen, muss er nicht auf Abwehr schalten, sondern möchte den freundlichen Blick auf sich erhalten und gibt mehr zurück, als er müsste.

Aussagen von Führungskräften in Wirtschaft, Wissenschaft und Verwaltung zeigen, wie viele verschiedene Arten von Lob und Wertschätzung es gibt, auch von Kultur, Kritik und Korrektur. Was die Kultur im Kern füllt, was sich daraus ableiten und davon lernen lässt – dem gehen wir auf den Grund. Ähnlich wie in einem Interview: So, wie wir im Austausch miteinander auf unsere Antworten zu den Fragen der Wertschätzung gekommen sind. Wir möchten unsere Leser damit anregen, mit uns auf die Reise zu gehen und zu überlegen, was Wertschätzung für sie, in ihrem Beruf und Alltag bedeutet – und eigene Antworten dafür zu finden.

Am Arbeitsplatz gehört dazu, nicht nur zu betrachten, wie die Leute in der Abteilung miteinander umgehen, sondern auch zu fragen: Wie sehr würdigt das Unternehmen die berufliche Lebensleistung seiner Mitarbeiter, gerade in Krisenzeiten? Oder: Wie geht es mit Mobbing und Seilschaften um? Und wie wird Respekt gezeigt? Im Kleinen

1 Darum geht es – Wertschätzung!

wie im Großen wollen wir mit unseren Fragen herausfinden: Was bedeutet ein zugewandter, wertschätzender Umgang miteinander?

Toleranz ist die Grundlage dafür. Ist sie in einem Unternehmen nicht selbstverständlich, muss als Erstes daran gearbeitet werden. Sonst fehlt die Basis eines jeden Miteinanders, und die Idee der Wertschätzung kann schon im Ansatz nicht funktionieren. Im Gespräch, auch beim Streiten, fordert die Toleranz dafür von jedem, sich den Ansichten des Gegenübers zu nähern. Seinen Standpunkt verstehen zu wollen, ohne ihn zu übernehmen. Und nicht: die eigenen Überzeugungen mit Absolutheitsanspruch durchzusetzen. So werden beim Aushandeln einer gemeinsamen Grundlage die Grenzen der Toleranz immer wieder neu bestimmt. Die gegenläufigen Sichtweisen der Beteiligten bleiben jedoch bestehen: Sie unterscheiden einen Menschen vom anderen, machen ihn aus – und bergen Stoff für Konflikte.

Wir, die Autoren dieses Buches, haben rund um das Thema Wertschätzung viele Gespräche mit Führungskräften und Mitarbeitern geführt: Sozial- und Organisationspsychologe Dieter Frey mit 40 Jahren Erfahrung in der Forschung sowie der Beratung von Firmen, Journalistin Uta Jungmann in Interviews zum beruflichen Alltag mehr als 20 Jahre lang. Aus diesen Einsichten und der Debatte darüber heraus entwickelt unser Buch eine Handreichung dafür, was Wertschätzung am Arbeitsplatz heißt und wie gegenseitige Anerkennung über Hierarchieebenen hinweg gelingen kann.

Was will unser Buch?

Unser Buch möchte Führungskräften, Mitarbeitenden und jedem Interessierten Anstöße zum Nach- und Weiterdenken geben: dazu, was Wertschätzung im Arbeitsalltag ausmacht und wie sie sich aus innerer Haltung und Überzeugung heraus leben lässt – als Schlüssel für die Begegnung auf Augenhöhe zwischen Menschen in Unternehmen und über deren Grenzen hinaus, im Privaten.

Zudem will unser Buch zeigen, wie sich aus manchem Gegeneinander von Mitarbeitern, Managern und Abteilungen ein Miteinander machen lässt und mehr „Wir" im Unternehmen entsteht: Gefragt ist dafür eine Kultur der Kooperation und Wertschätzung, statt in einem ständigen Kampf um Respekt zu stehen, mit einer allmählich wachsenden Abneigung gegen „den" oder „die" unter den Kollegen und Vorgesetzten. Welche Hindernisse dem im Weg stehen, schildern wir, und auch, wie sie sich überwinden lassen.

Praxistipps fassen zwischendurch zusammen, wie sich die ersten Schritte dafür angehen lassen. Alltagstipps regen zudem an, manches davon ins soziale Miteinander zu übertragen. Schließlich wollen unsere Beispiele dazu bewegen, mehr gegenseitige Wertschätzung im Umgang miteinander zu wagen, auch in den sozialen Medien.

Bei unseren Gesprächen dazu hatten wir mündige Menschen im Blick – und ihr Vermögen, im anderen ein ebenso mündiges Wesen zu sehen: als Voraussetzung dafür, ihn ernst zu nehmen, als gleichwürdig zu betrachten, ihm Anerkennung zu geben und sie von ihm einzufordern, unabhängig vom hierarchischen Gefälle und frei von Ängsten. Wie das mithilfe von zugewandtem Verhalten beiden Seiten gelingen kann, dem gehen wir nach.

Allerdings hindert am kollegialen Miteinander oft der Kampf um knappe Güter, zum Beispiel um höhere Posten und Gehälter, um Vorzeigeprojekte oder die Gelder dafür. Weil die Ressourcen begrenzt sind, engen sie für jeden die Chancen für Aufstieg und Karriere ein. Zugleich geben sie im beruflichen Wettbewerb fortgesetzte Konkurrenz vor: Wer sich beweisen, voran- und an seinen Kollegen vorbeikommen will, muss sich von ihnen absetzen. Jede/r hat deshalb das Recht, die eigenen Erfolge sichtbar zu machen und sich gut in der Selbstdarstellung zu zeigen.

Unser Buch legt dar, weshalb es klüger ist, dabei auf einen fairen Wettbewerb zu setzen statt auf einen zügellosen – und begründet, wieso sich das für die Firma wie für die Beschäftigten auszahlt. Auch wenn manches Unternehmen die Konkurrenz zwischen den Beschäftigten noch befeuert, in der Hoffnung auf höheren Umsatz oder schnellere Ergebnisse in der Forschung, verkennt solch ein enthemmter Wettbewerb den menschlichen Faktor: Wo Wertschätzung und ihre Spielregeln als Leitplanken fehlen, werden aus Rivalen schnell Feinde. Bald überlegen manche nur noch, wie sie sich einen Vorteil und anderen einen Nachteil verschaffen können – und blockieren sich nicht nur gegenseitig, sondern auch die Abläufe im Unternehmen und damit dessen Wirtschaftsleistung.

Oder: Einige Beschäftigte lassen in ihrer Leistung nach, weil sie wenig zählt, wenn Posten in ihrem Unternehmen nicht fair verteilt werden, sondern danach, wer die besten Beziehungen zum Chef hat. In solch einem Umfeld bilden die Mitarbeiter zwar eine Gruppe, aber eine aus Einzelkämpfern: Ohne inneren Kitt fällt sie mittelfristig hinter die Ergebnisse starker Teams zurück, wie Erhebungen belegen, etwa zu agilen Arbeitsformen und der gegenseitigen Anerkennung dabei.[1]

---

[1] Braun et al. (2013).

Wertschätzung, Freude an der Arbeit, Erfolg, Leistung und sogar Höchstleistungen sind deshalb kein Widerspruch; sie bedingen einander. Weshalb dafür weder das Erreichen der Ziele noch die Arbeitsproduktivität des Einzelnen wie der Mannschaft aus dem Blick geraten dürfen, schildern wir ebenfalls.

So betrachten wir: Wie ist Wertschätzung trotz Konkurrenz im Team möglich? Wie soll der Einzelne immer bessere Erfolge erzielen, wenn nicht angestachelt vom scharfen, internen Wettbewerb? Und auf welchem Weg lässt sich der Anspruch auf steigende Leistungen mit Wertschätzung verbinden?

Anregungen dafür entnehmen wir dem Mannschaftssport: Auch bei ihm wird vorgegeben, wer auf dem Platz spielen darf und wer nicht – und es wird heftig darum gerungen. Das schadet aber in der Mannschaft weder der Wertschätzung noch dem Zusammenhalt, solange die Kriterien bei der Auswahl für alle klar sind und die Trainerin oder der Trainer fair mit allen umgeht.

Damit eine gute Mannschaft auf dem Platz zusammenfindet, müssen sich Unternehmen wie Bewerber zudem bereits am Anfang richtig entscheiden. Das heißt: Wie erkenne ich als Arbeitgeber unter den Kandidaten für eine Mitarbeiter- oder Führungsrolle jene, die sich wertschätzend verhalten oder mutmaßlich nicht so verhalten werden? Und umgekehrt: Woran erkenne ich als Bewerber Arbeitgeber, deren Leute Wertschätzung nur auf dem Papier, aber nicht im Alltag buchstabieren können?

Wie sich in Betrieben, Behörden oder in Bildungsstätten der alltägliche, interne Wettstreit gestaltet, entscheidet zudem die Fairnesskultur oder, wie wir es nennen, eine ethische Führungs- und Unternehmenskultur: Mit sozialen Regeln, die von den leitenden Managern und Managerinnen vorgelebt werden, dem Stellenwert von Fair Play dabei und der Teilhabe aller daran. Der wertschätzende

1 Darum geht es – Wertschätzung!

Kompass gibt vor, wie die Spielregeln im Unternehmen dafür gesichert werden können: zum Beispiel, indem sein Management Beförderungen nachvollziehbar macht. Auch liegt es an den Führungskräften, ob sich der Rücksichtslose im Team durchsetzt oder jener, der die Mannschaft im Blick hat.

Zudem kommt die Eigenverantwortung ins Spiel: Gleich, wie das Umfeld am Arbeitsplatz ausschauen mag – letztlich ist jede/r aufgefordert, Wettbewerb und Wertschätzung gut zu verbinden und für einen fairen Umgang miteinander zu kämpfen, sogar wenn er von der Mehrheit im Betrieb nicht gelebt wird. Wie sich Bündnispartner dafür finden lassen, darauf gehen wir ebenfalls ein.

Auf dem Weg zum zugewandten Miteinander kann den Einzelnen dabei Wut und Empörung über Abwertung und ungleiche Behandlung ebenso entwaffnen wie motivieren: Weil sogar das, was als Verletzung, gar Erniedrigung der Selbstachtung empfunden wird, den Willen stärken kann, für sich und andere einzustehen und ungerechter Behandlung künftig mehr entgegenzutreten.

Denn: Jeder hat ein Anrecht auf Wertschätzung. Das geht mit dem Auftrag einher, sie anderen gegenüber zu zeigen – und dem, darum zu kämpfen, falls sie einem oder anderen im Team versagt wird und jemand nicht respektvoll behandelt wird.

2

Bedarf und Verständnis

Herr Frey, wozu brauchen wir Wertschätzung?

Professor Frey: „Wir alle haben täglich das Bedürfnis, unseren Selbstwert zu erhalten und auszubauen. Wir wollen uns im Spiegel anschauen und uns leiden können. Die meisten begegnen sich mit Selbstrespekt, weil sie um ihren Wert wissen. Doch wir möchten mehr: Wir alle wollen unseren Eigenwert in der Begegnung mit anderen erfahren, ihn geachtet und bestätigt sehen.

Wertschätzung ist deshalb eine innere Haltung, kein antrainiertes Verhalten oder eine Technik. Sie bedeutet: Wir sind uns selbst nicht gleichgültig – und sollten es entsprechend auch keinem anderen Menschen gegenüber sein. Denn: Jeder will wahrgenommen werden, und sich anerkannt, mehr noch, gewürdigt fühlen. Keiner und keine will ein Niemand sein, sondern ein Jemand.

Wer Wertschätzung einfordert, muss sie deshalb auch anderen geben und drückt sie in seinen Worten und seinem Handeln nach außen hin aus. Alle haben ein Recht darauf: in der Krippe, im Kindergarten, in der Familie, in Schule und Universität ebenso wie am Arbeitsplatz. Wertschätzung begründet jede Form von Gemeinschaft, weil sie die Zugehörigkeit und die Mitsprache an deren Entscheidungen eröffnet, etwa bei der Arbeit im Team. Nur wer solche soziale Teilhabe erlebt, findet sich in seiner Gruppe wieder und identifiziert sich mit ihr.

Erst recht, wenn Wertschätzung von einer Gruppe Menschen ausgeht, die mir wichtig ist oder nahesteht. Sie vermittelt das Gefühl: Ich bin Teil dieser Gemeinschaft, etwa meiner Familie, meiner Heimat – da, wo ich mich fallen lassen kann. Wertschätzung heißt deshalb auch: Ich werde verstanden und so angenommen, wie ich bin. Ich habe den Schutz der Gemeinschaft. Ich werde geachtet, gesehen, von ihr respektiert und gehört. Ich spüre, dass ich etwas wert bin, auch im Unternehmen: Dort werde ich gefragt und über Entwicklungen informiert. Zugleich stärkt die Wertschätzung, die ich von anderen empfange, mein Selbstvertrauen. Umgekehrt wird wenig davon entwickeln und ausstrahlen, wer sie nicht erfährt.

Derzeit sind die meisten Menschen beruflich für ein Unternehmen tätig: Nach den Zahlen des Statistischen Bundesamtes, Destatis, sind im Jahresdurchschnitt 2024 rund 46,1 Mio. Menschen in Deutschland erwerbstätig gewesen, davon rund 42,3 Mio. als Arbeitnehmer und davon wiederum der größte Teil in der Privatwirtschaft.[1] Einige verbringen an ihrer Wirkungsstätte sogar mehr Zeit

---

[1] Statistisches Bundesamt (2025, 2. Januar), vorläufige Zahlen sowie Rechenstand April 2025.

als mit ihren Familien und Freunden. Für die Beschäftigten sind Unternehmen deshalb zentrale Orte, um Anerkennung zu erfahren – nicht nur für ihre Arbeit und ihren Einsatz, sondern auch für den Menschen, der dahintersteht. Viele hoffen, ihr Bedürfnis danach am Arbeitsplatz befriedigen zu können, auch wenn das nicht überall gelingen mag. Wie sehr Menschen weltweit Sehnsüchte nach Autonomie, Kontrolle über ihr Umfeld, nach dem Einsatz ihrer Kompetenzen und deren Erweiterung sowie nach sozialem Anschluss in einer Gruppe teilen, haben die Sozialpsychologen Deci und Ryan ausgelotet.[2]

Vielen ist wichtig, sich im Beruf anderen zu zeigen: zum Beispiel mit ihrer Selbstwirksamkeit, wie sie sich im Team erleben lässt. Die Leute wollen ihre Fähigkeiten einsetzen und sich damit anderen offenbaren. Das heißt, sie möchten Aufgaben gemäß ihrer Talente und Interessen übernehmen. Ihre Fähigkeiten dienen zudem nicht nur als Mittel zum Broterwerb, sondern gewinnen einen höheren Sinn, werden sie im Einsatz fürs Team geschätzt. Erfüllt sich der Wunsch danach, fühlen sich die Leute am Arbeitsplatz wohl und geachtet, wie Deci und Ryan betonen.[3]

Gibt es am Arbeitsplatz hingegen wenig oder keine Wertschätzung für die Beschäftigten und ihre Fähigkeiten, wird dort ihrer Sehnsucht nach sozialer Teilhabe und damit nach Anerkennung nicht entsprochen. Der Mensch fühlt sich nicht als Teil seiner Gruppe. Das beeinträchtigt ihn nicht nur im Erreichen seiner Ziele; es schadet in der Folge zudem den Ergebnissen des Unternehmens."

---

[2] Deci & Ryan (2008).
[3] Deci & Ryan (2008).

Wie werden die Weichen am Arbeitsplatz dafür gestellt?

„Am Arbeitsplatz heißt das für alle, auch für mich: Das Mitmenschliche zählt. Wertschätzung bezieht sich auf jeden, ob Mann, Frau oder divers. Sie verlangt, jedem Menschen den gleichen Respekt entgegenzubringen, ihn zu sehen und zu hören, ihm ohne Vorurteile zu begegnen und seine jeweiligen Interessen in derselben, fairen Weise zu berücksichtigen wie die eigenen. Noch mehr als von allen anderen im Unternehmen fordert sie das von der Führungsspitze.

Der Abwehrspieler Niklas Süle hat einmal seinen Wechsel von Bayern München zu Borussia Dortmund begründet mit: „... ich hatte das Gefühl, [dort] als Mensch und als Fußballer gewollt zu werden."[4] Er spricht damit das Grundbedürfnis aller Angestellten an – sie wollen nicht nur als Mitarbeiter wahrgenommen werden, weil sie sich zuerst als Menschen und erst danach in ihrer beruflichen Rolle sehen.

Doch ob sie solch eine umfassende Anerkennung erfahren, hängt vom Management und seinen Vorgaben für die jeweilige Unternehmenskultur ab. Zwar haben viele Betriebe inzwischen Leitwerte bestimmt, schreiben sie sogar an die Wände und Türen, und haben die sozialen Spielregeln dafür ebenso festgelegt wie ihre Regeln zur Compliance: Die verpflichten den Vorstand nicht nur, für die Rechtstreue des Unternehmens zu sorgen, sondern auch eigene Richtlinien – etwa zu Inklusion, Gleichberechtigung und gegenseitigem Respekt – zu wahren und zu fördern. Doch oft dringt zu wenig von solchem

---

[4] Niemeyer (2022).

Selbstverständnis im Alltag durch und bleibt blass, weil der oder die Einzelne zu wenig gesehen wird.[5] Oder ihnen wird kaum zugehört. Auch, weil vielen Führungskräften wie Beschäftigten eine harsche Ansage in Stressmomenten leichter fällt als die Frage: ‚Wie kann ich helfen?' Es zeigt, wie schwer es ist, zu mehr Wertschätzung, zu mehr Miteinander zu kommen. Zumal sich die wenigsten als so abweisend wahrnehmen. Wie im Straßenverkehr: Die meisten schätzen sich besser ein als durchschnittliche Fahrer. Das heißt: Nicht wertschätzend sind immer die anderen.

Diese Einstellung hat Folgen: Nach dem Gallup-Index zum Mitarbeiter-Engagement in 2024 geben mehr als drei Viertel der Befragten an, Dienst nach Vorschrift zu machen, also das gerade Nötigste zu tun. Damit einher geht ihre geringe emotionale Bindung an den Arbeitgeber, häufig aufgrund von schlechter Führung. Sind die meisten Vorgesetzten wohl davon überzeugt, eine gute Führungskraft zu sein, sind indes derzeit nur 16 % der Mitarbeitenden mit ihrem direkten Vorgesetzten völlig zufrieden. Obwohl der Eindruck bei den Beschäftigten wächst, Führungskräfte behandelten sie zunehmend als Partner, sagt die Mehrheit immer noch, im Alltag würden ihre Stärken zu wenig wahrgenommen und wertgeschätzt.

Unterm Strich fühlen sich laut der Gallup-Umfrage bloß rund 9 % der Arbeitnehmer stark an ihr Unternehmen gebunden. Doch nur sie gelten als diejenigen, die die Ziele ihres Betriebs mit hohem Einsatz vorantreiben. Umgekehrt wirkt sich mit 13 % der Anteil derer ungünstig aus, die ganz unzufrieden sind und bereits innerlich gekündigt haben, so zeigt eine volkswirtschaftliche Rechnung:[6]

---

[5] Von Strombeck (2021).
[6] Jährlich veröffentlichter Mitarbeiter-Engagement-Index, vom Beratungsunternehmen Gallup für 2024.

Wie Gallup mithilfe von Zahlen des Statistischen Bundesamtes schätzt, haben sich im Jahr 2024 die Kosten aufgrund von Produktivitätseinbußen wegen demotivierter Beschäftigter auf eine Summe von mindestens 113,1 Mrd. € belaufen. Auch die Fehlzeiten werden von der Bindung ans Unternehmen beeinflusst: Beschäftigte, die sich emotional von ihrem Arbeitgeber verabschiedet haben, waren zuletzt im Schnitt rund acht Tage im Jahr krank, die stark verbundenen Mitarbeiter bloß knapp fünf Tage. Guter Führung kommt daher eine wichtige Rolle zu, wollen die Unternehmen gegensteuern und die Motivation der Beschäftigten steigern: Ihre Spitzenleute leben dafür Werte, Wertschätzung und eine zugewandte Ausrichtung im Alltag vor.

Ethische Führung prägt dabei, Beschäftigte als Menschen zu sehen und nicht nur als Arbeitskraft, Teil des Unternehmenskapitals oder bloßen Kostenfaktor.[7] Dabei gleicht sogar ein hohes Gehalt für keinen fehlende Anerkennung auf Dauer aus. Wer zufrieden sein soll, braucht Anerkennung ebenso wie gute Voraussetzungen und genug Freiraum zum Gestalten seiner Arbeit. Für beides zu sorgen, gehört zu den Pflichten des obersten Managements. Mit seinem Verständnis von Wertschätzung setzt es die Bedingungen, wie gut oder schlecht bei den Leuten von unten die Verbundenheit mit dem Team, dem Unternehmen sowie die Leidenschaft für die eigenen Aufgaben wachsen.[8]

Dafür spielen die sichtbaren Handlungen an der Spitze eine entscheidende Rolle. Zum Beispiel: Wie wird mit Mitarbeitern und Führungskräften umgegangen, wenn sie offensichtlich gegen die Werteleitlinien des Unternehmens verstoßen, aber zugleich hohe finanzielle Gewinne

---

[7] Von Strombeck (2021).
[8] Von Strombeck (2021).

einfahren? Welche Konsequenzen werden gezogen? Gerade an ihrem Beispiel zeigt sich: Wird im Unternehmen gelebt, was sich die Geschäftsführung auf die Fahnen schreibt? Oder sehen alle nach wie vor, was eine Studie bereits 2011 festgestellt hat: Wenn es darauf ankommt, unternimmt das obere Management meist nichts.[9] Trotz all der Leitwerte – und obwohl mit ihrer Betonung die ausbleibende Reaktion der Geschäftsführung noch verstörender wirkt, als es schon vor 15 Jahren der Fall gewesen ist. Allerdings zeigt das Befremden darüber auch, wie sehr Werte als Maßstab für das Handeln im Unternehmen wirken, sind sie einmal benannt und anerkannt: Abweichungen davon fallen noch mehr auf.

Zugleich wird niemand den eigenen Anspruch an sein wertschätzendes Verhalten in zwischenmenschlichen Begegnungen immer, gleich und ganz erfüllen können, auf keiner Ebene im Unternehmen. Doch Wertschätzung hat unterschiedliche Stufen und darf sie auch haben: Dem besonders sympathischen und über Jahre vertraut gewordenen Kollegen werde ich anders begegnen als der neu hinzugekommenen Mitarbeiterin in der Gruppe. Zwar gilt beiden der gleiche anerkennende Respekt,[10] doch mein Verhalten ihnen gegenüber wird schon aufgrund unserer unterschiedlichen Nähe zueinander variieren – in Mimik und Gestik ebenso wie in Sprache und Humor. Bloß zugewandt muss es beiden gegenüber sein.

Jeder kann seinen inneren Kompass dafür am Bedürfnis nach gegenseitiger Anerkennung ausrichten – im Beruf und allen anderen Lebenslagen. Mit Wechselwirkungen: Wer am Arbeitsplatz Wertschätzung erfährt und anderen gegenüber zeigt, wird das Gespür dafür mit nach Hause

---

[9] Steinert & Halstrup (2011), von Au (2017).
[10] Haller (2021).

nehmen und in seine Familie hineintragen. Oder: In wessen Familie gegenseitige Wertschätzung großgeschrieben wird, der hat ihre Kultur ebenfalls verinnerlicht und trägt sie in die Arbeitswelt hinein."

Wieso geht es für Sie nicht ohne, Herr Frey?

„Weil ich um meinen eigenen Wert weiß, an jedem Ort, zu jeder Zeit, auch an meinem Arbeitsplatz – und meine unantastbare Würde, meine Menschenwürde. Ganz so, wie wir sie in unserem Staat nach dem Grundgesetz jedem zuschreiben. Wertschätzung beginnt deshalb bei mir: Aus Wert und Würde ergibt sich für mich der Auftrag zum lebenslangen Lernen, anderen gegenüber wertschätzenden Umgang zu zeigen sowie ihn von anderen mir gegenüber einzufordern.

Für manchen ist dieser Auftrag ein Problem, weil er seinen Wert nicht sieht und zu wenig Respekt für sich selbst hat. Das Gefühl, wertloser als andere zu sein, ist dabei kaum zu ertragen: Einige fallen darüber in eine Depression. Andere werten zum Ausgleich ihre Mitmenschen ab und ziehen über sie her, wie Studien zeigen.[11] Oder umgekehrt: Jemand denkt, mehr wert zu sein als andere, überhöht sich etwa aufgrund seiner Machtposition oder Herkunft und zeigt im Alltag deshalb rücksichtsloses Verhalten, trifft herablassende Aussagen und versagt anderen ihre Teilhabe, mir als Wissenschaftler vielleicht in einer Forschungsgemeinschaft.

---

[11] Frey (2016).

2 Bedarf und Verständnis

Wird meinem Bedürfnis nach Wertschätzung so nicht entsprochen, gehen damit Verletzungen einher. Täglich werden Menschen auf diese Weise herabgesetzt und müssen damit umgehen, in Unternehmen wie in der Gesellschaft.

Zurücksetzen, Aussondern, Schlechtreden und Schlechtmachen lösen dabei dieselben Schmerzen aus wie ein physischer Schmerz, etwa ein Schlag ins Gesicht, wie die Untersuchungen von Naomi Eisenberger und Kollegen gezeigt haben.[12] Doch wer verletzt, erkennt oft nicht, welche Wunden er seinem Gegenüber zufügt: Auf den ersten Blick sind sie nicht so sichtbar wie ein blaues Auge.

Zugleich müssen wir uns hüten, nur auf das zu schauen, was uns widerfährt und schmerzt. Die meisten würden sagen, sie verletzten nicht, sondern geben mehr Wertschätzung als andere – und wieder können die Selbst- und Fremdeinschätzung dazu auseinanderfallen.

Umso wichtiger ist es, sich gegenseitig dort Rückmeldungen zu geben, wo es an Wertschätzung fehlt, auch wenn das für beide Seiten schwierig ist. Doch ohne solches Feedback werden die Schmerzen nur noch größer. Deshalb bestehe ich auf Wertschätzung und einem Umgang auf Augenhöhe: Zum einen schützen sie mich vor Verletzungen, zum anderen fördern sie mich und meine Stärken langfristig.

Im Alltag heißt das: Ich begegne meinem Gegenüber zugewandt – und er hoffentlich mir. Wesentlich für die zugewandte Begegnung sind vor allem drei Dinge: zuhören, ausreden lassen und Höflichkeit zeigen, in der Körpersprache wie in der Wortwahl. Als viertes kommt noch

---

[12] Eisenberger, Lieberman, & Williams (2003).

der dezente Hinweis hinzu, sollte einmal etwas nicht in Ordnung sein.

Die vier Merkmale lassen sich variieren: Abhängig davon, wie verbunden und vertraut ich meinem Gegenüber bin – und ob ich ihm mehr auf der Sach- oder der Beziehungsebene begegne, also dem Kollegen oder der Freundin. Bei dem einen wird der wertschätzende Ausdruck eher wohlwollend sein; bei der anderen warmherzig. Nur der Grundton eines anständigen Umgangs miteinander bleibt immer gleich – zugewandt und respektvoll."

Was schützt vorm Missachten anderer?

„Wertschätzung fordert zunächst von mir, einer Verwechslung zu begegnen: Die meisten erkennen ihre Mitmenschen an, in einer Art von ‚Ich habe nichts gegen ihn'. Damit nehmen sie den anderen bestenfalls wahr, schätzen ihn aber noch lange nicht wert.

Wer den anderen nur wahrnimmt, bleibt auf der untersten Stufe der Begegnung stehen und versagt ihm ein Erkennen, wie der französische Sprachphilosoph Paul Ricœur ausführt.[13] Zumal meine Wahrnehmung des anderen gesteuert wird von dem, was bereits im Herz, dem Affekt, oder im Kopf, der Kognition, über ihn oder ähnliche Menschen verankert ist. Übrigens auch aufgrund dessen, was mir andere über ihn erzählt haben.

Anerkennung bezieht indes die Eigenschaften des Menschen mit ein, die jeden erst zur Person machen. Sie wechselt die Perspektive zugunsten des Empfängers und richtet sie auf ihn aus. Die nächste Stufe, die soziale Wertschätzung, hebt auf die besonderen Züge ab, die einen

---

[13] Ricœur (2022).

Menschen von anderen in einer Gemeinschaft unterscheiden und mit denen er sich einbringt.[14] Das damit verbundene Interesse anderer an mir leistet an dem Punkt mehr, als es die Selbstachtung allein vermag, wie Sozialphilosoph Axel Honneth darlegt: An der Rückmeldung dazu misst jeder die Bedeutung, die seine Eigenschaften und Fähigkeiten für das Leben anderer hat – und erkennt, was andere an ihm schätzen und wie sehr. Dieses Wissen stärkt die Beziehung zum eigenen Ich, weil es mir Selbstvertrauen und Selbstbewusstsein vermittelt.[15]

Deshalb hängt das Wohlbefinden von Menschen stark davon ab, ob sie sich in ihrer Umgebung anerkannt oder missachtet fühlen. Soziale Anerkennung ist eine notwendige Ergänzung von Selbstbild und Selbstachtung: Nur wenn andere die Fähigkeiten eines Menschen bezeugen, wird er sich seiner selbst völlig gewiss. In der Folge muss er nicht mehr um seine Selbstbehauptung kämpfen – und das wirkt sich auf sein Verhalten aus.[16]

Begegnungen auf Augenhöhe setzen daher voraus, anerkannt zu werden und andere anzuerkennen: So lässt Wertschätzung den anderen nicht nur gelten, sondern achtet ihn für das, wozu er fachlich fähig ist und was ihn menschlich ausmacht. Sie gesteht dem anderen einen Wert über seine Rolle hinaus zu und rechnet ihm seine Leistungen an, etwa mit einem Lob. Sogar einem schlichten wie: ‚Ich bin froh, dass du da bist und die Kostenabrechnung machst.'

Wertschätzung kann aber auch heißen, die Schwächen des anderen zu sehen und ihn darauf anzusprechen – im Vertrauen darauf, dass er es besser machen kann: Sei es,

---

[14] Elsner (2012).
[15] Honneth (2021), Otterbach & Wenig (2017), Schalwat (2014).
[16] Ricœur (2022).

die Tabellen für die Planung künftig pünktlich fertigzustellen, sei es, den Beitrag des Kollegen zu der eigenen, zündenden Idee zu erwähnen und ihn in der Konferenz nicht außen vor zu lassen.

Die Augenhöhe zu bewahren, ist erst recht wichtig, wenn ein Kollege zum Mitbewerber um die Beförderung wird: Dabei wird der wertschätzende Blick auf die Mitmenschen meist von Taktik verdrängt. Doch es bringt auch im Wettbewerb Vorteile, sich ihn zu bewahren: Wer dem anderen zugesteht, wie gut er in dem ist, was er macht, legt die Messlatte höher und spornt sich zu mehr eigenem Einsatz an.

Zugleich verbietet Wertschätzung, andere zu ignorieren, schlecht über sie zu reden oder sie zu kränken. Auch den anderen kleinzumachen, herabzusetzen oder auszugrenzen. Weil jeder im Gegenüber auf Seinesgleichen trifft und damit auf sich selbst. Das verlangt, den anderen respektvoll zu behandeln, mit ihm als Ebenbürtigem und Gleichwürdigem umzugehen sowie die Begegnung mit ihm entsprechend zu gestalten. Nicht nur die Achtung vor dem anderen und seiner Würde fordern das ein – auch die Achtung vor dem eigenen Ich."

Was heißt das für den Umgang miteinander?

„Da kann ich nur auf die goldene Regel der Ethik verweisen. Seit der Antike bringt sie die Grundzüge des menschlichen Umgangs auf den Punkt: ‚Was du nicht willst, das man dir tu', das füg' auch keinem andern zu', lautet sie im Volksmund.[17] Ihr Gebot beruht auf der Gegenseitigkeit

---

[17] Frey & Schmalzried (2013).

oder Reziprozität menschlichen Handelns, seiner Tauschgerechtigkeit. Heute lässt sich die goldene Regel übersetzen mit: ‚Behandle andere so, wie du von ihnen behandelt werden willst!' Für das tägliche Miteinander bei der Arbeit bedeutet das: Wird mir freundlich begegnet oder etwas Gutes getan, bin ich eher bereit, anderen ebenfalls freundlich zu begegnen und etwas für sie zu tun.

Vor rund 200 Jahren ist der Philosoph Immanuel Kant noch einen Schritt weiter gegangen. Er hat die goldene Regel vom persönlichen Maßstab gelöst, davon unabhängig gemacht und sie auf eine höhere Stufe überführt – mit dem kategorischen Imperativ. Der lautet: ‚Handle nur nach derjenigen Maxime, durch die du zugleich wollen kannst, dass sie ein allgemeines Gesetz werde.' Danach ist mein Handeln nur richtig, wenn es für jede/n gerecht ist und es für alle gleichermaßen als Leitlinie des eigenen Handelns gelten kann.[18]

So sehr ich meine Würde bewahren will, so sehr muss ich sie danach jedem anderen im gleichen Maß zugestehen, auch im Wettbewerb oder Streit mit ihm. Mit demselben Recht könnte sonst jeder mich und meine Belange verletzen. Umgekehrt gilt das aber auch. In keinem Fall wird deshalb der Egoismus Einzelner hingenommen, sondern von klaren Grenzen beschränkt: mit direkter Ansprache, wo sie überschritten werden – und meinem Recht auf Gegenwehr und Abwehr.

Übertragen auf ein Streitgespräch im Job bedeutet die kantische Maxime zum Beispiel: bei der Sache bleiben, nicht ins Persönliche driften, auf Schuldzuweisungen verzichten. Und: nicht generalisieren. Nur weil jemand einmal einen Abgabetermin verpasst hat, heißt das nicht, dass er durchweg ein schlechtes Zeitmanagement hat. Bei solchen Verallgemeinerungen geht es schnell um Sympathie,

---

[18] Frey & Schmalzried (2013).

nicht um Wertschätzung – und jeder hat unterschiedliche Sympathien, das ist nur menschlich. Doch das darf nach der kantischen Lehre nicht heißen, jenen, die einem weniger sympathisch sind, eine geringere Wertschätzung entgegenzubringen oder sie ihnen gar zu entziehen.

All das umzusetzen, ist oft schwierig. Vor allem, weil es viele nirgendwo gelernt haben. In Schulen, Universitäten, Firmen herrscht das Leistungsprinzip vor. Dabei geht es meist um die Anerkennung der Leistung und nicht unbedingt um Wertschätzung und Achtung vor anderen Menschen. Doch beides lässt sich üben, auch im Joballtag."

Wieso lohnt es sich, im Beruf nach der goldenen Regel zu leben?

„Genau wie wir Psychologen heute wussten bereits die frühen Lehrmeister der Ethik und Religion: Jedes Gebot braucht einen Anreiz, damit Menschen es erfüllen wollen. Für die Wertschätzung lautet er gemäß der Tauschgerechtigkeit: Auch andere werden meinem Bedürfnis danach entsprechen. Sie werden mich in meiner beruflichen Rolle und als Menschen sehen und damit meinem Begehren nach Anerkennung nachkommen. Trotz meiner Pflicht, die gesteckten Arbeitsziele zu erreichen, wird der Chef mich nicht auf meine Leistung oder meinen Status reduzieren. Und: Er darf es auch nicht. Wenn, soll und muss ich um meiner selbst willen anderes Verhalten von ihm einfordern. In der Arbeitswelt gibt Wertschätzung damit vor, was andere von uns erwarten können, und umgekehrt, was wir von anderen erwarten können.

Oft stehen dabei die Chancen gut, dass sich ein Vorschuss an Vertrauen auszahlt. Die meisten Leute gehen bei einer neuen Begegnung von einer wechselseitigen

Beziehung in der Zukunft aus und hoffen, darin eigene Wertschätzung zu erfahren. Zumal sich die grundlegenden Sehnsüchte vieler überlappen: etwa in Freiheit, friedlich und selbstbestimmt zu leben, auch mit der Kollegin am Schreibtisch gegenüber. Dabei ergibt sich aus meiner Wertschätzung für sie, mit welcher Haltung ich auf sie zugehe, wie ich mit ihr umgehe – und wie sie mir antwortet.

Die meisten Menschen möchten in einem ihnen wohlgesonnenen Arbeitsumfeld leben, weil sie nur so ihr Bestes geben können. Sobald Wertschätzung wegbricht, geht Energie für ihre Kreativität verloren: Wer herabgesetzt wird, braucht seine Kraft für Abwehr und zur Verteidigung. Wer herabsetzt, richtet sie auf den nächsten Schlag, die nächste Intrige aus. Beides kostet Zeit und führt weg von der Arbeit. Auf Dauer erzeugt Nichtwertschätzung für alle Stress. Davor schützt die goldene Regel: als Sicherheit dafür, das eigene Wohlgefühl und die Kraft fürs Kreative zu bewahren, sodass schädliche Energieräuber beides nicht auszehren können.

Als meinen Beitrag zum Erhalt der Wertschätzung im Team muss ich dafür ansprechen, wenn ich regelwidriges Verhalten beobachte, und sagen, wieso es den gemeinsamen Werten und Spielregeln widerspricht. Sonst droht eine fortwährende Herabsetzung den Menschen langsam, aber sicher auszuhöhlen. Dringe ich allein nicht durch, kann ich mir Verbündete in der Mannschaft suchen, auch beim Betriebsrat. Lassen sich die Verhältnisse jedoch nicht ändern oder fordert der Einsatz dafür zu viel Kraft, ist zu überlegen, nach beruflichen Alternativen außerhalb des Unternehmens zu suchen. Auch ich als Psychologe kann nur in einem Arbeitsumfeld gut und kreativ tätig sein, wenn es mich trägt. Den meisten Menschen geht es genauso."

Und wie gehen Sie es an, Herr Frey?

„Ich denke, als Faustregel lässt sich sagen: Jeder muss immer mehr geben, immer vorausgeben und hoffen, dass er einiges davon zurückbekommt. Wobei wieder das positive Reziprozitätsprinzip zum Tragen kommt, die Tauschgerechtigkeit: Wie du mir, so ich dir. Ich gebe, und ich bekomme etwas zurück, wenn ich es brauche. Ich gebe Hilfe und darf Hilfe erwarten. Meine Erfahrung im Beruf zeigt dabei: Je mehr ein Mensch von sich aus hilft und schenkt, desto höher ist die Chance, dass er viel zurückbekommt, wenn er in eine ähnliche Situation gerät. Entweder von derselben Person oder von anderen Menschen: Kooperatives Verhalten führt eher zu Win-Win-Effekten. Meine Lebensphilosophie ist deshalb: ‚Gib immer etwas mehr, gib es etwas früher, und du bekommst einiges wieder zurück!'

Zumal ich weiß: Gegenseitige Hilfe regt die körpereigenen Endorphine an, die Glückshormone, und steigert das Wohlbefinden. Insofern hat mein unterstützender Einsatz eine doppelte Wirkung: Ich tue nicht nur anderen etwas Gutes, sondern letztlich auch mir.

Die Gebote der Wertschätzung legen für mich zudem die Leitplanken der Begegnung mit anderen Menschen fest, damit keiner aus der Spur gerät und eine Abwärtsspirale gegenseitiger Verletzungen lostritt, trotz aller Konkurrenz und dem Leistungsdenken im Beruf.

Damit gleicht die stille Übereinkunft gegenseitiger Wertschätzung einem Versprechen: Ob das Vertrauen darauf berechtigt ist oder nicht, bleibt zunächst ungewiss. Halten sich jedoch beide Seiten daran und erfüllen die gegenseitigen Erwartungen, zeigen sie sich als verlässlich. Mit der Zeit wird ein Kreislauf aus drei Pflichten daraus – Wertschätzung zu geben, zu empfangen und zu erwidern.

2 Bedarf und Verständnis

Aber auch in meinem Leben geht diese Faustformel nicht immer auf: Bei Leuten, die mich total enttäuscht haben oder von denen ich mich unfair behandelt fühle, vergeht mir die Lust, herzlich auf sie zuzugehen.
Bei schwierigen Begegnungen erinnere ich mich deshalb daran, was Wertschätzung eigentlich heißt: Es bedeutet nicht, bestehende Spannungen auszublenden. Es bedeutet nicht, immer lieb Kind oder Gutmensch zu sein. Vielmehr heißt Wertschätzung, ein respektvolles Verhalten zu pflegen – mit Fairness und der Möglichkeit für alle, ihre Meinung zu äußern. Auch ein Austausch auf gleicher Augenhöhe muss möglich sein, und wenn nicht, muss ich mich dafür im Zweifel einsetzen. Das heißt aber nicht, dass ich unter dem Zwang stehe, mich mit jedem zu verbrüdern. Manchmal ist es aus Selbstschutz sogar notwendig, für gewisse Zeit Distanz zu wahren. Dennoch gilt dabei: Der andere bleibt gleichwürdig für mich. Dazu gehört, niemanden als unverbesserlich abzustempeln und jeden Tag als eine neue Chance für andere und für mich zu sehen."

Alltagstipp

Wenn ich an meine Grenzen komme, lässt sich im Umgang mit anderen zwischen den abgestuften Formen der Wertschätzung unterscheiden und auf sie zurückzugreifen:
- harmonisches, freundliches Miteinander;
- ein sachbezogenes Nebeneinander, wenn ein Miteinander nicht möglich scheint;
- Rückzug und Abstand bei einem hohen Grad an Bedrohung: Ich muss mich einem Schmerz nicht aussetzen. Das dient auch meinem Selbstrespekt.

Zuletzt – was hindert manchen, wertschätzende Gesten anzunehmen?

„Ja, das beobachte ich auch: Manche Menschen ringen damit, wie sie Zeichen von Wertschätzung lesen, einordnen und erwidern sollen. Einige fragen sich, welche versteckten Erwartungen des Senders mit ihnen einhergehen. Zum Beispiel, weil sie einmal erlebt haben, wie die Anerkennung für ihre geleistete Extrameile dazu übergeleitet hat, sie ihnen ständig abzuverlangen.

Andere fassen einige Gesten von Wertschätzung sogar als anmaßend auf. Dahinter steckt oft die Furcht, der andere wolle sie von seiner Gunst abhängig machen oder urteile über sie. Doch sie möchten unabhängig bleiben, wehren wertschätzende Zeichen ab und senden umgekehrt wenige von ihnen. Richtig daran ist: Keiner sollte vom Urteil anderer abhängig sein, sondern unabhängig bleiben. Wer aber erkennt, wie sehr auch andere Wertschätzung brauchen, dem gelingt es, angemessene Gesten dafür ebenso zu geben wie zu empfangen.

Einige sind zudem zu sehr mit sich beschäftigt, plagen sich etwa mit persönlichen und beruflichen Sorgen oder Misserfolgen und bringen deshalb nicht die Kraft auf, Wertschätzung zu erwidern. Aber in solchen Fällen habe ich eine Hoffnung: Bei Geschenken sagt man, sie lassen sich nicht ablehnen. Ähnlich ist es mit der Wertschätzung, auch sie ist ein Geschenk – und kommt vielleicht doch irgendwie an."

2 Bedarf und Verständnis

Praxistipp
Was ist Wertschätzung? Was nicht?

- Ob Unternehmen oder Schule – wer Maßstäbe in Sachen Wertschätzung setzen möchte, fragt zunächst: Was bedeutet Wertschätzung, und was bedeutet sie nicht?
- Ihre Kurzformel lautet: Jede/n respektieren, sie oder ihn zu sehen und zu hören, unabhängig von der Persönlichkeit, dem Geschlecht, der Religion, der Herkunft, der sexuellen Identität.
- Die wertschätzende Kultur verlangt, eine gute, zugewandte Stimmung ins Unternehmen hineinzubringen. Dafür nach gemeinsamen Werten zu suchen und sie zu teilen. Als Wert zählt dabei, was das eigene Wohlergehen ebenso im Blick hat wie das aller anderen, etwa Ehrlichkeit und Respekt. Wertlos ist hingegen, was nur mich und mein nächstes Umfeld stärkt, wie Neid und Gier, aber die Bedürfnisse anderer Menschen außen vor lässt. Das würde zu entleerten Werten führen.
- Was Wertschätzung nicht bedeutet: Alles hinzunehmen, alles zuzulassen und alles gut zu finden. Vielmehr lässt sich regelmäßig fragen: „Was läuft bei uns in Sachen Wertschätzung gut?" und „Was läuft noch nicht gut?". Die Antworten müssen konkret benennen, wo es noch schwierig ist. Auch bei der Anschlussfrage: „Was können wir, was kann ich besser machen?" Nur so lässt sich eine wertschätzende Kultur von allen begreifen – und lassen sich ihre Spielregeln verstehen.

3

Gleichwürdig sein und bleiben

Herr Frey, warum soll ich Respekt zeigen, wenn der Kollege mich anschreit?

Professor Frey: „In der Tat fragen sich viele: ‚Warum soll ich den Schreihals wertschätzen? Er macht es umgekehrt auch nicht, und ich verliere meine Mittel zur Verteidigung und Abwehr. Was habe ich davon, wenn ich mich ihm gegenüber respektvoll verhalte? Ich bin wütend auf ihn und unzufrieden, weil er sich unfair verhält und unsolidarisch ist.' Da ist es viel verlangt, ihm wertschätzend zu begegnen – gerade, wenn er noch Strippen gegen mich zieht. Was bleibt, ist mit den unterschiedlichen Stufen der Wertschätzung zu arbeiten: Mein Ausdruck sollte zugeneigt sein und Wärme ausstrahlen, muss es aber nicht zwingend bei jedem auf höchster Stufe sein.

Doch oft wird der Spielraum nicht genutzt. Als Gegenwehr erfolgt häufig bloß dasselbe Verhalten, ‚wie du mir, so ich dir', die Negativseite der zuvor angesprochenen Reziprozität. Aber damit lasse ich den anderen über mein Handeln bestimmen, statt zu entscheiden: Wofür stehe ich – will ich ein Problemlöser sein, ein Brückenbauer? Was soll von mir ausgehen? Welche Antwort ist jetzt meiner würdig? Sonst bauschen sich die Emotionen immer mehr auf: aus dem wechselseitigen Bedürfnis heraus, den anderen für unfaires Verhalten zu bestrafen. So spitzt sich das stressgetriebene Verhalten auf beiden Seiten zu.

Soll der Druck im Kessel nicht weiter steigen, hilft eher: Wer sich respektlos behandelt fühlt, sollte zurückmelden, was ihn genau stört, welches Verhalten er sich wünscht und was jetzt als Spielregel gilt. Das muss sachlich gesagt werden und darf nicht verletzen. Zum Beispiel ganz einfach: ‚Ich möchte nicht, dass Sie mich anschreien.' Schüchtert mich solch ein wutentbrannter Mensch ein, hilft es, diesen Satz für sich laut und vernehmlich vorm Spiegel zu üben oder mit einem Freund, sodass der Satz klar ausgesprochen wird, auch bei Stress.

Denn: Es bleibt tabu, jemanden nicht auf Augenhöhe und respektlos zu behandeln. Es geht nicht, Menschen anzuschreien. Das ist ein gewalttätiger Akt und setzt andere herab – ebenso wie sich ihnen gegenüber rassistisch oder sexistisch zu verhalten. Ich muss jemanden, der sich so verhält, nicht unbedingt milde behandeln. Ich darf neutral bleiben, aber ich sollte klar widersprechen – hart in der Sache, jedoch sanft zur Person. Dafür lässt sich auf das eigene Empfinden zurückgreifen und hinzufügen: ‚Ich kann mich so nicht auf den Inhalt unseres Gesprächs konzentrieren. Ich möchte, dass wir in einem ruhigen Ton miteinander reden.'

Es geht nicht ohne Respekt. Gerade, wenn sich der Umgang mit dem Gegenüber nicht vermeiden lässt und ich ihn nicht nur respektvoll behandeln will, sondern muss – etwa, weil er der Chef oder sie die Chefin ist. Und ja, Wertschätzung bei Stress zu zeigen, ist anstrengender, als dem Impuls zu einer ähnlichen Erwiderung nachzugeben, aber langfristig zielführender. Beim Durchhalten hilft, sich immer wieder zu sagen: ‚Nichts ist unmöglich, auch das Gute nicht.' Gelingt es, oft erst mit langem Atem, kann ich mich als Problemlöser und Brückenbauer feiern und dafür, mir und meinem Selbstverständnis entsprochen zu haben."

Was hat ein Eisberg damit zu tun?

„Meine lange Tätigkeit als Konfliktmoderator in der Universität wie in vielen Firmen hat mir gezeigt: Streit hat oft mit alten Verletzungen oder mangelnder Anerkennung zu tun, dem sogenannten Eisberg – auch wenn es an dessen Spitze, bei der Sache, um knappe Güter wie die Verteilung des Budgets geht. Weil der Gesprächston an der Oberfläche aber zumeist nüchtern, manchmal sogar freundlich ist, weiß keiner, wie es darunter aussieht: Es liegt nicht offen, ob der eine sich vom anderen früher einmal verletzt, missachtet oder unfair behandelt gefühlt hat. Es ist wie bei der Titanic: Die Gefahr unter Wasser ist nicht zu sehen; es herrscht schönes Wetter. Plötzlich kracht es, und jeder wundert sich.

Wenn ich als Moderator dazu die Frage stelle: ‚Was ärgert Sie so; was stört Sie?', kommen häufig überraschende Antworten. Zum Beispiel: ‚Vor zwei Jahren hat mich mein Kollege vor der ganzen Mannschaft komplett niedergemacht; das habe ich ihm nie verziehen. Ich ärgere mich immer noch über ihn.' Solchen Ärger, solche Enttäuschung zeigen die meisten nur versteckt: etwa, indem sie die Einigung über die Verteilung des Budgets erschweren.

Deshalb ist entscheidend, was den anderen unter der Oberfläche bewegt: Hat er in der Vergangenheit schlechte Erfahrungen mit mir gemacht und daher schlechte Erinnerungen an mich? Oder umgekehrt – besonders gute? Beides führt zu einem tiefgehenden, bleibenden Eindruck. Diese Erinnerung bestimmt, wie andere meine Wertschätzung und Anerkennung empfinden, und prägt meist, wie sie sich mir gegenüber verhalten.

Habe ich den Verdacht, mein Gegenüber lässt sich in einer Auseinandersetzung von seinem inneren Eisberg treiben, ist dennoch gut zu überlegen, danach zu fragen, ob es um mehr als den offenen Streitpunkt, um tiefer liegende Ursachen geht. Die Frage ist eine Gratwanderung: Beide Seiten müssen dafür belastungsfähig sein – sowohl der Fragende mit Blick auf die Antwort als auch der Befragte. Letzterer kann eine solche Vermutung als übergriffig empfinden – und explodieren, weil er sich ungerecht bewertet fühlt. Wer das befürchtet, sollte die Frage lieber ruhen lassen.

Dennoch ist es manchmal notwendig, sie zu stellen: Wenn bestimmte Dinge zur Sprache kommen müssen, damit eine Einigung in der Sachfrage überhaupt möglich wird. Im Privaten ist das häufig bei Erbsachen so. Mancher sagt: ‚Ich verhalte mich jetzt so, weil Ihr mich vor ein paar Jahren an anderer Stelle vergessen habt.' Obwohl das Reden darüber für alle anstrengend ist, sagen viele danach: ‚Endlich haben wir uns ausgesprochen.' Die Beteiligten sind übrigens häufig verblüfft, was dabei zutage kommt.

Ob es zielführend ist, den Eisberg anzusprechen, hängt demnach von den Gesprächspartnern ab: Die Frage kann zur emotionalen Abwehr beim Gegenüber führen – oder Hürden für die Einigung abbauen."

Toleranz anderen gegenüber – wo hört sie auf?

„Da möchte ich zunächst fragen, wo sie beginnt. Ich bevorzuge einen schlichten Toleranzbegriff, wie ihn der Wiener Psychologe Viktor Frankl verwendet hat: ‚Toleranz besteht nicht darin, die Ansicht anderer zu teilen, sondern nur darin, ihnen das Recht einzuräumen, überhaupt anderer Ansicht zu sein.'[1] Das Recht darauf ist jedoch nicht grenzenlos, und das Toleranzverständnis nicht beliebig, wie das Ideendrama ‚Nathan der Weise' von Gotthold Ephraim Lessing zeigt. Aber weit gefasst: Im besten Fall kann jeder seine Position vertreten und dennoch von der des anderen lernen. Doch das Verständnis füreinander hört meist früher auf. Wertschätzende Toleranz stellt deshalb vor allem die Frage, wie sich mit Trennendem zwischen Menschen umgehen lässt und wo sich Verbindungen schaffen lassen.

Aber auch, wo eine Grenze gezogen werden muss: Zum Beispiel, weil ein Konflikt ausgetragen, falschen Behauptungen entgegengetreten oder abwertendem Verhalten Einhalt geboten werden muss. Grenzenlose Toleranz würde blind machen, zum eigenen Schutz um eine Sache streiten zu müssen. Zu schnelle Harmonie, die vorschnelle Umarmung mit dem Ziel, dem Konflikt auszuweichen, birgt ebenfalls diese Gefahr – und vertagt die Auseinandersetzung darum häufig nur.

Zugleich gerät in Stress, wer beim Streiten das Gefühl hat, sich wehren oder seinen Vorteil sichern zu müssen. Zumal im Kampf darum andere Werte mit der Wertschätzung um ihre Geltung ringen: Etwa Ehrlichkeit und Wahrheit. Müssen unangenehme Dinge gesagt werden,

---

[1] Frankl (2021).

kann sich das mit der gegenseitigen Wertschätzung am Arbeitsplatz reiben und wird in einer angespannten Situation als persönlicher Angriff empfunden.

Manchmal auch, weil die Beteiligten nicht wissen, wie sie sich in so kritischen Momenten dem anderen gegenüber angemessen ausdrücken können, ohne die eigene Position aufzugeben. Kommt noch eine schwierige Vorgeschichte zwischen den Kollegen hinzu, etwa mit ungeklärten Fragen zur Rollen- und Machtverteilung im Team, erschweren die Altlasten und Vorurteile daraus den Umgang miteinander umso mehr. Nicht zuletzt deshalb schwelen Konflikte oft lange vor sich hin, verkrusten und reißen beim nächsten Anlass wieder auf."

Wer gerät ins Abseits?

„Nicht nur für die Wertschätzung, auch für die persönliche Freiheit zählt, beim Streiten bestimmte Regeln einzuhalten. Darauf verweist das Toleranz-Paradoxon des Philosophen Karl Popper, das ich teile: Die Gesprächspartner dürfen intolerante Standpunkte nicht akzeptieren, weil mit ihnen sonst die Toleranz stirbt.[2] Danach besteht das Recht auf die eigene Position so lange, bis jemand einem anderen dessen Recht darauf beschneiden will oder es verleugnet wird: An dem Punkt muss sich die Toleranz von intolerantem Verhalten abgrenzen. Sie würde sich sonst gegen sich selbst wenden. Deshalb muss sie manchmal kämpferisch werden.

So gerät nach Popper beim Streiten ins Abseits, wer Andersdenkenden Gewalt androht, sie sogar ausübt oder Hassparolen statt Argumente anführt sowie Menschen,

---

[2] Frey & Schmalzried (2013), Popper (2003).

die sich dem rationalen Diskurs verweigern.³ Dazu zählt bereits, wer manches schlicht behauptet oder auslässt, um seine Position zu stärken oder sein Gegenüber zu verunsichern, oft wider besseren Wissens. Im Job-Alltag passiert das mit vernichtenden Einwänden wie ‚Die Zahlen sind falsch'. Baff über den dreisten Angriff fällt vielen nicht ein, dazu aufzufordern, das bitte genau zu belegen. Und darauf zählt der aufbrausende Typ!

Als ein Vertreter von Intoleranz und Geringschätzung gilt ebenfalls, wer bei den eigenen Ängsten und Sorgen verharrt und keinen Willen zeigt, sich mit den Argumenten der anderen Seite inhaltlich auseinanderzusetzen, und sie herunterspielt, etwa für belanglos erklärt. Oder die eigenen Bedürfnisse benennt, die der Gegenseite aber als ‚Befindlichkeiten' herabsetzt. Hier sind Grenzen aufzuweisen, weil es nicht mehr um verschiedene Meinungen geht, sondern um Verhalten im Team und damit die Grundlagen des Umgangs miteinander.

Deshalb dürfen auch Verletzen, Drohen oder Betrügen nicht hingenommen werden: All diese Dinge sind nicht okay. Notwendig gegenüber Intoleranz ist in solchen Fällen, höflich, aber bestimmt klare Kante zu zeigen und zu sagen: ‚Das geht nicht, nicht mit mir.' Oder auch: ‚Nicht in meinem Team.' Solch klare Aussagen einer Führungskraft wie von Mitarbeitenden nehmen Einfluss darauf, was im Team als gutes oder schlechtes Streiten gilt. Ebenso lässt sich damit Stellung gegenüber extremistischen, abwertenden und ausgrenzenden Aussagen beziehen, sollte jemand sie treffen.

Kurz gesagt, verlangen Streitigkeiten vom Einzelnen, Grenzen zu ziehen. Und zu zeigen: So weit kannst du bei mir gehen, bis hierhin bin ich tolerant, aber nicht weiter.

---

³ Rössner (2014).

Ob jemand dabei Rückgrat und Stehvermögen beweist, merkt sein Gegenüber schnell und speichert es für die Zukunft ab. Wer dabei beherzt auftreten kann, dem fällt es zudem leichter, sich in Konfliktsituationen für sich oder Dritte einzusetzen. Wie sich Körpersprache und Gesichtsausdruck dafür verwenden lassen, lässt sich auch in Kursen üben.

Hilfreich ist oft, die Stimme und Wortwahl ebenfalls zu schulen. An ihnen lässt sich ablesen: Er hält sich für ein Nichts, er glaubt nicht an sich. Oder aber: Sie bezieht klar Stellung, trifft eindeutige Aussagen, kann sich durchsetzen und vermittelt Autorität. Geachtet wird eher, wer sich nicht kleiner macht, als er ist, damit seinen Anspruch auf Wertschätzung unterstreicht – oder anderen hilft, ihren Anspruch darauf durchzusetzen."

Wie jedem seinen Raum beim Streiten lassen, Herr Frey?

„Im Alltag unserer Beziehungen müssen wir aushandeln, wie wir uns vor bewussten oder unbewussten Übergriffen anderer schützen – und das ohne Schiedsrichter.

Als erstes Gesetz beim Streiten gilt, dafür zu unterscheiden zwischen ‚Ich verstehe dich' und ‚Ich akzeptiere dich'. Oft haben beide Parteien das Gefühl, der andere verstehe sie nicht oder wolle sie nicht verstehen. Übersetzt wird das mit: ‚Er akzeptiert mich nicht.' Spannung heraus nimmt deshalb, wer seinem Gegenüber vermittelt: ‚Ich kann deine Position nachvollziehen. Ich verstehe deine Position. Ich teile sie aber aufgrund meiner Sichtweise oder Erfahrungen nicht. Ich übernehme sie auch nicht.'

Im Grunde geht es dabei um das Recht eines jeden, die eigene Meinung zu vertreten. Oft sind Menschen schon

3 Gleichwürdig sein und bleiben

befriedigt und beruhigt, wenn sie gehört und geachtet werden und ihre Meinung vertreten dürfen. Das heißt nicht, dass ihr Gegenüber sie teilen muss.

Denn: Obwohl die Begriffe Konflikte und Spannungen negativ besetzt sind, sind Konflikte im Grunde nichts Schlechtes, sondern fast unumgänglich, wenn Menschen mit ihren unterschiedlichen Auffassungen und Interessen zusammentreffen. Deshalb geht es nicht darum, ob es Konflikte gibt oder nicht, sondern darum, wie und vor allem wie schnell sie gelöst werden können. Zumal sie oft der Motor für neue Lösungen sind und zu deren rascher Umsetzung führen. Entscheidend ist dafür, dass es eine kritisch-rationale Auseinandersetzung zu den Streitpunkten gibt.

Doch die meisten Menschen neigen dazu, aus dem Impuls heraus und aufgewühlt zu reagieren, weil sie ein Ringen um strittige Punkte als einen persönlichen Angriff auffassen. Oft schaukeln sie sich damit gegenseitig hoch. Es wäre deshalb gut, würde jede/r von klein auf, in der Familie und in der Schule, einen gelassenen Umgang mit Streitfragen lernen und verstehen: ‚Es ist ganz normal, Konflikte zu haben.' Leider wird das kaum vermittelt. Vielmehr gilt Streiten als bedrohlich und als Störung der gewünschten Harmonie.

Wer Streiten jedoch gelernt hat, hält Spannungen eher aus. Solche Leute überlegen zunächst: ‚Wie berechtigt ist das, was da an mich herangetragen wird?' Sie wissen daraus ihren Standpunkt abzuleiten und ihn zu beziehen – sich zu positionieren, wie die Psychologen sagen: erst zu den Ursachen der Auseinandersetzung, danach zu ihren Lösungsmöglichkeiten. Sie hören der Gegenseite genau zu mit der Absicht, deren Sichtweise zu verstehen, und fragen: ‚Worum geht es uns eigentlich?'

So merken sie auch, wenn jemand versucht, sie über den Tisch zu ziehen, und können es abblocken, indem sie wieder ihre Position in der Sache einnehmen und sie entschieden vertreten. Schließlich lässt sich eine Auseinandersetzung erst konstruktiv austragen, wenn beide Seiten überlegen: ‚Was genau ist das Problem? Was ist die Ursache unseres Konflikts?' Und wenn sie sich im nächsten Schritt darüber austauschen, welche Lösungsansätze es gibt, etwa die Kompromisslinien dazu ausloten.

Für beide Seiten ist das zugleich ein Austausch zu ihren Werten und der Frage, was davon zum Tragen kommt. Wer sich dabei nicht alleine im Besitz der Wahrheit fühlt und auf Schuldzuweisungen verzichten kann, kommt nicht nur schneller zu einer Einigung. Er lässt auch seinem Gegenüber genug Raum und begegnet ihm auf Augenhöhe.

Für die Zukunft miteinander ist deshalb nicht der Konflikt an sich entscheidend, sondern inwieweit die Parteien Lösungen finden: solche, mit denen beide Seiten leben können. Auch unterschiedliche Auffassungen zu einzelnen Fragen dürfen bestehen bleiben. Es herrscht kein Zwang zum Konsens bei der Suche nach einer Einigung. Doch das braucht Erfahrung. Häufig bleibt nur, Konflikte als Lerngeschenk anzunehmen und im Joballtag dabei immer wieder den fairen Umgang miteinander zu üben.

Kursangebote zu fairem Streiten in der betrieblichen Bildung unterstützen das ebenso wie Lerneinheiten in Kitas oder Gespräche im Elternhaus. Als ehrenamtliche Streitschlichter stärken zudem bundesweit die Seniorpartner in School, SiS, die Fähigkeiten von Kindern, zu friedlichen Lösungen und mehr Miteinander zu kommen. Die Zeit dafür lohnt: Im Austausch liegt die Chance eines jeden Streits, die Beziehung der Beteiligten zu vertiefen und zu stärken – in Unternehmen wie in den eigenen vier Wänden."

> **Alltagstipp**
>
> **Was tun, wenn ein Streit aufflammt?**
> - Durchatmen und erkennen: „Überall dort, wo es Menschen gibt, gibt es auch Spannungen. Konflikte sind normal – und so nehme ich sie auch wahr."
> - Es hilft, die Sache im Gespräch anzugehen: Nichtreden macht es schlimmer.
> - Die Beteiligten sollten miteinander klären, was der Streitpunkt ist – und sich positionieren.
> - Wenn die eigene Position hinterfragt wird: Es nicht als Angriff werten, sondern als zulässig aufnehmen.
> - Dem anderen sollte genug Raum gegeben werden, sodass er seine Position vertreten kann. Nicht kleinreden!
> - Sinnvoll ist zu versuchen, den Streitpunkt so einvernehmlich wie in der Sache möglich zu lösen: Dafür Kompromisslinien ausloten.

Wertschätzende Regeln und Sprache: Wie lassen sie sich festlegen?

„Zunächst möchte ich unterstreichen: Für Menschen ist gelebte Fairness identisch mit Wertschätzung, erst recht im Krisenfall und in verfahrenen Situationen. Für eine faire Streitkultur stellt sich daher die Frage: Welche Spielregeln gelten in solchen Situationen, in einer Schule, im Betrieb? Sind sie bereits vereinbart, auch stillschweigend, und sind sie tragfähig? Braucht es dafür feste Regeln mit Sanktionen, eine Regulierung, oder reichen vorab getroffene Absprachen aus?

In Unternehmen genügen oft Absprachen für Streitfälle, vor allem, wenn Führungskräfte und andere Meinungsträger im Gespräch darauf zurückgreifen, sobald Unstimmigkeiten mit oder in ihrer Mannschaft aufkommen – und die Absprachen sich dabei im Wertehorizont dessen bewegen, was im Unternehmen als angemessen gilt und bisher als Spielregel gelebt worden ist, auch von der Führungskraft.

Wie angemessen das ist, lässt sich mit den fast altertümlich anmutenden Fragen abschätzen: ‚Was ich als Manager vorlebe, wird das von den Mitarbeitern als anständig und der guten Sitte gemäß wahrgenommen? Oder dient es nur zum Selbstschutz, etwa dem meines Gehalts?', ‚Oder dem Schutz meiner Zeit: mich nicht mit lästigen Fragen auseinandersetzen zu müssen, zum Beispiel wie die Nöte alleinerziehender Mütter bei Wochenenddiensten zu berücksichtigen sind?'

Bezugspunkt für die Antworten darauf kann Gerechtigkeit sein: Das heißt, im Streitfall auf die Bedürfnisse aller einzugehen und die erschwerten Bedingungen Einzelner zu sehen. Sowie Grenzen zu ziehen, wo gemeinsame Werte verletzt werden. Solches Handeln schätzen fast alle Beteiligten – nur nicht, wer sich damit um seinen vermeintlichen Vorteil gebracht sieht.

Wie überall entscheidet auch im Beruf die Sprache darüber, wie schnell im Konfliktfall eine Einigung gelingt: Sprache kann verharmlosen, verschärfen oder den anderen erreichen. Immer aber beeinflusst sie, wie Menschen voneinander denken – und ob aus strittigen Inhalten eine persönliche Sache wird. Die Führungskraft setzt dafür den Ton im Team: Mit Wortwahl und Lautstärke, mit Gestik und Mimik und ihrem Maß an zugewandtem Reden beeinflusst sie maßgeblich, welche Atmosphäre bei Auseinandersetzungen herrscht.

Für jeden ist es dabei eine Sache der Übung, die Bedürfnisse und den Standpunkt des anderen gelten zu lassen und dennoch für den eigenen mit Nachdruck einzutreten. Aber ohne ein feindseliges, verbales und lautstarkes Überhitzen. Erst recht in Unternehmen zählt, auf Respekt in einem Wortgefecht zu achten. Mit Provokationen und scharfen, überspitzten Formulierungen schaukeln die

Beteiligten den Streit auf, weil sie ihn damit von der Sach- auf die Beziehungsebene heben.

Zudem kostet abwertende Sprache in Diskussionen viel Zeit. Mit dem ihr innewohnenden Angriff führt sie die Beteiligten weg von der Sache, erschwert ihnen das Zuhören und Verstehen des Wesentlichen und damit die Lösungsfindung.

Deshalb auch Vorsicht vor Drohungen: Sie wecken Angst und wirken einschüchternd. Zwar lassen sich die ungünstigen Folgen einer Nichteinigung nennen und vorhersagen, welche Vor- und Nachteile eine Lösung des Konflikts hätte. Doch sie zu einer Drohkulisse aufzubauen, sorgt eher für Widerstand auf der Gegenseite und trübt die Aussicht, sich wertschätzend entgegenzukommen.

Zu einer friedfertigen Kommunikation finden Streitende eher, wenn sie sich an die Eckpunkte des Miteinander Redens halten, wie sie etwa der Psychologe Friedemann Schulz von Thun mit dem Medienwissenschaftler Bernhard Pörksen oder der Konfliktmediator Marshall Rosenberg entwickelt haben.[4] Wesentliche Punkte dafür sind:

- Keiner missversteht den anderen, auch nicht absichtlich, wenn sich das Gegenüber ungeschickt ausdrückt. Es gilt, den anderen verstehen zu wollen.
- Ruhig und sachlich bleiben: Vergiftete Formulierungen sind tabu, ebenso Brüllen und Toben.
- Rechtzeitig Grenzen zu ziehen, wenn Gesprächspartner mich oder andere herabsetzen.
- Bei der Sache bleiben: Nicht auf ‚What about' eingehen, vielmehr beharren – ‚Jetzt lass uns zunächst bei diesem Punkt bleiben und ihn klären!'"

---

[4] Pörksen & Schulz von Thun (2021), Rosenberg (2016).

Und wenn es trotzdem knallt?

„Wie ich es erlebe, gerät eine Auseinandersetzung über inhaltliche Fragen oft mit Anschuldigungen und Androhungen zwischen den Beteiligten in Schieflage: Die Sache kippt und der Streit eskaliert. Dafür reicht, wenn sich einer der Beteiligten missverstanden, kleingemacht oder von oben herab behandelt fühlt.

Vor allem Fehldeutungen tragen zur Eskalation bei. Derselbe Satz kann ganz unterschiedlich ankommen: Je nachdem, ob er beim Empfänger überwiegend auf die Sach-, Beziehungs-, Appell- oder Selbstoffenbarungs- bzw. Verständnisebene trifft – auf eines seiner ‚vier Ohren', wie wir Psychologen zum Kommunikationsquadrat von Schulz von Thun sagen.[5] Ebenso geht jeder Satz von diesen vier Ebenen ab, den ‚vier Mündern' ihres Senders.

Abhängig davon, mit welchem Ohr der Empfänger gerade zuhört, nimmt er auch die in der Botschaft enthaltene Wertschätzung wahr – oder einen Angriff gegen sich. Hören Menschen fast nur auf der Beziehungsebene zu, sehen sie etwa leicht jeden Vorschlag als Kritik an sich statt als sachlichen Hinweis, wie es besser gehen könnte. Manche ordnen es sogar als ihr Versagen ein, haben andere eine bessere Lösung als sie zu bieten. Nimmt jemand Kritik schnell persönlich, beruhigt der Sender die Situation deshalb, wenn er unterstreicht: ‚Ich schätze Ihre Herangehensweise, trotzdem gibt es noch eine einfachere Lösung für den engen Zeitplan in dem Projekt. Wollen wir darüber reden?'

Spitzt sich die Klärung strittiger Fragen dennoch zum handfesten Streit zu, geben auch hier die Regeln der Wertschätzung vor, wie er auszutragen ist. Sie fordern nun

---

[5] Schulz von Thun (1981).

noch eindringlicher auf, beim Streiten schnell auf die Gegenseite zuzugehen und nach einer Lösung zu suchen. Als Grundlage für den Austausch ist wieder entscheidend, den anderen inhaltlich nicht mit bloßen Behauptungen zur Faktenlage zu verunsichern. Oder ihn mit Vorwürfen in eine Ecke zu drängen, aus der er nicht mehr herauskommt. Sogar, wenn die Vorhaltungen berechtigt sind, muss ihm noch Luft zum Atmen bleiben.

Wer sich im Streit bedrängt fühlt, dem hilft indes, die Position des anderen zu sehen. Es schützt davor, wütend und hilflos zu werden: weil die eigenen Sinne nicht mehr so sehr auf Abwehr gerichtet sind und sich wieder eher auf die Sache konzentrieren.

Zu einer zielführenden Auseinandersetzung trägt überdies bei, wenn alle Beteiligten im Hinterkopf behalten und sehen können: Wir brauchen uns auf Dauer und ergänzen uns gegenseitig. Deshalb darf keiner außen vor bleiben und keiner zurück; keine darf übergangen oder niedergemacht werden."

Praxistipp

Dazu, allen Beteiligten ihren Raum zu lassen und sich einvernehmlich zu einigen, trägt bei, sich an einen Fahrplan zur Konfliktlösung zu halten:

- Hilfreich ist, wenn sich alle Beteiligten gut vorbereiten.
- Der Konflikt ist möglichst auf den Punkt zu bringen: Was ist genau der Streitpunkt?
- Es ist wichtig, den eigenen Standpunkt zu beziehen und dem anderen zuzuhören und seinen Standpunkt zu verstehen.
- Das Gehörte sollte wiederholt werden: wenn nötig mit Nachfragen, ob es richtig verstanden worden ist.
- Die nächste Frage lautet: Ist der Streitpunkt auch die Ursache des Konflikts? Oder liegt die auf der Beziehungsebene?
- Aber: Manchmal fällt es schwer, sich über die Ursachen eines Streits einig zu werden. In dem Fall kann es den

> Beteiligten helfen, sich zu sagen: Es wird zu schwierig, die genaue Ursache zu finden. Was mehr zählt, ist, auf eine gemeinsame Lösung für die Zukunft zu kommen.
>
> Beim Aushandeln der Lösung kommt hinzu:
>
> - Der eigene Standpunkt sollte nicht vorschnell aufgegeben werden. Es ist gut, die eigenen Lösungsmöglichkeiten immer wieder zu benennen. Dies gilt auch für die Gegenseite.
> - Es führt weiter, sich über die Lösungswege auszutauschen und sie auszuhandeln.
> - Falls das nicht möglich ist, können die Beteiligten die unterschiedlichen Auffassungen zu einzelnen oder sogar zu allen Fragen stehenlassen und mit dem Dissens leben. Das kann gelingen: vorausgesetzt, es lässt sich für alle nachvollziehen, wieso keine Klärung möglich ist, etwa aufgrund von Interessens- und Wertekonflikten. Leichter leben lässt sich jedoch mit einer Einigung.

„Aufgrund meiner Erfahrung noch ein Rat: Führt der Austausch nicht weiter oder kommt zum Stillstand, hilft oft, sich zu vertagen. Beim Streiten drehen sich die Beteiligten schnell im Kreis, manchmal bereits nach einer Stunde. Bringt das nichts, lässt sich überlegen: Könnte eine Mediatorin einbezogen werden? Das sollte nicht zu spät geschehen. Sonst sind Menschen nicht mehr bereit, miteinander oder mit der Mediatorin zu sprechen.

All das ist leichter gesagt als getan. Doch wer es schafft, zeigt eindrücklich, wie belastbar er ist. Ebenso zeigt es, was beiden Seiten die Beziehung zueinander wert ist und wie sehr sie auch in unangenehmen Momenten die Chance ergreifen, sie weiterzuentwickeln."

Doch es gibt nicht immer eine einvernehmliche Lösung. Oder, Herr Frey?

„Das stimmt, Frau Jungmann. Zumal es beim Streiten meist um die unterschiedlichen Interessen der Beteiligten geht. Geschäftsführer müssen sich manchmal etwa fragen: Soll ich die Jungen oder die Alten entlassen? Die Kranken oder die Gesunden? Oft stimmen ihre unternehmerischen Interessen dabei nicht mit den menschlichen Grundwerten überein, für die sie stehen wollen – und lassen sich nicht in Einklang bringen.

Lässt sich kein Kompromiss finden, läuft es auf ein Entweder-oder hinaus. Allerdings heißt das nicht, eine einsame Entscheidung zu treffen, sondern bedeutet, in solchen Fällen erst recht vorher das Gespräch zu suchen. Es erhöht die Chance, doch noch auf einen gemeinsamen Lösungsweg zu kommen. Dabei können Konfliktlotsen helfen: Sie beobachten das Gespräch und sorgen für ausgeglichene Bedingungen, etwa mit Fragen dazu, wie der Austausch gerade läuft – ob zum Beispiel jeder genug Zeit bekommt, seine Punkte darzulegen.

Die Meinungen eines jeden dürfen zudem stehen bleiben – sogar, wenn der Vorgesetzte seine Entscheidung getroffen hat. Die darf allerdings nicht unterlaufen werden: Sobald die Argumente ausgetauscht sind, muss die Entscheidung des Weisungsbefugten mitgetragen und umgesetzt werden. Dafür hat er seine Richtlinienkompetenz und Entscheidungsmacht, erst recht in schwierigen Fällen. Für das Verständnis dafür sollte der oder die Verantwortliche aber genau begründen, weshalb so entschieden worden ist.

Stehen sich Vertreter zweier gleichberechtigter Ebenen gegenüber, muss manchmal sogar ein Schiedsrichter entscheiden, wie vorgegangen wird – etwa die übergeordnete Führungskraft zweier Teamleiter. Sie kann zunächst abwarten, inwieweit die Beteiligten den Zwist eigenständig lösen. Gelingt das nicht oder verschärft er sich, ist die Führungskraft als Vermittler gefragt und kann nach dem Fahrplan zur Konfliktlösung vorgehen. Für ihre Vermittlerrolle entscheidend ist zudem, stets mit beiden Seiten zu sprechen, den einzelnen Personen oder Gruppen. Denn auch hier gilt: Selten nehmen die Beteiligten den Kern des Konflikts übereinstimmend wahr, schon gar nicht die Ursachen. Für den Streitfall im Unternehmen Konfliktmoderatoren auszubilden und einzusetzen, wäre deshalb eine Maßnahme. Doch bislang ist sie leider kaum üblich.

Der Einsatz eines solchen Moderators oder Mediators ist in verfahrenen Situationen jedoch dringend zu empfehlen, ob im Rosenkrieg nach einer Trennung oder bei einem Zerwürfnis am Arbeitsplatz: Meist ist zwischen den Beteiligten kein Handeln mit wohlgesonnenem Bezug mehr möglich, weil sie sich ineinander verbissen haben und es nur noch ein Gegeneinander gibt. Oft aus dem Gefühl heraus, der andere missachtet mich schon längst oder lacht über mich. Beide sind Opfer und Täter zugleich und versuchen, die andere Seite auszuschalten. Im äußersten Fall sind sie sogar bereit, dafür unterzugehen: Lieber das, als dem Widersacher irgendeinen Vorteil lassen. Die Bereitschaft zu einem solchen ‚Lose-lose' ist für die Zukunft tödlich und alles andere als wertschätzend.

In Unternehmen werden solche Konflikte dabei eher unterschwellig als offen ausgetragen. In dem Fall sollte dringend zumindest ein Kommunikationskanal zwischen den Beteiligten offen bleiben – und sei es über Dritte. Auch dafür eignen sich Konfliktlotsen: Sie beobachten, was gerade an Kontakt möglich ist und wie sich das verändert. Es gibt immer die Hoffnung, dass sich in Sachen Wertschätzung neu ansetzen lässt.

Wer an einem kritischen Punkt angekommen ist, kann sich zudem fragen, welche Art von Wertschätzung er dem anderen gegenüber noch aufbringen kann. Reicht es für den Gruß oder gar die Bitte um ein klärendes Gespräch? Gerade wenn es in persönlichen Beziehungen knirscht, steht solch faires Verhalten hoch im Kurs: Es spiegelt Respekt wider, trotz allem.

Von außen betrachtet lässt sich vom Umfeld daran ablesen, was mich als Menschen prägt: ob ich alle Mitmenschen anerkennen kann oder nur jene, die ich als zugehörig zu meiner Gruppe oder als mir zugeneigt betrachte."

Manchmal sind Grenzen überschritten. Da wertschätzen, ehrlich, Herr Frey?

„Ja, es gibt Ausnahmen: Manche Menschen verachten einen anderen aus tiefstem Herzen, weil sie von ihm schwer gekränkt, verlassen, verraten oder öffentlich bloßgestellt worden sind. Ihm oder ihr wurde Unrecht angetan, das sich nicht wiedergutmachen lässt und wonach es kein Zurück mehr gibt – wie bei sexuellen Übergriffen oder Rufmord. Wer das oder Ähnliches durchmachen musste, hat häufig schon eine körperliche Abneigung, den oder die Täter überhaupt zu sehen.

Es wäre weltfremd zu sagen, solche Fälle gebe es nicht und jeder physische oder psychische Übergriff ließe sich mit Mitteln der Konfliktlösung heilen, herrsche nur genug guter Willen auf beiden Seiten vor. War die erlittene Demütigung, Kränkung oder Verletzung zu tief und einschneidend, wird sogar ein Nebeneinander unmöglich: Das Misstrauen dem anderen gegenüber ist so groß, dass sich nicht einmal mehr der Hauch einer Beziehung zu ihm denken lässt. Das ist zu akzeptieren. Übermenschliches lässt sich von den Betroffenen nicht verlangen.

Da sollte sich auch niemand überfordern. Er oder sie würde bloß schädlichen Druck auf sich laden. Es wäre vermessen, zu verlangen, Opfer von körperlicher oder psychischer Gewalt müssten den Tätern Wertschätzung entgegenbringen. Nach Mobbing oder einer Vergewaltigung etwa hilft Traumaarbeit weiter als jedes Konzept der Wertschätzung: Das Erlebte darf nicht verdrängt werden, auch nicht von überhöhten Ansprüchen an sich selbst, sondern muss verarbeitet werden. Dazu gehört, die Schuld der Täter zu sehen und einzuordnen, in einem gerechten Verfahren ebenso wie für sich selbst.

Wem es gelingt, trotz allem im anderen den Menschen zu sehen, ihm darum einen gewissen Wert zuzugestehen, gar die Hand zu reichen, obwohl Unverzeihliches geschehen ist und trotz der Abscheu ihm gegenüber, leistet viel und zeigt Größe. Es ist ein Schritt hin zum eigenen inneren Frieden und aus der Opferrolle heraus, weil der oder die Betreffende so mit der Tat abschließen kann: Es ist geschehen, als nicht veränderbare Welt. Vergeben und Verzeihen können daher beiden Seiten helfen. Aber sie setzen offene Worte voraus, den Willen der Beteiligten dafür – und das Eingeständnis von Fehlverhalten, als erstes Zeichen der Wertschätzung des anderen. Verbunden mit der Hoffnung, dass sich der Schmerz doch noch überwinden lässt."

4

Harter Wettbewerb und Fair Play

Herr Frey, was ist der größte Widersacher der Wertschätzung?

Professor Frey: „Der größte Widersacher von Wertschätzung kommt ins Spiel, wenn ich mein Gegenüber geringwertiger einstufe als mich und meine Bedürfnisse. Auf Unternehmen und ihre Führungskräfte übertragen heißt das: Sie ordnen ihre Ziele höher ein als ihre Verpflichtung dem einzelnen Mitarbeiter gegenüber. Zum Beispiel, weil hoher ökonomischer Gewinn für das Unternehmen und für sie im Management winkt.

Oder – und manchmal damit verknüpft – weil das eigene berufliche Überleben gefährdet ist, würden Managerinnen oder Manager etwa nicht den Stellenabbau in ihrem Unternehmen mittragen. Zudem finden sie sich auf der mittleren Ebene häufig in einer Zwischenposition wieder: Sie müssen den Abbau ihrer Mitarbeiter umsetzen, ihn den Leuten erklären und zugleich seine Auswirkungen fürchten, ob ein Schrumpfen ihres Teams oder zuletzt die eigene Entlassung.

Oft ziehen sich Führungskräfte in solchen Fällen hinter die Verantwortung für das große Ganze zurück und verweisen darauf. Sie sagen, ihre Verpflichtung dafür habe Vorrang vor der für den einzelnen Mitarbeiter. Für Betroffene aber wirkt es wie ein Vergessen ihrer berechtigten Interessen und wie ein Wortbruch der Verantwortlichen im Unternehmen ihnen gegenüber.

Die Organisationsforschung spricht dabei von einem Bruch des psychologischen Vertrages: Er betrifft die Beziehung zwischen Arbeitnehmer und Arbeitgeber über das juristische Verhältnis hinaus. Sie besteht aus unausgesprochenen, wechselseitigen Erwartungen aneinander – wie faire Behandlung, Sicherheit des Arbeitsplatzes, persönliche Entwicklungschancen aufseiten der Mitarbeitenden; der geforderte Wille zum lebenslangen Lernen bei den Angestellten sowie ihrem verbindlichen Verhalten gegenüber dem Unternehmen und seinem Management aufseiten der Arbeitgeber. Dieser soziale Tausch ist nirgends schriftlich verankert. Dennoch kommt er in jeder Arbeitsbeziehung zum Tragen – weshalb er auch als versteckter oder impliziter Vertrag bezeichnet wird.

Nehmen nun Mitarbeiter Brüche darin wahr, fühlen sie sich immer weniger an den psychologischen Vertrag gebunden. Sie werden unzufrieden. Ein geringerer Einsatz und weniger Loyalität für das Unternehmen sind die Folge, auch der Wille zur Arbeitsleistung sinkt. Dafür steigt die Bereitschaft zu kündigen, sobald sich eine bessere Möglichkeit bietet.

Ähnliches lösen Unternehmensverkäufe oder Teilverkäufe aus: Wie die Erfahrungen zeigen, verhalten sich einige Gesellschaften dabei aus kaufmännischen Gründen illoyal gegenüber ihren Beschäftigten. So verlangen sie zwar

Treue von ihren Mitarbeitern, verkaufen sie aber. Mancher fragt sich da: Hat ein Unternehmen, das eine aktive Zukaufs- oder Verkaufspolitik verfolgt, überhaupt das Recht, ‚Treue' von ihm zu fordern?

Die Beschäftigten sehen hier die soziale Tauschgerechtigkeit verletzt, wie Medizinsoziologe Johannes Siegrist unterstreicht:[1] Jahrelang haben sie in Treue zu ihrem Betrieb gute Arbeit geleistet – und nun wird ihnen die Versetzung an einen anderen Standort zugemutet oder es kommt gar zur Entlassung."

Was macht ein Miteinander im Unternehmen so schwierig?

„Der große Kampf um knappe Güter wie Posten und höhere Gehaltsstufen, um Macht, sogar um bloße Beachtung steht nach meiner Beobachtung der Wertschätzung oft entgegen. Der Wettbewerb darum verführt einige, in der Wahl ihrer Mittel rücksichtslos zu werden, zulasten der Konkurrenten und bis hin dazu, eine Intrige gegen den vermeintlichen Gegner im eigenen Haus zu entfachen. Je mehr das Unternehmen von Egoismus, knallharten internen Kämpfen oder gar Mobbing geprägt ist, desto schwieriger wird es, eine Kultur des wertschätzenden Miteinanders aufzubauen – und desto mehr muss an den Grundlagen dafür gearbeitet werden, angefangen bei der erwähnten friedfertigen Sprache.

Zudem können sich Vertrauen und Wertschätzung abschleifen. Sie können im eigenen Kreis, einer Binnengruppe wie dem Team im Unternehmen, verloren gehen: manchmal aufgrund von Neid und Missgunst auf die Kar-

---

[1] Siegrist (2021).

riere der anderen oder deren Kennzahlen, manchmal bei strittigen Sachverhalten. Wobei Empfindungen wie Neid oder Charakterzüge wie Egoismus alltäglich und weit verbreitet sind – und jeder muss lernen, damit umzugehen, mit Blick auf sich und andere. Das fällt oft nicht leicht, gerade wenn noch Kritikunfähigkeit hinzukommt, zum Beispiel, weil jemand sein Selbstbild schnell bedroht sieht.

Enttäuschte, aber ungeklärte Erwartungen aneinander bedrohen ebenso häufig die gegenseitige Wertschätzung. Auch wenn es um den eigenen Aufstieg geht, nehmen die Zusammenarbeit und Achtung füreinander manchmal ab: Konkurrenz in der eigenen Gruppe geht für jeden mit Druck einher, zumal der Feind im eigenen Lager sitzt und Wertschätzung für ihn als Schwäche ausgelegt werden könnte. So entstehen im Team bisweilen starke Gegensätze und Konflikte, weil sich Konkurrenten ignorieren und zum Schutz ihrer Selbstbehauptung ähnlich verhalten: schon, weil es für viele nach wie vor ein starker Antrieb ist, aufzusteigen, zum Beispiel Bereichsleiter zu werden.

Dafür möchten sie Spitzenleistungen zeigen, manchmal auf Kosten anderer. Zugleich haben einige nur für jene Kollegen Wertschätzung übrig, von denen sie sich Vorteile und Unterstützung für ihre Ziele erhoffen. Häufig beginnt einer, unlautere Mittel gegen seinen Rivalen einzusetzen. Der andere kontert, weil er im harten Vergleich nicht untergehen möchte. Beide blockieren etwa Informationen und bremsen so den anderen aus. Das Gegenteil von Zusammenarbeit entsteht: aus Sorge, der Rivale könnte den Erfolg für sich verbuchen.

Auf die Spitze getrieben, verhaken sich die Konkurrenten wegen ihrer Karriere in einem erbitterten Kampf oder gar Vernichtungskrieg: Je höher die Position der Beteiligten in Wirtschaft, Politik, Verwaltung oder Wissenschaft angesiedelt ist, umso grober werden manche in der Wahl ihrer Mittel, auch nach meiner teils leidvollen Erfahrung.

So habe ich an einer Universität miterlebt, wie ein junger Professor über die fachlichen und menschlichen Qualitäten seines älteren Kollegen hergezogen ist, ihn vor den Doktoranden schlecht gemacht hat und jede Zusammenarbeit mit ihm unterlaufen hat. Er versuchte sogar, beim Universitätspräsidenten den älteren Kollegen mit seinen Lehrmethoden in Verruf zu bringen. Doch dessen Methoden waren bislang erfolgreich gewesen.

Am Ende haben die Kollegen nicht mehr miteinander geredet und sich verachtet. Und ich gebe zu: Obwohl ich nur Beobachter des Ganzen war, konnte ich keine fruchtbare Beziehung zu dem jüngeren Kollegen aufbauen und ihm nicht mehr wertschätzend begegnen – weil ich gesehen hatte, wie er den älteren Professor zutiefst verletzt hat.

Geholfen hat mir, den jüngeren Kollegen anzusprechen und zu fragen, wieso er das gemacht hat – obwohl er mir nicht geantwortet hat. Ich habe ihm gesagt, wie unmöglich ich sein Verhalten finde, weil er im Kampf um knappe Finanzmittel die Verdienste seines älteren Kollegen einfach beiseitegeschoben hat. Danach war ich froh, ihm nicht mehr oft über den Weg laufen zu müssen. Doch ihm gegenüber meine Meinung zu vertreten und sie zu begründen, ist mir wichtig gewesen – schon aus Respekt vor und aus Solidarität mit dem älteren Kollegen.

Aber nicht nur in der Wissenschaft, auch in Wirtschafts- und Bankenkreisen wird beim Verdrängen anderer mit harten Bandagen oder gar Intrigen gekämpft. Das kann bis an die Existenz und den Ruf eines Mitbewerbers gehen, manchmal sogar dem seiner Familie.

Auch heimliches Messerstechen gehört zu solchen Machtspielen. Dabei zetteln Helfershelfer Stellvertreterkriege mit engen Mitarbeitern des Kontrahenten an – mit dem Ziel, indirekt den vermeintlichen Gegner zu beschädigen und ihn zu schwächen. Wer das anstößt oder duldet, macht nicht nur dem anderen die Karriere streitig, sondern beteiligt sich auch daran, ihn zu ruinieren. In einem so groben Konkurrenzkampf lässt sich nicht mehr wertschätzend miteinander umgehen. Da ist es sogar okay, vorerst nicht miteinander zu reden, solange sich vom Gegenüber kein konstruktiver Dialog erwarten lässt.

In Coachings werde ich manchmal von Betroffenen solcher Attacken gefragt, wie sie dem Widersacher zuvorkommen können: Wie können sie ihn ausstechen, aber fair kämpfen? Ich schlage meinen Klienten vor, ihre Mittel so zu wählen, dass es am nächsten Morgen in der Zeitung stehen könnte. Das heißt: keine Lügentricks. Das schützt auch davor, Leichen im Keller zu haben, und damit die eigene Zukunft.

Bessere Möglichkeiten sind etwa: Der Angegriffene deckt öffentlich auf, was sein Widersacher macht. Er redet mit dem Aufsichtsrat oder dem Vorstandschef darüber. Er aktiviert seine Leute und lässt sie im Umfeld des Gegners nach Fehlern suchen. Das lässt sich als Aufklärungsaktion rechtfertigen und ist halbwegs ethisch vertretbar, solange die Sache auf einem tatsächlichen Fehler oder Fehlverhalten der anderen Seite beruht. Unethisch wäre es, einen solchen Fehler zu erfinden und ihn dem anderen unterzuschieben.

Ethisch zu bleiben, ist indes nicht nur aus Imagegründen wichtig, sondern auch, damit nicht das Augenmaß verloren geht. Schließlich denken alle Mitbewerber: ‚Ich bin der Bessere. Deshalb habe ich den Job verdient, der andere nicht.' Meistens müssen aber beide danach noch miteinander leben und arbeiten können – doch je erbitterter der Kampf geführt wird, desto weniger wird das in der Zukunft gelingen."

Wie kippt der Wettbewerb zum erbitterten Kampf, Herr Frey?

„Das Problem dabei sind nicht die Ziele des Einzelnen oder die Absicht, den Wettbewerb zu gewinnen: Pläne soll schließlich jeder haben und sie angehen. Vielmehr schadet, wie sehr der egoistische Typ sie auf Kosten des allgemeinen Klimas verfolgt. Mancher sagt sich: ‚Ich habe ein Anrecht auf diese Spitzenposition und der andere will sie mir nur streitig machen – da ist alles erlaubt.' Für den Typ heiligt der Zweck jedes Mittel. Oft rechtfertigt er das vor sich mit: Er brauche mehr Macht und Einfluss als andere, weil er für die höhere Sache kämpfen müsse, etwa für die Zukunft des Unternehmens. Zugleich ist die Fähigkeit zum Verdrängen groß, was sein Anspruch für andere heißt und wie sehr er sie benachteiligt, und er bringt sie mit gestrecktem Bein auf der Karriereleiter zu Fall. Im Sport verhindern Schiedsrichter, dass solche taktischen Fouls ungebremst zum Tragen kommen, in Unternehmen nicht immer. Wo es an Fair Play fehlt, wird häufig die Fähigkeit zum Verdrängen an der Spitze vorgelebt und nach unten weitergereicht.

Mit Blick darauf frage ich mich manchmal, ob nicht in einigen deutschen Automobilkonzernen noch viel zu oft eine Stimmung herrscht, die von der Frage getrieben ist: Wer wird bei 30.000 Mitarbeitern der erste Mann, die erste Frau an der Spitze? Die Frage bietet den Kandidaten und Kandidatinnen wenig Anlass, mit anderen im Vorstand zu kooperieren, weil jede/r einzelne möglichst bald den Posten des Vorstandsvorsitzenden einnehmen will.

Nach außen hin geben sich alle loyal, aber intern führt der Kampf darum zu Ränkespielen und Zweckbündnissen gegen Dritte. Am Ende kann das im Unternehmen ein Organisationsversagen wie beim Abgasskandal mitbedingen oder den Cum-Ex-Fällen im Finanzbereich.[2] In solchen Fällen ist auch die Rolle des Aufsichtsrats zu hinterfragen: Hat er die falschen Leute berufen? Und wenn ja: nach welchen Kriterien und aus welchen Gründen? Nicht immer sind etwa die Leute mit der größten Durchsetzungskraft die geeignetsten Vorstandsvorsitzenden.

Verkannt wird an Orten mit ungesunder Struktur und Doppelmoral zudem, wie sehr die Fähigkeit zur Wertschätzung von Menschen gerade in schwierigen Zusammenhängen die Stärke des Einzelnen unterstreicht, verschiedene Interessen zu einen, den Teamgeist wachsen zu lassen – und damit Führungsqualitäten zu beweisen.

Dennoch begrüßen einige Unternehmen einen harten Verdrängungswettbewerb unter ihren Leuten aus der fälschlichen Annahme heraus, der Kampf um den Aufstieg erhöhe die Leistung eines jeden und zeige dessen Durchsetzungsstärke. Nicht eingerechnet werden dabei Reibungsverluste und Kosten: etwa aufgrund eines verlangsamten Informationsflusses im Betrieb, weil viele Umwege um den Konkurrenten herum gegangen werden. Zugleich führen die Verstimmungen und Verletzungen in einem unfairen Wettbewerb die Energie der Mitspieler weg von ihren Aufgaben und mindern deren Ergebnisse.

Der härteste Kampf herrscht dabei oft in großen Firmen, vor allem, wenn sie schlecht geführt und die Hierarchieverhältnisse nicht geklärt sind. Werden überdies Entscheidungen nicht transparent vermittelt, geht zusätzlich Energie verloren, weil die Mitarbeiter damit hadern und nach Erklärungen suchen, statt sich auf ihre Aufgaben zu konzentrieren."

---

[2] Jungmann (2017).

Welcher Typ neigt dazu, den Teamgeist zu zerstören?

„Nach meiner Erfahrung entsteht ein Gegeneinander, wo keine Wertschätzungskultur herrscht und ihre drei großen Feinde den Teamgeist hemmen: Menschen mit einem übermäßig großen Anteil an narzisstischen, machiavellistischen oder psychopathischen Zügen. Diese drei Typen streben rücksichtslos nach oben und halten sich dabei für wichtiger als ihr Team und das Unternehmen. Sie stören das soziale Gefüge ebenso wie die produktiven Arbeitsabläufe. Ihre Verhaltensweisen machen alle drei Typen letztlich zu Egoisten.

Aber sie lassen sich zumindest einordnen. In ihrer seltenen Reinform sehen sie so aus:

Der Narzisst findet sich großartig und möchte nicht nur wertgeschätzt, sondern bewundert werden. Er möchte immer als Erster auf der Bühne stehen und derjenige sein, um den sich alles dreht. Dafür kann er sehr charmant sein.

Der Machiavellist geht durch die Welt und überlegt: ‚Wie kann ich den Menschen gegenüber jetzt so instrumentalisieren, dass meine Macht und mein Einfluss steigen?' Ob sein Verhalten dafür andere erstaunt, verwundert oder vor den Kopf stößt, ist zweitrangig. Entscheidend ist, wie es seinem Machtausbau dient – und wenn er dafür über Leichen gehen muss. Seinen Absichten entsprechend kann der Machiavellist ziemlich gut eigene Gefühle verbergen, aber die von anderen leicht entziffern.

Der Psychopath möchte dauernd einen Kick: Für ihn ist alles möglich und für ihn gelten keine Regeln. Er findet es sogar prickelnd, Regeln zu brechen und damit Erfolg zu haben. Zugleich hat der Psychopath vor nichts Angst, weil er alle Widrigkeiten mit einem Regelbruch lösen kann.

Dabei vermengen sich die Persönlichkeitsmerkmale auch oft. Die Mischformen sind nicht immer einfach zu erkennen, weil häufig verschiedene Aspekte in einer Wechselbeziehung zueinander stehen. Obwohl das komisch klingt, werden zunächst alle drei Typen von ihren Mitmenschen in gewisser Weise bewundert: weil sie sich Dinge trauen, die ein normaler Mensch nicht tun würde, schon gar nicht einer, der mit Einsatz und Menschlichkeit gestalten will. Doch der Regelbruch und das Charisma des Gegenspielers mit ausgeprägten dunklen Zügen in der Persönlichkeit wirken anfangs oft aufregend und spannend auf das Umfeld. Zumal der Bruch häufig mit einer verzerrten Ethik als gerechtfertigt begründet und verbrämt wird: so lange, bis Mitspieler und Zuschauer merken, wie sie und ihr Team dabei ausgenutzt werden und allmählich zugrunde gehen.

Häufig haben die Störenfriede kein schlechtes Gewissen dabei, weder der Narzisst noch der Machiavellist noch der Psychopath. Sie suchen nach ihrem Vorteil, alles andere wird ausgeblendet. Ihren Egoismus interessiert nur: ‚Wie komme ich am schnellsten nach oben? Wie kann ich den Mitbewerber ausschalten und ein aufstrebendes Talent früh ausbremsen?' Zugleich bringen sie mit ihrem groben Vorgehen andere im Team zum Hadern und in Zank – was für das Klima insgesamt verheerend ist.

Damit umgehen lässt sich, indem sich die Betroffenen abwertendes Verhalten nicht gefallen lassen. Jeder kann zudem bloß hoffen, eine Chefin oder einen Chef zu haben, die so ein Verhalten nicht hinnehmen. Gegeben ist das, wenn ein Unternehmen eine Führungskultur hat, die solche Menschen nicht hochkommen lässt oder nach der sie gar nicht erst eingestellt werden. Das gilt ebenfalls für Bewerberinnen oder Bewerber in abgeschwächter Version mit nur wenigen narzisstischen, machiavellistischen oder psychopathischen Zügen. Auch sie können bereits zerstörerisch in einem Team wirken.

Allerdings ist es nicht ganz einfach, solche Menschen auszumachen: Sie sind oft gute Schauspieler, kennen das Drehbuch und wissen sozial erwünschte Antworten zu geben – die aber meist wenig mit ihrer inneren Einstellung und ihrem Verhalten zu tun haben. Die Personalauswahl im eigenen Haus braucht deshalb ein Frühwarnsystem. Dafür lässt sich im Umfeld von internen Führungstalenten gelegentlich nachfragen, ob und wann sie jeweils von ihrem üblichen Verhalten abweichen und auf welche Weise. Starke Auffälligkeiten können ein Hinweis darauf sein, der Betreffende könnte im Alltag eher ein antrainiertes Verhalten zeigen, kein authentisches – und das sollte zu denken geben."[3]

Aber können sich Gutmenschen im Unternehmen überhaupt durchsetzen?

„Wer einen wertschätzenden Ansatz im Beruf verfolgt, wird wahrscheinlich damit leben müssen, häufig als Gutmensch bezeichnet zu werden. Er oder sie werden oft hören, die Realität sei eine andere – den Einwand kenne ich auch. Mit Rücksicht auf die Würde aller zu handeln und nach Menschlichkeit zu streben, nach Humanismus und Humanisierung, und das verknüpft mit einem hohen Anspruch an sich und die Kollegen, klingt ja auch abgehoben: erst recht, wenn solch ein humanistisch geprägtes Leistungsethos flächendeckend die Grundlage für den Umgang im Unternehmen miteinander werden soll. Übersehen wird häufig jedoch: Wertschätzen heißt nicht,

---

[3] Schwarzinger & Schuler (2016), Diller et al. (2022).

stets auf Harmonie und Konsens aus zu sein, sondern klar für die eigene Position einzutreten – und darum zu streiten, jedoch immer mit Respekt vor dem anderen.

Nur in einem solchen Rahmen werden Menschen auf Dauer ihre Fähigkeiten im vollen Umfang abrufen und ihre Talente entfalten. Sei es, Neues zu erfinden und umzusetzen, sei es, andere Menschen in ihrer Entwicklung zu fördern. Genau das ist mehr denn je gefragt, insbesondere bei dem Wertesystem, wie es die Generation Me vertritt, also die ab 1990 Geborenen mit ihrem Streben nach Freiheit und Selbstbestimmung im Beruf. Je mehr Menschen zudem in einem Krisenmodus sind und sich bedroht fühlen, von Krieg, Klima, Krankheiten oder wirtschaftlicher Notlage, desto wichtiger wird es für das Gleichgewicht eines jeden, Wertschätzung zu erleben und wenigstens einen ihrer Verfechter um sich zu haben.

Fehlt sie, führt das zu einem kaltherzigen, verkrampften und gehemmten Umgang miteinander. Die Philosophie der Wertschätzung, verbunden mit Leistungsethos und Innovationsgeist, entfaltet hingegen unter Kollegen Verständnis, Toleranz sowie Rücksichtnahme füreinander, ohne die Arbeitsergebnisse zu beeinträchtigen. Wenn sich Menschen zugewandt begegnen, werden die Ergebnisse mittelfristig sogar besser und der Gewinn wächst.[4]

Zugleich sind die Mitarbeiter vor Doppelmoral und dem Messen nach verschiedenen Maßstäben besser geschützt: Wo zählt, was ehrlich und echt ist, und mit Blick darauf geführt wird, fallen Unregelmäßigkeiten viel schneller auf und lassen sich leichter ansprechen. Sie stechen hervor und passen nicht zur üblichen Unternehmenskultur, nicht nur für Gutmenschen, sondern für alle.

---

[4] Braun et al. (2013).

Der Gutmensch wird sich demnach durchsetzen, wenn er ebenso für seine Werte steht wie für Leistung und Entwicklung. Zumal ihn deren Zusammenspiel befähigt, andere Menschen auf neuen, anstrengenden Wegen mitzunehmen und das Unternehmen so nach vorne zu bringen: Damit gewinnt er oder sie. Vorausgesetzt, der- oder diejenige ist für einen Arbeitgeber tätig, der diese Mischung von Verantwortung, Einfühlungsvermögen und Durchsetzungsstärke fördert, an der Spitze vorlebt und seine Personalauswahl danach ausrichtet."

Bremst nicht das Silodenken die Gutwilligen von vornherein aus, Herr Frey?

„Manche Menschen behalten das Prinzip der Wertschätzung den eigenen Leuten vor, etwa ihrer Abteilung. Das beginnt mit Vorwürfen wie: ‚Die Verwaltung legt uns mit ihren Arbeitszeitrichtlinien für die Vertriebsveranstaltung am Sonntag nur Steine in den Weg' oder ‚Der Vertrieb verspricht den Kunden Dinge, die wir in der Entwicklung nicht halten können'.

Aufgrund solcher Vorwürfe, die schnell in Abneigung übergehen, zeigt mancher zwar Wertschätzung gegenüber den Angehörigen seiner sozialen Gruppe und sieht sich deshalb als anständiger Menschen. Aber gegenüber Außenstehenden oder Fremden, die er als nicht zugehörig empfindet, gibt er sich rücksichtslos, manchmal gar verächtlich.

In größeren Unternehmen führt das bei einigen Managern zum Silodenken: ‚Der Erfolg meiner Abteilung zählt, nicht der meines Kollegen im Stockwerk über uns.' Deshalb blendet dieser Manager andere Teams und deren

Bedürfnisse aus und geht über sie hinweg. Für ihn gilt nur sein Kreis, der wenige Personen eint – alle anderen zählen nicht als Partner bei der Arbeit. Folgen ihm einige Mitarbeitende in diesem verqueren Verständnis, schätzen sie nur nach innen wert und grenzen sich nach außen ab. Solch ein Verhalten verbindet die Gruppe sogar – nach dem Motto ‚Wir gegen die anderen'.

Das Problem daran ist: Das Gemeinschaftsinteresse des Unternehmens passt oft nicht zu dem einer Binnengruppe wie der eigenen Abteilung. Der Zwiespalt lässt sich überwinden, wenn höhere Ziele ausgerufen werden, die es zu erreichen gilt: etwa den Gewinn oder das Ansehen des ganzen Unternehmens zu erhöhen, statt im Silodenken einzelner Abteilungen verhaftet zu bleiben. Höhere Ziele zu erreichen, gibt einen Anreiz zum Entwickeln von Gemeinsinn.

Der Ansatz lässt auch Strafen für die rücksichtslose Durchsetzung der Interessen einer Gruppe, einer Seilschaft oder von Einzelnen zu. Dabei geht es um die Art und Weise, wie das Eigeninteresse durchgesetzt werden soll. Nicht um den Ehrgeiz und das Interesse der Leute an sich: Beides sind Stärken. Das Unternehmen braucht sie, weil Einzelne damit oft ihre ganze Gruppe mitziehen – und das Team nur deshalb vorankommt. Aus Sicht des Unternehmens ist daher sowohl der Ehrgeiz einer und eines jeden wie deren Gemeinsinn gefragt."

Sie sprechen Seilschaften an. Was ist der Unterschied zu einem Netzwerk?

„Eine Seilschaft ist kein Netzwerk von sich gegenseitig unterstützenden Mitgliedern, sondern eines, das andere Mitspieler im Unternehmen ausknipsen will, mit allen

Mitteln. Solch ein Denken geht noch über Vettern- oder Günstlingswirtschaft hinaus, weil es nicht nur um ein grundloses Bevorzugen geht. Vielmehr ist der Antrieb einer Seilschaft, andere Leute im Unternehmen klein und damit machtlos zu halten, ja sie zu unterjochen. Lässt die Führungsspitze solche Seilschaften gewähren oder ist sogar Teil davon, kann sich Vertrauen unter den Beschäftigten gar nicht erst ausbilden oder wird mit einem Schlag vernichtet. Deshalb stellt sich mit Blick auf Seilschaften die Frage, wie sich Menschen davon überzeugen lassen, dass sie für alle langfristig nachteilig sind.

Ablesen lässt sich das an den Daten zu Leistung und Zielerreichung sowie zu den Krankheitstagen. Erkennen lässt es sich auch mittels anonymer Untersuchungen zum Betriebsklima – oder schlicht am Unterton in den Gesprächen der Mitarbeiter. Es hilft, mit offenen Augen und Ohren darauf zu achten, wie die Leute am Konferenz- und Kantinentisch miteinander umgehen. Zudem lässt sich eine Liste führen zu Mängeln, die zum persönlichen Umgang miteinander immer wieder beklagt werden.

Besteht nachweislich eine Seilschaft, muss die Unternehmensspitze handeln. Was sie dagegen tun kann, ist:

- die betroffenen Leute anzusprechen;
- andere Meinungsführer im Unternehmen zu aktivieren, damit sie gegensteuern;
- die Mitglieder der Seilschaft im Extremfall zu versetzen oder sich von ihnen zu trennen, von Führungskräften wie Mitarbeitern.

Dabei ist entscheidend, eine Seilschaft nicht mit einem Netzwerk zu verwechseln: Für ein Netzwerk zählt, Menschen zu haben, die beim Angehen ihrer Ziele nicht den Blick aufs Ganze verlieren, sondern ihn für den Gesamterfolg auch von anderen einfordern. Deren Mitglieder halten sich an die Regeln, sogar wenn niemand sie beobachtet. Sie respektieren die organisatorische Struktur. Das heißt: Sie spielen fair und wollen, dass auch andere fair spielen. Meist sind das Leute, die den Mut haben, Seilschaften zu entlarven, und sich zu dem Zweck mit anderen verbünden. Sie können damit das Unternehmen vor Organisationsversagen und Skandalen bewahren.

Doch das setzt sichere Beschwerdewege am Arbeitsort voraus, ähnlich wie es seit Mitte 2023 das Schutzgesetz für Hinweisgeber in Unternehmen mit seinen Meldestellen zur Aufdeckung von Missständen vorsieht.[5] Ebenso sollten Tippgeber vertrauliche Informationen zu einer Seilschaft und deren Brüchen von unternehmenseigenen Werten und Regeln weiterleiten können, ohne sich zu gefährden und nach einem bekannten Ablaufplan für solche Fälle. Jede Geschäftsleitung ist gut beraten, auch dafür sichere Anlaufstellen zu schaffen, sodass sich alarmierendes Vorgehen von Gruppen ebenso gefahrlos anzeigen lässt wie bedrohliche Verhaltensweisen einzelner Kollegen oder Vorgesetzter. Diese Stellen können Konfliktbeauftragte oder der Ombudsmann sein, bis hin zu einer Empfängergruppe mit mehreren Verantwortlichen – und notfalls Berichtswege über anonyme Kanäle einschließen, wie Alessandra Mazzei empfiehlt.[6]

Vor allem, wenn Leute aus Seilschaften bereits Schlüsselpositionen im Unternehmen innehaben, wären Hinweisgeber sonst ungeschützt, und ihre Warnungen blieben aus. Die Folge davon: Gegen ernsthafte Bedrohungen für den Betriebsfrieden sowie im Geschäftsablauf ließe sich nicht mehr rechtzeitig einschreiten.

---

[5] Bundesregierung (2023, 2. Juli).
[6] Mazzei et al. (2021).

In Bedrängnis bleibt Beschäftigten sonst nur, auf externes Whistleblowing zu setzen: Das heißt, sie geben vertrauliche Informationen aus dem Unternehmen preis – je nach Sachlage gegenüber der neuen Meldestelle beim Bundesamt für Justiz, den Strafverfolgungsbehörden oder der Öffentlichkeit. Ohne gesicherte interne Pfade ist das faktisch meist der einzige Weg für die Hinweisgeber, wollen sie sich nicht Repressalien wie Kündigung, Abmahnung oder Mobbing aussetzen. Allerdings ist gerade die öffentliche Kritik nicht ohne erhebliche Risiken für sie, weil der gesetzliche Rahmen dafür nach wie vor eng gesteckt ist.[7]

Dennoch: Die Unternehmensführung sollte die Hinweisgeber unter ihren Beschäftigten belohnen, nicht bestrafen, decken sie Straftaten oder andere Missstände auf. Dafür können sogar finanzielle Anreize gesetzt werden. Nicht nur, weil die Tippgeber helfen, Unrecht offenzulegen, sondern auch, weil solche Belohnungen ein Zeichen für die ganze Belegschaft setzen, auf Regel- und Gesetzestreue zu achten.

Doch in Unternehmen und Banken, auch in Kirchen, Schulen, Behörden und Vereinen oder an Universitäten ist die Angst vor Whistleblowing noch groß, aufgrund der damit einhergehenden Rufschädigung. Für die Verantwortlichen zählt häufig mehr, das Ansehen ihres Unternehmens, ihrer Institution zu schützen, als gegen Straftaten vorzugehen. Eher werden grobe Verstöße bagatellisiert und die Hinweisgeber geächtet. Doch wem das Ansehen seiner Institution wichtiger ist, als die Missstände darin zu beseitigen, sollte sich vor Augen führen: Wer Straftaten und Machtmissbrauch kleinredet, stärkt seine Gemeinschaft weder nach innen noch nach außen, sondern schützt die Täter."

---

[7] Wichert (2024).

Widersprechen sich Wettbewerb und Wertschätzung nicht?

„Wertschätzung schließt den fairen Wettbewerb untereinander nicht aus, möchte ich nochmals betonen. Er hat seine Vorteile, wenn es darum geht, hohen Einsatz zu bringen und Standards zu erfüllen. Vorausgesetzt, das Management weiß, wie sich der Ausgleich zwischen Wettbewerb und Wertschätzung erreichen lässt. Es gilt: Je mehr fairer Wettbewerb mit Anerkennung verknüpft wird, umso größer ist der Ansporn, gute Leistungen zu zeigen. Dafür können Manager etwa das Lob vom Kunden weiterreichen, hat ein Mitarbeiter in einem so angenehmen wie zielführenden Gespräch überzeugt.

Zumal viele Angestellte wissen: Solch ein Lob für sie wirkt beim Chef ebenfalls nach. In der Psychologie nennen wir das den Halo-Effekt: Stechen ein oder zwei Wesensmerkmale besonders hervor – etwa wenn jemand als fähig und zudem freundlich wahrgenommen wird – überstrahlen sie alle anderen Eigenschaften einer Person und prägen den Eindruck von ihr. Hat eine Managerin zum Beispiel ein ins Trudeln geratenes Projekt gerettet, bekommt sie einen Vertrauensvorschuss für künftige Aufgaben. Dank ihres Erfolgs hat sie das Image einer Krisenlöserin und Macherin. Sogar wenn das nächste Vorhaben anfangs nicht vorankommt, wird ihr Umfeld sagen: ‚Das wird noch gut.'

So baut Vertrauen auf positiven Erfahrungen auf. Sie zeigen den Vorgesetzten: Die oder der Beschäftigte will das Richtige, hat gute Absichten und das Können dafür. Zugleich wissen die Mitarbeiter, sie werden für ihren Einsatz geschätzt und bekommen den nötigen Rückhalt. Nach einiger Zeit müssen bestimmte Dinge auch nicht mehr angesprochen werden, weil beide Seiten ein Grundverständnis dafür entwickelt haben, was im Miteinander geht und was nicht.

Entsprechend wird das Vertrauen von Führungskräften vor allem mit guter Arbeit erworben, besser gesagt damit, ob die Arbeit als gut wahrgenommen wird. Deshalb ist der Eindruck, hervorragende Arbeit werde geleistet, auch eine Frage ihrer Sichtbarkeit, also teils eine Imagefrage. Für sie zählt: Habe ich Leute um mich herum, die über mich und meine Arbeit gut sprechen, von ihr berichten und sie damit quasi weitersagen? Das klingt überaus strategisch gedacht, doch am Arbeitsplatz empfiehlt es sich, den eigenen Ruf nicht dem Zufall zu überlassen: Es wäre eine Illusion zu glauben, nur Anstrengung und Leistung zählten dafür. Genauso braucht es das interne Netzwerk, mit mindestens zwei Mentoren, die einen fördern. Deshalb muss jeder halbwegs kurz- und langfristig denken, sollen sich für ihn Entwicklungsmöglichkeiten im Unternehmen eröffnen.

Das unterstützt, wer auch überlegt, was für die Vorgesetzten wichtig ist, und gelegentlich nachfragt, ob sie mit den Ergebnissen zufrieden sind. Und: dem Chef oder der Chefin hilft, damit auch sie gut dastehen."

Wozu führt mangelnde Wertschätzung, Herr Frey?

„Wenn es an Wertschätzung im Unternehmen fehlt, sei es seitens der Vorgesetzten oder der Kollegen, bekommen die Beschäftigten zu wenig zurück. Sie erleben das als einen Verstoß gegen das Fairnessprinzip. Denn: Täglich zeigen sie mehr Einsatz als nötig, doch der nicht geldwerte Lohn dafür, die Anerkennung, wird ihnen versagt. Solch ein Missverhältnis zwischen Einsatz und Ertrag gleichen die Leute kurzfristig noch aus, mittelfristig aber kaum.

So mag mangelnde Wertschätzung zunächst keinen negativen Effekt haben – so lange, wie die Mitarbeitenden intrinsisch motiviert sind. Das heißt: Sie tragen aus eigenem, innerem Antrieb heraus zum Fortschritt bei, weil sie ihre Selbstwirksamkeit spüren möchten, und bringen deshalb mit viel Energie die Ziele ihres Teams voran.[8]

Doch zunehmend stellen sie sich bei ihren Aufgaben die Frage: Warum mache ich das, für was soll das gut sein? Es entsteht eine Diskrepanz zwischen Aufwand und Ertrag, die sogenannte Effort-Reward-Imbalance. Dieses Ungleichgewicht zwischen großer Verausgabung und niedriger Belohnung lässt bei einigen die Gefahr von stressbedingten Krankheiten steigen.[9]

Andere Mitarbeiter wägen ihre Möglichkeiten ab, nach dem Motto: ‚love it, change it, leave it, challenge it'. Frei übersetzt mit: ‚Liebst du deine Arbeit mehr als alles andere, finde dich mit wenig Belohnung ab', ‚Ändere die Umstände und fordere mehr Belohnung ein', ‚Lass dich nicht ausnutzen, flieh und kündige' oder ‚Finde Verbündete, übt zusammen Druck aus und schaut, ob sich etwas verändern lässt'.[10]

Oft merken die Leute aber, dass sich nichts ändern lässt, und stehen vor dem Problem Anpassen oder Gehen. Nur kann sich das Gehen nicht jeder leisten. Wer bleiben muss, macht künftig meist nicht mehr als nötig: Es kommt zur inneren Kündigung. Die Leute beginnen, Dienst nach Vorschrift zu machen, oder brennen innerlich aus. Dabei wirken Dinge häufig langfristig nach, sowohl positiv als auch negativ. Deshalb passieren die innere Kündigung und der Burn-out nicht von heute auf morgen, sondern entwickeln sich: etwa aus dem Eindruck heraus, die eigene Arbeit und der Einsatz dafür werde nicht gewürdigt.

---

[8] Bandura (1994).
[9] Siegrist (2021).
[10] Frey & Schmalzried (2013).

Wie Psychiater Reinhard Haller unterstreicht, ist fehlende Wertschätzung zudem wohl die häufigste Kränkung.[11] Kommt sie im Alltag regelmäßig vor, sticht sie mal grob wie ein Messer, mal fein wie ständige Nadelstiche in die menschlichen Beziehungen hinein. Zumal niemand am Arbeitsplatz gerne anspricht, wie sehr ihm Gleichgültigkeit oder Benachteiligungen zusetzen, gerade wenn es um kleine Dinge zu gehen scheint. Doch auch sie vermitteln, nur wenig zu gelten.

Jede Führungskraft muss sich deshalb bewusst machen, welche psychologischen Folgen mangelnde Wertschätzung hat: Sie wirkt gegen das Selbstwertgefühl und der Mitarbeiter verliert an Wohlbefinden, Zufriedenheit und Zuversicht.

So wirkt ihr Mangel gleich in zweierlei Hinsicht zerstörend: Er macht die Leute nicht nur krank; er führt auch zu einem schlechten Klima. Es kommt keine gute Stimmung mehr auf. Toxisches Schweigen breitet sich aus; die innere Abkehr nimmt zu. Davon bedingt, identifizieren sich die Menschen nicht mehr mit dem Unternehmen und interessieren sich kaum noch für dessen Ziele."

Knallharte Chefs haben teils großen Erfolg. Zahlt sich Härte doch aus, Herr Frey?

„Ja, einige Unternehmen mit umstrittenen Chefs wie früher Steve Jobs[12] und VW-Chef Ferdinand Piëch[13] oder heute Elon Musk[14] glänzen lange mit ihren Zahlen. Oft

---

[11] Haller (2021).
[12] Griffin et al. (2022).
[13] Elson et al. (2015), Mayer et al. (2021).
[14] Khan (2021), Renz & Vogel (2020).

sind solche Chefs eher der Typ Erfinder, haben geniale Ideen und wollen die unternehmerisch vorantreiben – ähnlich vielen Gründern von Start-ups. Doch nicht immer ist der Typ dabei gut in der Menschenführung: Ihm geht alles viel zu langsam, er wird schnell ungeduldig mit seinen Leuten und findet sie zu lahm für die großen Aufgaben. Auf die Art nehmen solche Chefs ihre Leute nicht mit. Aber jedes Team braucht Führung, auch ein erfolgsgetriebenes.

Oft stimmen die Zahlen trotzdem: vor allem, weil dieser Cheftyp eher Leute anzieht, die teils ähnlich ticken, ihrem Chef mit aller Kraft nacheifern und auf eine ebenso steile Karriere hoffen. Die Psychologie spricht dabei von Alphatypen in der Führungsetage.

Allerdings erzeugt der Alphachef eine hohe psychische Belastung bei anderen, weil er oft unbedingten Gehorsam von seinen Leuten verlangt. Es zählt nur der Erfolg, gleich, wie der zustande kommt. Misserfolge werden als persönliche Schwäche gesehen und ihre Verursacher schnell abgesägt. Wer auf der Karriereleiter hoch hinaus will, darf sich keinen Fehler erlauben und muss sich laufend unterordnen. Er wird auch die Kollegen eher als Dauerkonkurrenten fürchten. All das setzt die Leute unter Druck. Sie arbeiten in einem schwierigen Umfeld und sind psychisch oft extrem belastet,[15] mit ungewissen Folgen für ihre Gesundheit.

Trotzdem kann das Modell mit dem gebieterischen Chef oder der Chefin funktionieren. Je nachdem, wie die Zusammensetzung im Unternehmen ist: Nachweislich gleichen Führungskräfte in der zweiten oder dritten Ebene häufig aus, was an der Spitze unbedacht an Vertrauen und Beziehung zur Belegschaft zerschlagen wird.[16] Sie fangen toxische Anordnungen und Verhaltensweisen ab und

---

[15] Diller et al. (2022).
[16] Diller et al. (2022).

münzen sie um, weshalb manches Gift nicht von oben nach unten durchdringt. Oft ist das ein gefährliches Spiel für die Puffer: Beim Versuch, möglichst viel abzumildern, laufen sie Gefahr, sich aufzureiben. Sie tragen mit breitem Kreuz am meisten dazu bei, dass es in jedem Konzern Inseln oder Abteilungen gibt, wo eine menschenfreundlichere Kultur gelebt wird.

Dennoch bleibt ethische Führung einer toxischen überlegen, weil sie mittel- und langfristig weniger Reibungsverluste erzeugt sowie die Energie und Produktivität der Mitarbeiter fördert.[17] Das gelingt, solange das Management nicht aus den Augen verliert, wie eng das Prinzip der Wertschätzung mit dem der Zielerreichung fürs Unternehmen verknüpft ist: Beides ist gleichrangig und nicht voneinander zu trennen. Zum Überleben braucht es Leistung und Innovation ebenso dringend wie eine gute Wertschätzungskultur."

Wie bekommt das Fair Play eine Chance?

„Zunächst baut das Management dafür auf einen gewichtigen Mittler – den Betriebs- oder Personalrat oder die Mitarbeitervertretung. Wie ich es erlebt habe, ist der Betriebsrat nicht nur in Sachen Fair Play ein zentraler Verbündeter. Ihn nicht als Feind der Führung zu sehen, sondern als zentrale Kontaktstelle gegenüber den Mitarbeitern, ist deshalb ratsam. Gute Beziehungen zu ihm sind daher alles, auch für das Aushandeln strittiger Themen zwischen Geschäftsführung und Mitarbeitenden.

---

[17] Diller et al. (2022), Streicher & Frey (2012).

Die Weichen fürs Fair Play stellt ein Unternehmen zudem mit den Bedingungen, unter denen die Mitarbeiter ihre Ziele erreichen sowie den Wettbewerb untereinander austragen sollen. Regelmäßig muss das Unternehmen dafür die Erwartungen an den individuellen Einsatz der Beschäftigten, an die Qualität ihrer Arbeit und an deren Steigerungen offenlegen und mit ihnen abstimmen.

Als nächstes müssen die entscheidenden Punkte zur Neubesetzung der Leitungsposition für alle ersichtlich sein. Die Verantwortlichen nennen sie ihrem Führungsnachwuchs – und halten sich selbst daran. Zum Beispiel: Die Auswahl für den höheren Posten wird aufgrund von Projektergebnissen und einer tragenden Rolle im Team getroffen. Mit dem Wissen darum erkennen die meisten Kollegen den künftigen Führungsspieler oder die -spielerin an und nehmen die so entstandene Rangordnung als fair wahr, weil deren Fähigkeiten den Ausschlag gegeben haben, wie im Sport.

Ebenso muss es Chefsache sein, das Einhalten der Spielregeln im Kampf um den Aufstieg zu überwachen. Alles andere ginge zulasten der künftigen Zusammenarbeit mit den unterlegenen Kandidaten. Niederlagen sind leichter zu verschmerzen, werden die Maßstäbe dafür gerecht angelegt und gelten für alle die gleichen Bedingungen.

Auch mit Blick darauf, Wertschätzung zu wahren: Wer die Leistung anderer herabsetzt, wird oft lange geduldet, solange seine Zahlen stimmen.[18] Ich erlebe meist ein großes Zögern, den Betreffenden anzusprechen, bis sich die Klagen über ihn häufen. Für den Teamgeist muss die Ansage aber frühzeitig lauten: Trotz seines Erfolgs darf er andere nicht kleinmachen und muss auch ihnen genug Raum lassen. Beschneidet er den Raum seiner Kollegen

---

[18] Steinert & Halstrup (2011), von Au (2017).

immer wieder, setzt er ihnen zu und erdrückt sie allmählich. Das schmälert die Entwicklung und Leistung aller anderen – und unterm Strich das Ergebnis des ganzen Teams: Wenn immer nur einer oder eine die Tore schießen will, werden am Ende alle verlieren.

Über den Stellenwert von Fairness im Unternehmen entscheidet zudem, welcher Typ Mensch in die Führungsmannschaft aufsteigen darf. Deren Mitglieder geben den Ton vor und nehmen deshalb erheblichen Einfluss darauf, ob rücksichtslos oder wertschätzend miteinander umgegangen wird und letztlich die ethische Führungs- und Unternehmenskultur gewinnt.

Die Verantwortlichen sollten deshalb Aufstiegswillige nicht hochkommen lassen, wenn sie sich zuvor im Alltag nicht an faire Regeln gehalten haben: wenn sie versuchen, mit Gewalt durchzumarschieren, über ihre Kollegen hinweg. Ablesen lässt sich das daran, wie jemand versucht, voranzukommen: Hat er nur seinen Erfolg im Blick? Oder bezieht er das Ergebnis der Mannschaft mit ein und was es die anderen Mitspieler kostet?

Wer auswählt, muss daher in der Lage sein, oberflächlich häufig charismatisch wirkende, aber karrierebesessene Mitarbeiter zu erkennen – zum Beispiel, indem die Vorgesetzten das Verhalten ihrer Leute unter Stress beobachten. Sie dürfen sich zudem von Versprechen nicht in die Irre führen lassen. Gerade bei großen Ankündigungen sollten sie genau auf die kurz- und mittelfristigen Leistungen der Betreffenden achten und sie ins Verhältnis zum Versprechen setzen. Denn: Narzissten wie Machiavellisten verstehen es, sich gut zu tarnen. Sie beginnen schnell damit, ein Netz von Helfern zu spinnen und eigenen Ziele rücksichtslos nachzujagen.

Erfahrene Geschäftsführerinnen und Geschäftsführer wissen jedoch, wie nachhaltig das wirtschaftliche Überleben gesichert und der Gewinn gesteigert wird, solange ihre Mannschaft miteinander statt gegeneinander arbeitet und jeder beruflich vorankommen kann, wenn auch nicht immer im gleichen Tempo.

Wollen sie ihre Mannschaft dafür aufs Fair Play ausrichten, befördern sie jene Leute, die sich an den gemeinsamen Werten im Unternehmen und dessen Zukunft orientieren. Dafür brauchen Führungskräfte Selbstvertrauen, sodass sie andere nicht kleinhalten oder niedermachen müssen, um sich in ihrer Rolle zu beweisen. Sind sie für ihre Aufgabe geeignet, können sie anderen Erfolge zugestehen und sich dabei großherzig zeigen. Nicht immer sind solche Typen die leistungsbesten, aufgrund ihrer Eigenschaften jedoch zum Führen wie geschaffen.

Entsprechend empfehlen sich Mitarbeitende für den Karrieresprung, die wertschätzendes Verhalten nach oben, nach unten sowie auf gleicher Ebene zeigen – und damit Souveränität vermitteln.

Ein gutes Beispiel dafür hat der Sportler Iván Fernández gegeben, finde ich. Im Dezember 2012 hat er bei einem Crosslauf im spanischen Burlada seinem afrikanischen Konkurrenten Abdel Mutai gesagt, er müsse weiterlaufen, als der Kenianer ein Stück vor der Ziellinie abgebremst hat – im Glauben, schon im Ziel zu sein. Fernández hat ihm damit den Weg zum Sieg gewiesen, anstatt an Mutai vorbei zu sprinten. Der Spanier ist nur zweiter geworden. Begründet hat Fernández das mit seinem Sportsgeist, wie die Zeitung El País schreibt: Der Abstand von Mutai wäre nicht aufzuholen gewesen, hätte der Kenianer den Fehler nicht gemacht. ‚Als ich sah, er hält an, wusste ich, dass ich ihn nicht überholen würde', so der Spanier Fernández."[19]

---

[19] Arribas (2013).

Wie bringt Wertschätzung das Unternehmen weiter?

„Als Berater in der Wirtschaft habe ich immer wieder gesehen: Mit Wertschätzung entsteht eine Kultur der Kooperation statt eine der rücksichtslosen Konkurrenz – und eine Kultur, die Wettbewerb zulässt, ohne dass einer der Beteiligten dabei auf der Strecke bleibt oder sein Gesicht verliert. Denn: Wettbewerb ist notwendig, auch zwischen Beschäftigten in Unternehmen. Er spornt sie an, ihre Anlagen auszuschöpfen und die Latte stets ein wenig höher zu legen, über ihre Pflicht zur Zielerreichung hinaus. Das fördert Innovationen.

Ohne die ist kein Unternehmen überlebensfähig, wie bereits gesagt. Deshalb ist es wichtig, die Arbeitsproduktivität und Effizienz, die Suche nach neuen Wegen und Lösungen ebenso im Blick zu behalten wie die Art des Umgangs miteinander. Ist er von Achtung füreinander und von Menschlichkeit geprägt, schafft das beste Voraussetzungen für hervorragende und exzellente Leistungen – und erhält die Motivation dafür: vor allem für ein selbstständiges Mit- und Vorausdenken der Leute, sowie für ihren Willen, Abläufe und Produkte zu verbessern, aus Fehlern zu lernen und neue Wege zu gehen. Das lässt sich auf Dauer nicht anordnen, sondern nur mittels der Eigeninitiative der Mitarbeitenden sicherstellen.

Ein wertschätzendes Umfeld wahrt solchen inneren Antrieb. Mit ihm können die Leute ihre Leistung und damit die Geschäftsergebnisse verbessern: Auf die Art gewinnt nicht nur der Einzelne und seine Mannschaft, sondern auch das Unternehmen."[20]

---

[20] Braun et al. (2013).

5

Versteckte Psychologie: Zwischen Erwartung und Passung

Herr Frey, wie stehen stille Erwartungen der Wertschätzung im Weg?

Professor Frey: „Auf den ersten Blick scheinen die Erwartungen von Unternehmen und Beschäftigten klar: Die Beschäftigten erbringen Arbeitsleistung und Einsatz, wofür das Unternehmen sie bezahlt. Ihr Engagement darf auch gerne über dem zu erwartenden Maß liegen, wobei sich das Ergebnis in Zahlen messen lässt, als Ertrag ihrer Leistung. Umgekehrt erwarten Mitarbeiter, pünktlich ihren Lohn zu bekommen, und freuen sich über eine Zulage, wenn sie mehr als das Erwartete geschafft haben. Dabei ist Geld nicht die einzige Währung. Auch ein Lob, ein geschenkter freier Tag, die Beförderung oder ein Blumenstrauß können den Dank dafür ausdrücken.

Doch über den Tausch von Arbeitskraft gegen Geld hinaus haben die Menschen, Arbeitgeber wie Arbeitnehmer, Vorstellungen davon, was ihre Beziehung trägt – die bereits erwähnten Erwartungen aus dem impliziten oder psychologischen Vertrag. Implizit deshalb, weil er jene Grundlagen einer Arbeitsbeziehung umfasst, die voneinander verlangt werden, ohne ausgesprochen oder schriftlich vereinbart worden zu sein, etwa die Regel, sich zu achten und zu beachten. Zudem Loyalität und Vertrauen zu zeigen, was wie ein stummes Versprechen auf beiden Seiten wirkt: Arbeitgeber wie Mitarbeiter erwarten es voneinander. Allerdings bedeuten diese stillen Regeln oft Unterschiedliches für sie, wie aus der Organisationpsychologie bekannt ist.

So haben Arbeitnehmer nicht nur die Erwartung, für hohen Einsatz und gute Arbeit angemessen bezahlt zu werden und Entwicklungsmöglichkeiten zu bekommen. Zugleich erwarten sie vom Arbeitgeber, vor allem in Form der Vorgesetzten als deren Vertreter, wertschätzend behandelt zu werden – etwa in schwierigen Situationen ins Vertrauen gezogen zu werden. Die Arbeitgeber haben wiederum die Erwartung, die Beschäftigten mögen Solidarität zeigen: Sie sollen nicht nur zum Gewinn beitragen, sondern auch hinter dem Unternehmen stehen, sein Ansehen stärken und dessen Ziele unterstützen, etwa die Betriebsabläufe stetig zu verbessern.

Wenn sich die äußeren Umstände ändern, bricht jedoch mancher Manager oder Mitarbeiter seine Loyalität auf: zum Beispiel, wenn hohe finanzielle Gewinne locken oder das eigene berufliche Überleben infrage steht. Oder er nutzt andere zum eigenen Vorteil aus; er hält oder macht sie dafür klein. Doch so werden die versteckten Erwartungen aneinander enttäuscht, manchmal zutiefst, manchmal in Schüben oder jeden Tag. In jedem Fall stört es die informelle emotionale Grundlage der Arbeitsbeziehung.

Zugleich setzen die damit einhergehenden Kränkungen oft die Regeln der Fairness außer Kraft."

Was bedeutet Passung?

„Ich vergleiche es einmal so, Frau Jungmann: Fast wie bei der Partnerwahl stellt sich in der Arbeitsbeziehung die Frage, ob die künftige Mitarbeiterin oder der Mitarbeiter zum Unternehmen und das Unternehmen zu den jeweiligen Mitarbeitenden passt. Haben dessen Führungskräfte ähnliche Sichtweisen zu den betrieblichen Zielen, der Vorgehensweise sowie zum Umgang miteinander wie die Beschäftigten, steigen die Chancen für beide Seiten, ihre Zeichen von Wertschätzung ähnlich zu senden und zu empfangen. Die lassen sich ganz unterschiedlich ausdrücken, in materiellen Aspekten wie großzügigen Boni zusätzlich zum Gehalt oder in sozialen wie einer familiären, warmherzigen Unternehmenskultur sowie einer gebotsstatt verbotsorientierten Arbeitsweise. Deshalb versteht sich besser, wer die jeweiligen Zeichen der Anerkennung gleich liest und empfindet.

Als Grundlage jeder Passung zeigen sie sich auch darin, Beschäftigte als mündige Mitarbeiter zu verstehen: Jeder von ihnen soll und muss Verantwortung übernehmen. Die Leute auf diesem Weg zu begleiten und ihnen Chancen zu geben, sodass sie ihre Möglichkeiten und Spielräume erkennen und nutzen, gehört zur Entwicklung ihres Potenzials wie zu ihrer Wertschätzung dazu. Es ist ein fortwährender Prozess, wobei die Beschäftigten auf den einzelnen Stufen nicht überfordert werden dürfen.

Für die Mitarbeitenden heißt die Frage nach der Passung zudem: Kann das Unternehmen bieten, was ich mir wünsche? Dazu zählen nicht nur für Vertreter der

Generation Y, der zwischen 1980 und 1995 geborenen Beschäftigten, Rückmeldungen von ihren Führungskräften oder Kollegen, die sie fachlich und menschlich weiterbringen. Zugleich müssen sie die Art und Weise verstehen, wie ihnen Feedback gegeben wird. Das muss bei ihnen ankommen, sodass sie damit arbeiten und ihre Persönlichkeit wie ihre Talente entwickeln können. Ebenso zählt zur Passung, welche Perspektive das Unternehmen ihnen für ihre Zukunft eröffnet, für ihr berufliches Vorankommen. Auch, wie die Unternehmenskultur und der Teamgeist dem Einzelnen liegen: ob sie für ihn auf einem fairen Austausch beruhen und würdigend sind. Zugleich urteilt jeder nach seinen Maßstäben darüber, nicht nach denen der Firmenleitung."

Was, wenn es nicht passt, Herr Frey?

„Passt das Wertebild von Arbeitgeber und Mitarbeiter nicht zusammen, kommt es schnell zu Verwerfungen und Enttäuschungen, weil sich die versteckten, impliziten Erwartungen aneinander nicht erfüllen. Über sie wird leider oft nicht offen geredet. Bestätigen sie sich aber nicht, führt das allmählich zu einem inneren Bruch. In der Folge verringert der Arbeitnehmer meist sein Engagement und entzieht dem Arbeitgeber sein Vertrauen. Dabei verlässt die Generation Y noch konsequenter als ihre Vorgänger das Unternehmen. Je besser ausgebildet, desto weniger lassen sich die Y-Vertreter gefallen: Sie entwickeln schnell die Absicht zu kündigen und sind rasch dazu bereit, wenn sich eine andere Möglichkeit bietet.

Das kann noch die günstige Lösung für ein Unternehmen sein, weil damit Leute weggehen, die sich nicht wohlfühlen, die keinen Einfluss auf ihre Arbeitsbedingungen nehmen können und deshalb eher schlechte Stimmung verbreiten. Es fühlt sich aber auch nicht jeder wohl, der bleibt: Wie Studien belegen, wird der Mangel an Wertschätzung sogar als häufigster Grund für die innere Kündigung angegeben – ihn benennt die Hälfte derer, die sie vollzogen haben.[1]

Mich überrascht das nicht. Zumal dazu der umgekehrte Effekt des Ungleichgewichts nach der erwähnten Effort-Reward-Imbalance-Theorie beiträgt.[2] Danach steuern manche Mitarbeiter lange gegen, wenn sie keine Wertschätzung bekommen. Sie strengen sich noch mehr an und wollen sich unersetzlich machen, weil sie auf Karrierechancen hoffen, in ihrer Existenz vom Job abhängig sind oder in ihren persönlichen Anlagen eine übersteigerte Bereitschaft haben, sich zu verausgaben. Doch das hat Nachteile: Die Überengagierten überfordern sich, leiden unter einem ständig erhöhten Stresslevel und reiben sich auf, ohne viel Dank vom Arbeitgeber zu bekommen. Aufgrund ihres hohen Einsatzes ist die Enttäuschung über die fehlende Passung noch größer als bei anderen. Letztlich gleiten auch sie in die innere Kündigung ab und verharren darin.[3]

Besser halten Mitarbeiter solch ein Missverhältnis aus, wenn sie in der Lage sind, dem mit resignativer Zufriedenheit zu begegnen: Sie sehen, wie wenig die Dinge zu ändern sind, finden sich mit dem Ist-Zustand ab und machen das Beste daraus. Sie sagen sich: ‚Ich weiß, das Unternehmen spielt nicht in der Champions League, aber wir bringen im Rahmen der Möglichkeiten trotzdem unsere Leistung.' Solche Mitarbeiter haben ihre Nische gefunden und legen nicht jedes Wort auf die Goldwaage. Zudem sind sie bereit, für die Sicherung ihrer Existenz manche Dinge oder Vorgesetzte einfach zu ertragen.

---

[1] Frey (2015), Siegrist (2021).
[2] Siegrist (2021).
[3] Siegrist & Li (2023).

Allerdings gelingt das nur, wenn die Gegebenheiten zwar nicht bestens, aber noch annehmbar sind. Je mehr sie abfallen, desto mehr schwebt über allem die Frage: Wie lange halten die Mitarbeitenden durch? Und wie wirkt sich die fehlende Passung auf ihr Leistungsvermögen und ihre Motivation aus – vor allem wenn ihnen die Perspektive fehlt?

Umgekehrt reagieren Arbeitgeber ebenso enttäuscht und unsicher, wenn sich ihre versteckten Erwartungen an einen oder mehrere Beschäftigte nicht erfüllen. Häufig machen sie den Fehler, Dankbarkeit von ihnen zu erwarten – und zwar in der Art, wie die Führungskräfte sie sich vorstellen: zum Beispiel dafür, in dem Unternehmen und unter ihrer Leitung arbeiten zu dürfen. Doch weil jede/r etwas anderes unter Dankbarkeit versteht, lassen sich die gewünschte Form und ihr Ausdruck nicht einfach einfordern – und die Vorgesetzten werden enttäuscht.

Gegenseitiger Unmut schaukelt sich auf. Vor allem, wenn beide Seiten es nicht ansprechen und darüber nicht ins Reden kommen, nimmt das Vertrauen zueinander schnell ab. Jeder denkt, er könne dem anderen nicht trauen, weil der andere keine Loyalität zeige und Vertrauen bei ihm nicht gerechtfertigt sei."

Letzter Ausweg – Abbruch?

„Wenn es in einer Beziehung ständig zu Verletzungen und Kränkungen kommt, kennen wir alle die Folge davon: Gleich, ob in einer Partnerschaft oder dem Beruf, es wird schwierig sein, die Verbindung ohne Gedanken an innere Kündigung, Dienst nach Vorschrift, gleichgültigem Verhalten und Trennung aufrechtzuerhalten. Allmählich häufen sich die schlechten Erinnerungen daran, fast wie Schulden bei der Bank. Verstärkt werden sie wiederum von Erzählungen Dritter, wenn sie Ähnliches mit einer Vorgesetzten oder einem Mitarbeiter erlebt haben wie ich. Wie gesagt, setzt Vertrauen zum anderen aber gute Erinnerungen und Erfahrungen voraus. Sonst löst sich die Bindung zur Führungskraft oder dem Kollegen allmählich auf. Weil jedoch keiner den Überblick über sein Guthaben auf dem Beziehungskonto des anderen hat, sind die meisten oft überrascht, wenn es zu einem völligen Bruch kommt. Doch meist geht dem ein langer Prozess der inneren Kündigung voraus, bis er schließlich zur endgültigen Trennung führt.

Erschwerend kommt beim Ausstieg vieler Menschen hinzu: Ihr Wohlgefühl am Arbeitsplatz besteht längst nicht mehr. Sie brechen die Arbeitsbeziehung abrupt ab, statt vorher mit ihrer Führungskraft darüber zu reden, was sie stört.

Doch mitunter erscheint es Teamleitern nur so plötzlich: Mancher zieht sich erst zurück, wenn er mit seinen Versuchen, darüber zu reden, gescheitert ist, ähnlich wie im Privatleben mit einem unzugänglichen Partner. Weil die Führungskraft etwa seine Einwände und Sorgen abwiegelt, zum Beispiel mit den Worten: ‚Das ist nicht so. Das ist anders zu sehen und zu bewerten.' Und sie mitdenkt: ‚Nämlich aus meiner Perspektive.'

Fühlen sich Mitarbeiter jedoch in dem, was sie umtreibt, nicht ernst genommen, nicht einmal gehört, gibt das für sie meist den Ausschlag, die Beziehung aufzugeben und zu gehen. Noch schlimmer ist nur, wenn sie gar nicht erst versuchen, über ihre Enttäuschungen zu reden, sondern gleich gehen – weil sie annehmen, ihre Sicht der Dinge interessiere im Unternehmen nicht und niemanden.

An dem Punkt haben sich die schwierigen Situationen bereits so gehäuft und ihnen das Leben so vermiest, dass der Leidensdruck zu hoch wird und ihnen Abbruch als die beste Lösung erscheint. Wichtig ist deshalb: Die Führungskraft darf nicht die Letzte sein, die mitbekommt, wenn ein Mitarbeiter in die innere Kündigung geht oder eine tatsächliche aussprechen will."

> **Praxistipp für Führungskräfte**
>
> **Wer der inneren Kündigung bei Beschäftigten entgegenwirken will, für den empfiehlt sich:**
>
> - Fragen Sie regelmäßig Ihre Mitarbeiter, was gut läuft, was nicht gut läuft und wie sich das künftig anders gestalten lässt. Binden Sie Ihre Leute in den Verbesserungsprozess mit ein.
> - Fragen Sie Ihre Leute noch gezielter: „Was frustriert Sie? Was ärgert Sie?"
> - Noch besser: Lassen Sie sich als Führungskraft bewerten, ob Sie aus der Sicht der Mitarbeiter wertschätzend führen, richtig delegieren und informieren.
> - Sie können regelmäßige Fünf-Minuten-Gespräche einführen und sich einfach erkundigen, wie es dem Mitarbeiter geht.
> - Fragen Sie Ihnen besonders vertraute Mitarbeitende danach, was Sie als Führungskraft nicht sehen. Sie werden nicht alles erfahren, aber mehr, als Sie allein wahrnehmen.
> - Auch anonyme Erhebungen zum Betriebsklima, zur Zufriedenheit mit dem Arbeitgeber und mit konkreten Fragen zum Führungsverhalten von Vorgesetzten helfen weiter. Können die Befragten anonym bleiben, fallen ihre Antworten meist ehrlicher und verlässlicher aus als mit ihrer namentlichen Kennung.
> - Betrachten Sie die Fehlzeiten Ihrer Mitarbeiter: Eine geringe Quote ist ein guter Marker für deren Zufriedenheit, auch mit Ihrem Führungsstil und der gelebten Art von Anerkennung.

> **Praxistipp für Mitarbeiter**
>
> **Stimmt die Passung nicht oder werden Grundregeln verletzt, bleiben vier Möglichkeiten:**
>
> - Arrangieren Sie sich damit und finden Sie eine Nische für sich im Unternehmen, wo es sich fair spielen lässt.

- Suchen Sie sich Verbündete und kämpfen Sie für eine neue Kultur, die Fairness, steigende Qualität der Arbeit und Wettbewerb miteinander verbindet. Dazu kann sich der Austausch mit der Unternehmensspitze lohnen, wenn sie ebenfalls einen Richtungswechsel will.
- Schalten Sie den Betriebsrat ein und betonen Sie dessen Verantwortung: Wer auf Koalitionen gegen eine schlechte Unternehmenskultur und maßlose Vorgesetzte setzt und dafür die Verantwortlichen an der Spitze einschalten muss, ist gut beraten, sich zunächst an seine Vertreter ihnen gegenüber zu wenden.
- Überlegen Sie sich als letztes Mittel, das Unternehmen zu verlassen, falls Sie die abwertende Kultur krank macht. Dort, wo es keine Grundlage für Wertschätzung gibt und die Chefs nicht danach fragen, ist deren Idee zum Scheitern verurteilt – und das Bedürfnis danach wird nicht befriedigt werden.

Was führt nach Ihrer Erfahrung zu mehr Passung im Team?

„Wie gesagt, gilt es dafür zuerst herauszufinden, welche versteckten, also nicht laut ausgesprochenen Erwartungen die Mitarbeiter haben, welche das Unternehmen und was sie an gemeinsamen Werten bereits teilen. Als Grundlage für den Austausch dazu ist allen die Idee des impliziten Vertrags zu erläutern. Danach braucht es eine Abfrage, welche versteckten Erwartungen die Mitarbeiter an die Führung und das Unternehmen haben und welche aufseiten des Unternehmens und deren Führungskräften an die Mitarbeiter bestehen.

Es folgt die Klärung, was unter den verwendeten Begriffen wie Loyalität oder Teilhabe, Verantwortung, Gemeinschaft und Leistung von den Befragten jeweils verstanden wird. Was bedeuten sie genau – für die Führungskraft, für jeden einzelnen Mitarbeiter? Zuletzt überlegen alle, welche gemeinsamen Werte, Interessen und Ziele es schon gibt. Und welche Vorteile sich daraus für alle ergeben.

Je nach Team und seiner Zusammensetzung könnte den offenen Austausch behindern, dass sich einige Mitarbeiter nicht zu sagen trauen, was sie wirklich erwarten, oder nur Antworten geben, die sie für erwünscht halten. Manche kommen sich zuerst auch seltsam dabei vor, Erwartungen an das Unternehmen oder die Vorgesetzten auszusprechen, weil sie es nicht gewohnt sind.

Es ist deshalb an der Gesprächsführung zu entscheiden, ob es für ein Team besser ist, wenn jeder zunächst seine Erwartungen aufschreibt und was jeder als gemeinsame Werte sieht. Den Austausch auflockern und zum offenen Reden ermuntern lässt sich mit Anekdoten, etwa, wie das mit den versteckten Erwartungen oder fälschlich angenommenen gemeinsamen Werten schon einmal gründlich danebengegangen ist."

Praxistipps

Fragen zur Wertschätzung helfen weiter:

- Was schätzen die Mitarbeiter bereits wert? Weshalb?
- Was die Führungskräfte? Wieso?
- Was schätzen wir gemeinsam wert? Wovon sind wir überzeugt?
- Mit Blick darauf – was machen wir schon gut?
- Und was machen wir noch nicht so gut?
- Wie können wir es konkret besser machen?
- Was machen wir künftig, wenn sich jemand nicht wertschätzend verhält?

„Die Antworten helfen den Beteiligten, ein gemeinsames Verständnis von Wertschätzung zu entwickeln sowie davon, welche Werte dem zugrunde liegen und welche Erwartungen im Unternehmen darauf aufbauen.

Das dient der Standortbestimmung der Beschäftigten und der Bestimmung ihrer Rolle im Unternehmen. Mitarbeiter und Führungskraft wissen: Was ist in unserer Kultur erlaubt, wichtig und gut? Sie wissen auch: Was ist nach der Unternehmenskultur nicht erlaubt, nicht gut und unwichtig? Danach können sie ihren Wertekompass ausrichten.

Zugleich wächst daraus der Kitt, der die Menschen im Unternehmen zusammenhält: Das gegenseitige Vertrauen und die Loyalität schaffen eine Basis dafür, kritische Situationen wie zuletzt die Coronakrise miteinander durchzustehen. Oder Veränderungen zu verkraften, etwa eine Digitalisierung der Arbeitsabläufe: Sie steht in vielen Betrieben an und ist eine zwingende Modernisierung, damit das Unternehmen im Wettbewerb mithalten kann. Jedoch scheint sie manchen Beschäftigten so umwälzend und bedrohlich, dass sich schnell innere Widerstände dagegen aufbauen. Vor allem, wenn das Vertrauen in die Führung und in den Verlauf der Digitalisierung fehlt, wie Dominik Enste zu Recht unterstreicht."[4]

---

[4] Enste et al. (2020).

6

Mannschaft und Führungsprinzip

Herr Frey: Wohin steuert eine Mannschaft ohne gegenseitige Wertschätzung?

Professor Frey: „Bleibt Wertschätzung aus, ist keiner in der Mannschaft voll motiviert. Jeder ist gehemmt, gelähmt und ruft sein Potenzial nicht ab. Die Leute lassen in ihrem Einsatz nach; mancher leistet keinen Beitrag. Die Beschäftigten sind weniger sorgfältig, kooperieren selten, sind nicht mehr so kreativ und innovativ. Einige geraten in eine persönliche Krise, kündigen innerlich oder verlassen das Unternehmen. Wer bleibt, wird aufgrund der toxischen Strukturen immer wieder in Machtkämpfe verstrickt.

Ähnlich wirkt sich ein falsches System von Belohnungen aus. Werden immer nur Anreize gesetzt zu den Merkmalen ‚Wie sind Ihre Zahlen? Wie schnell sind Sie im Projekt vorangekommen?', zählt unterm Strich nur die

Effektivität der Arbeit. Das Unternehmen betrachtet dabei weder, mit welchen Mitteln die Zahlen entstehen, noch ob die Schnelligkeit zusätzliche soziale Kosten verursacht, im Team oder beim Kunden. Doch Mitarbeiter wie Kunden können deshalb verloren gehen.

Die Führung muss an solchen Stellen genau hinschauen und etwa regelmäßige Befragungen zur Kundenbindung durchführen, vor allem dazu, wie fair und angemessen sich die Abnehmer behandelt fühlen. Macht die Führung das nicht, bleibt wertschätzendes Verhalten als ein starkes Mittel zum Erreichen von Zielen außen vor – entgegen den Bekenntnissen in den Leitbildern vieler Unternehmen. Gerechtfertigt wird das oft mit dem harten Wettbewerb am Markt.

Übersehen wird dabei freilich der zunehmende Kampf um die Leute für die Mannschaft auf diesem Markt: Die Vertreter der Generation Y und Z, kurz der jungen Generation Me unter 40 Jahren, sowie Berufstätige mit gesuchten Qualifikationen und hoher Bildung haben längst Bedürfnisse jenseits von Karriere und Gehalt entdeckt und angemeldet. Sie fragen: ‚Kann ich bei der Arbeit auch meine Persönlichkeit entwickeln? Ist die Work-Life-Balance gewährleistet? Haben wir einen tollen Teamgeist und arbeiten auf Augenhöhe zusammen? Macht uns die Arbeit Freude und Spaß? Wie tragen wir zu mehr Nachhaltigkeit für die Umwelt bei?' Hinter all dem steht die Sehnsucht nach einem fairen Austausch und besagter Augenhöhe am Arbeitsplatz.

Ohne Vorbild fehlt den Leuten zudem die Orientierung für das eigene, wertschätzende Verhalten. Wer bloß vom schnellen Umsatz getrieben ist, fragt bei jedem Einsatz: ‚Was bringt es mir? Wie kann ich meine Interessen durchsetzen?' Auf der Strecke bleibt dabei nicht nur der Teamgeist, sondern auch die Ausrichtung am Interesse des

Unternehmens, sobald es nicht mit dem Eigeninteresse des Mitarbeiters übereinstimmt.

Solche ungesunden Kulturen lassen sich oft dort finden, wo schnelllebig gedachte Effektivität zählt – wie Höchstleistung für Innovationen in kürzester Zeit und mit hohem Gewinn, aber ohne Rücksicht auf die Art der Mittel und auf die Arbeitskräfte. Erschöpften oder ausgebrannten Menschen wird keine Atempause gegönnt, wenn sie bei erhöhter Taktzahl und Arbeitsverdichtung nicht mehr mithalten können: Sie werden an den Rand gedrängt oder gar ausgetauscht. Wer solche Einschnitte erlebt, fühlt sich kaltgestellt. Das rücksichtslose Vorgehen an der Spitze färbt zudem ab: Die Leute gehen leichter einen Kollegen an, steht er ihren Zielen im Weg. Die Ellbogenmentalität gewinnt.

Ohne gegenseitige Wertschätzung steuert ein Team und seine Führung daher auf eine Kultur der Missachtung zu: Die übergeht die Bedürfnisse Einzelner und wird als lieblos und abwertend wahrgenommen.[1] Doch geht es einem Teammitglied nicht gut, schwächt das die ganze Mannschaft."

Was bedeutet Wertschätzung als Führungsprinzip?

„Zunächst muss Wertschätzung als Führungsprinzip die Sinnfrage der Beschäftigten beantworten. Denn sie wollen zum Wert ihrer Tätigkeit nicht nur das Preisschild in Form des Gehalts kennen. Sie möchten ebenso wissen: ‚Macht meine Arbeit Sinn?' Für viele ist das sogar die zentrale Frage, wie ich oft höre: Sie wollen ein Gehalt für eine

---

[1] Siegrist (2021).

sinnvolle Tätigkeit, kein Schmerzensgeld für eine sinnlose oder für eine, die sie so wahrnehmen.

Auch eine Anfang 2024 veröffentlichte Studie des Fraunhofer-Instituts für Arbeitswirtschaft und Organisation mit mehr als 1000 Befragten hat gezeigt: Mitarbeitende stufen die Freude an der Arbeit, in der Studie sogar Vergnügen genannt, selbstbestimmtes und eigenverantwortliches Arbeiten, also ihre Autonomie, und abwechslungsreiche Tätigkeiten als besonders wichtig ein, sollen sie sich für ihre Arbeit begeistern.[2]

Übertragen auf die Führungskraft heißt das: Wer Einsatz fordert, muss zunächst Sinn bieten und immer wieder erklären, warum und wozu etwas gemacht werden soll. Wer sich für eine Sache einsetzen soll, muss wissen, wofür es gut ist: Warum muss ein Berg bestiegen werden? Wieso sollen wir auch mit schwierigen Kunden gut umgehen? Warum muss das Vorhaben schnell abgeschlossen werden? Oder, um es ähnlich wie der Schriftsteller Antoine Saint-Exupéry zu sagen: ‚Wenn du ein Schiff bauen willst, sammle nicht nur Holz, sondern vermittle deiner Mannschaft die Sehnsucht nach dem großen Meer.'[3]

Danach bedeutet wertschätzende Führung, den Mitarbeitenden nicht nur eine Idee zu geben. Vielmehr bedeutet sie, die Leute dafür zu begeistern und ihnen unterwegs Orientierung zu bieten. Am Ziel kommt die ganze Mannschaft an, wenn alle den Weg mitgehen, weil sie überzeugt sind, die richtige Richtung einzuschlagen und damit ebenfalls für sich etwas zu erreichen. Das lässt sich mit Angst und Druck nicht erzwingen. Auch Lippenbekenntnisse einer Führungskraft werden schnell durchschaut: Eine Vision zündet nur, wenn sich alle im Team gewiss sind, dass

---

[2] Fraunhofer (2024).
[3] De Saint-Exupéry (1951).

sich ihr Einsatz nicht nur für das Unternehmen auszahlt, sondern ebenso für jede/n von ihnen.

Das Teamwork fördert die Führungskraft dabei, wenn sie den Einzelnen zeigt: ‚Du machst einen Unterschied. Du bist keine Nummer. Wie keiner hier Deshalb nehmen sich bei uns auch alle in ihrer Unterschiedlichkeit an.' Läuft das gut, schätzt die Mannschaft die Persönlichkeit und die Eigenarten eines jeden als Ausdruck ihrer Vielfalt, sogar wenn sie manchmal für Reibungspunkte sorgen.

Damit alle eingebunden bleiben, ist im Team zudem die Frage nach den drei Grundpfeilern der Wertschätzung zu stellen: ‚Was sind unsere gemeinsamen Werte, Ziele und Spielregeln?' Das sollte gelegentlich erneut diskutiert werden, weil sich die Antworten mit der Zeit und mit den Umständen verändern können.

Ebenso ist die Frage danach wichtig, wie es läuft. Sie bringt das Gespräch aber wieder nur voran, wenn jeder in der Runde überzeugt ist, nun seine ehrliche Meinung äußern zu dürfen. Dazu ermuntert die Führungskraft, indem sie alle konkret anspricht: ‚Was läuft gut für dich in dem Projekt? Was läuft nicht gut für dich? Und was lässt sich für alle verbessern?'

Wem es gelingt, so einen Rahmen für den offenen Austausch im Team zu schaffen, der stärkt damit den Zusammenhalt und die Beziehungen seiner Leute untereinander. Ebenso wie Vorgesetzte, die mit ihnen Erfolge feiern, Schwierigkeiten zeitnah ansprechen und den Humor nicht vergessen.

Auch müssen die Vorgesetzten ihrer wesentlichen Aufgabe nachkommen, gute Bedingungen für die Arbeit der Mannschaft zu schaffen und Hindernisse abzubauen. Nicht nur aus unternehmerischen Gründen ist das sinnvoll, mit Blick auf reibungslose Abläufe. Zugleich fällt den Leuten ihre Arbeit so leichter und sie sehen besser, welchen Anteil sie daran haben, das gemeinsame Ziel zu erreichen.

Das stärkt die intrinsische Motivation, das heißt den inneren Antrieb der Leute: Wer am Arbeitsplatz erfährt, wie sehr sein Beitrag Teil eines großen Ganzen ist und geachtet wird, identifiziert sich mit seiner Tätigkeit. Der Mitarbeiter will zum Gesamterfolg von Team und Unternehmen beitragen, und die Mitarbeiterin möchte Teil der Firma sein und bleiben.

Wertschätzung als Führungsprinzip heißt deshalb: Jeder ist wichtig und verdient es, als Einzelner gesehen, gehört, angesprochen und gefördert zu werden. In der Führung setzt das Sinnvermittlung ebenso voraus wie kleine Aufmerksamkeiten im Alltag, etwa immer ‚bitte' und ‚danke' zu sagen: zum Beispiel, wenn Überstunden oder ein kurzfristiger Diensteinsatz nötig sind.

Doch zur wertschätzenden Führung gehört noch mehr: Sie vermittelt Aspekte wie soziale Teilhabe, Kompetenzerweiterung und Transparenz mittels Information und Kommunikation. Für viele bedeutet Wertschätzung, mitgestalten zu dürfen und jederzeit bei Unklarheiten nachfragen zu können. Oder bei der Zielvereinbarung mitzureden: Die Leute wollen auf jedem Abschnitt des Weges ihren Zielen zustimmen und sie nicht nur vorgesetzt bekommen. An all diese Facetten der Wertschätzung muss die Führungskraft im Alltag denken und, noch schwieriger, sie für jeden Einzelnen an Bord richtig anpassen.

Das ist gelungen, nimmt jeder wahr, wie viel Teilhabe er hat: beim eigenen, freien Ausgestalten der Aufgabe und mit Vorschlägen, wie das Schiff schneller, besser und mit weniger Aufwand fertig werden könnte. Die Ideen sind von der Führungskraft unbedingt aufzugreifen, bringen sie die Sache voran. Nicht vergessen werden darf, danach der Mitarbeiterin für ihren Einfall zur Antriebswelle zu danken und damit Anerkennung zu zeigen."

> **Praxistipp**
>
> Führungskräfte können zunächst überlegen:
>
> - Was bedeutet für den jeweiligen Mitarbeiter Wertschätzung?
> - Gibt es genügend Anerkennung für ihn aus seiner Sicht? Mit welchen Fragen lässt sich erfahren, ob er bisher damit zufrieden ist?
> - Was machen andere Führungskräfte in ähnlicher Position in Sachen Wertschätzung?

Wie geht das genau: Sinn vermitteln im Alltag, Herr Frey?

„Im Alltag bedeutet wertschätzende Führung nicht nur der Mannschaft, sondern jedem Einzelnen den Sinn seiner Tätigkeit zu vermitteln. Dazu gehört, ausdrücklich zu fragen: ‚Macht das Sinn, worum ich Sie bei der Aufgabe bitte?' Wie gesagt: Wer den Sinn nicht versteht und seine Arbeit nicht ins große Ganze einbetten kann, macht nachweislich schlechtere Arbeit und ist weniger kreativ.[4]

Vorgesetzte sollten deshalb nachhaken, sobald dem Mitarbeiter der Sinn einer Aufgabe nicht klar zu sein scheint. Sie sollten ebenfalls von ihren Leuten fordern, anzuzeigen, falls sie ihn nicht verstehen oder an ihm zweifeln. Das gehört wiederum zu deren Wertschätzung ihres Jobs dazu.

Der nächste Schritt für die Führungskraft ist ein gutes Ideenmanagement. Auch das stiftet Sinn und heißt: Die Leute haben über eigene Vorschläge die Möglichkeit, das Ergebnis und seine Qualität mitzubestimmen. Dafür steckt der Teamleiter die Aufgabe ab, stellt die eigene

---

[4] Schulz-Hardt & Frey (2015).

Herangehensweise vor und sagt: ‚Das ist meine Lösung. Was sind eure Ideen dazu?' Wird ein Vorschlag aufgegriffen, wird je nach Projektfortschritt nach einer Woche, einem Monat oder einem Jahr geprüft, wie dessen Umsetzung läuft und was er erleichtert hat. Das wird den Tippgebern mitgeteilt, damit sie sehen, was ihre Idee möglich gemacht hat.

Ist die Arbeit geleistet und das Projekt beendet, heißt Sinn vermitteln zudem: Die Leistung eines jeden dafür wird gesehen und von der Führungskraft gewürdigt – entsprechend ihrem Anteil und Umfang.

Haben einzelne Beschäftigte indes Durststrecken durchzustehen und müssen Hürden auf dem Weg zum Ziel überwinden, hilft ihnen dabei nichts so sehr wie ‚das Bewusstsein, einer Aufgabe zu dienen', also für jemanden oder etwas da zu sein. So hat es mein Kollege Frankl auf den Punkt gebracht.[5] Lässt sich das Ziel zusammen mit den anderen im Team erreichen, verstärkt sich der Eindruck noch. Im besten Fall sagen sich die Mitarbeiter: ‚Meine Aufgabe erfüllt mich, ich schätze sie deshalb wert – und werde nicht dafür angekurbelt wie das Rädchen im Uhrwerk.'"

> **Praxistipp**
>
> **Führungskräfte sollten ihren Leuten den Sinn vermitteln zu:**
>
> - Warum machen wir/Sie es, und wofür ist es gut? Zum Beispiel: Warum muss jetzt Spätschichten geben? Der erste Teil der Antwort lautet: Weil es eine Kundenbeschwerde gegeben hat, aufgrund unserer Lieferschwierigkeiten.

---

[5] Frankl (2015), Bauer (2008).

- Und wozu ist es gut? Zweiter Teil der Antwort: Es ist gut, weil wir den Kunden auf Dauer behalten möchten.
- Die Sinnvermittlung unterstützt dabei, werden die Ziele klar vorgegeben und realistisch gehalten; sonst leidet das Betriebsklima.
- Den Leuten sollte beim Gestalten ihrer Aufgaben Freiheit gelassen und Vertrauen vermittelt werden.
- Es zahlt sich aus, gelegentlich Rückfragen zu stellen, wie es läuft. Später empfiehlt sich ein eigenes, konstruktives Feedback für jede/n im Team.

Alltagstipp

Die angesprochenen Punkte lassen sich auf das Teamwork in Kindergärten, Familien und Vereinen übertragen. Im privaten Zusammenhang ist fast noch wichtiger, den Leute die immer wiederkehrende Frage zu stellen, was bereits gut läuft, was noch nicht gut läuft und was sich besser machen lässt.

Wieso hilft Fairness beim Steuern auf der Brücke?

„Führung bedeutet nicht nur, Sinn zu geben und die Richtung zu weisen; sie ist auch immer verbunden mit dem Management von Enttäuschungen. Keine Vorgesetzte kann alle Hoffnungen, Erwartungen und Sehnsüchte der Mitarbeiter erfüllen, weil oft unvorhergesehene Umstände hinzukommen. Deshalb ist es für Führungskräfte schwer, über Jahre hinweg ihre Mannschaft so zu steuern, dass alle zufrieden sind. Als Chef kämpfe ich auch damit. Doch umso wichtiger ist es, beim Führen die Leitlinien Respekt und Wertschätzung ganz nach oben zu stellen, auch wenn Chefs dafür manchmal viel Geduld brauchen, die Zähne zusammenbeißen oder mit Kritik umgehen müssen: eben weil sie Menschen immer wieder enttäuschen müssen.

Dazu kommt es unweigerlich, weil eine Führungskraft die Ansprüche verschiedener Zielgruppen abzuwägen hat: nicht nur die der Mitarbeiter, sondern auch die der Kunden, der Lieferanten, des Betriebsrates und der Geschäftsführung. Allen Erwartungen dabei gerecht zu werden, ist kaum möglich. Führungskräfte können nicht vermeiden, einzelne Beschäftigte mit ihren Entscheidungen zu frustrieren, zum Beispiel weil sie kein zusätzliches Personal für das Team oder weitere Mittel für die Forschungsabteilung bewilligen können. Erst recht, wenn es um Einzelne geht – von der ausgebliebenen Beförderung über die Niederlage im Ideenwettbewerb bis zum gestrichenen Urlaub aus Betriebsgründen. In jedem Fall entgeht den Leuten etwas – an Geld, Posten oder Zeit.

Aufgrund ihres Verlusterlebnisses werden die Betroffenen keine Fairness im Ergebnis wahrnehmen und sich unfair behandelt fühlen. Das ist nur allzu menschlich und lässt sich nicht verhindern. Die Forschung zeigt jedoch, wie sich das Gefühl, im Ergebnis verloren zu haben, mittels dreier anderer Fairnessarten für den Mitarbeiter zumindest abfedern lässt:

- Die prozedurale Fairness ist die Fairness im Ablauf und Verfahren. Sie verlangt, die Kriterien zu nennen, die zur Entscheidung geführt haben – und zu sagen, wer die Entscheidung getroffen hat.
- Die informative Fairness erfordert, rechtzeitig, lückenlos und ehrlich sowohl die positiven als auch die negativen Informationen bei der Entscheidungsfindung weiterzugeben und ausführlich zu erläutern, gerade zum Hintergrund.
- Interaktionale Fairness heißt, auf gleicher Augenhöhe und im Ton respektvoll das Ergebnis zu vermitteln.

So lässt sich mit der Begründung einer Entscheidung, ihres Zustandekommens und ihrer Vermittlung dem davon Betroffenen respektvoll begegnen, obwohl er eine Enttäuschung und Verluste in Kauf nehmen muss und mit dem Ergebnis nicht zufrieden sein kann. Es lässt sich sogar sagen: Menschen sind bereit, nahezu alles zu ertragen, wenn sie den Grund dafür kennen und wenn ihnen ihr Gegenüber im Alltag auf Augenhöhe begegnet.

Gleiche Ebene heißt dabei auch: sich nicht mit den Federn seiner Leute zu schmücken. Nicht ‚ich' zu sagen, wenn die Mitarbeiterin die Präsentation ausgearbeitet hat. Gerade daran zeigt sich, ob die Führungskraft in der Lage ist, fair zu handeln: sich zurücknimmt, andere groß werden lässt und deren Leistungen sichtbar macht. Zumal Mitarbeitende sonst nach Vergeltung trachten könnten, wie ein Beispiel an amerikanischen Universitäten zeigt: Dort haben sich Nachwuchsforscher an ihrem jeweiligen Lehrstuhl mit wissenschaftlichem Fehlverhalten gerächt, weil sie als Co-Autoren bei Publikationen nicht genannt worden sind. Aus ihrer Sicht haben sie damit wieder Gerechtigkeit hergestellt, hinsichtlich der sozialen Norm.[6]

Das Fairnessgebot kommt auch bei unpopulären Maßnahmen zum Tragen, etwa wenn Änderungen im Softwaresystem anstehen oder bei Arbeitsplatzumschreibungen. Immer, wenn der Mensch etwas aufgeben und Opfer für die Mannschaft bringen muss, ist die Grundlage dafür, es sachlich und objektiv ihm gegenüber zu begründen – und mit Respekt. Sonst verlieren die Menschen ihre Lust am Einsatz für das Unternehmen und dessen Management."

---

[6] Siegrist (2021).

Was muss die Mannschaft einbringen, Herr Frey?

„Wie gesagt ist die Führungskraft zwar dafür verantwortlich, voranzugehen und die Kultur gegenseitiger Wertschätzung zu formen. Doch sie prägt nicht allein die Zusammenarbeit im Team – dafür ist jeder in der Mannschaft zuständig, bis hin zur Aushilfe. Denn: Als Team gewinnen und verlieren alle gemeinsam. Auch der beste Spieler, die beste Spielerin ist nicht besser als die Mannschaft, in der sie kicken. Deshalb geht es um das Ich ebenso wie um das Wir.

Im Team muss die Wahrnehmung bestehen, jede/r hält sich an ähnliche Werte und die Spielregeln, und alle respektieren sich gegenseitig. Dafür sind alle im Team verantwortlich, nicht nur die Führung: Jeder muss seinen Teil dazu beitragen.

Zudem darf es keiner darauf anlegen, sich in der Masse zu verstecken. Mit Blick auf das Einbringen eigener Ideen heißt das etwa: Fragt die Führungskraft nach Vorschlägen und lässt Mitgestalten zu, muss von den Leuten etwas dazu kommen. Nicht nur die Führungskraft hat die Pflicht, ihre Mannschaft einzubeziehen – auch jede/r in der Mannschaft muss sich einbringen wollen.

Es hilft dabei, wenn sich die Leute untereinander sympathisch finden und ergänzen. So fällt es ihnen leichter, einander zu unterstützen und gegenseitig Fehler auszubügeln. Wird ein solches Solidaritätsprinzip gelebt, sind alle in der Mannschaft entspannter, weil jede/r einen Fehler nicht so sehr fürchten muss, wie Organisationsforscherin Amy Edmondson schildert.[7] Die Leute können sich

---

[7] Edmondson (2020).

6 Mannschaft und Führungsprinzip

auf ihre Kollegen verlassen – und die wiederum jedem im Team und dessen Führung vertrauen. Das unterstützt, sich mit dem Unternehmen und der eigenen Mannschaft zu identifizieren sowie den Kollegen gegenüber Wertschätzung zu zeigen. Und: Es steigert die Bereitschaft, manchmal den persönlichen Nutzen gegenüber dem Gemeinnutzen hintenan zu stellen.

Zudem hat das Team eine Korrekturfunktion gegenüber der Führungskraft. Dafür geben dessen Mitglieder der Vorgesetzten Feedback, bieten Hilfe an oder fordern sie ein. Auf die Art trägt die Mannschaft die Führungskraft mit, so wie jede gute Trainerin, jeder gute Trainer nur etwas ausrichten kann, solange ihr Team hinter ihnen steht.

Leichter ist es für die Vorgesetzten zudem, wenn sich in ihrer Mannschaft ein, zwei Leute der Idee der Wertschätzungskultur besonders verpflichtet fühlen: Die Betreffenden empfinden eine große Verantwortung dafür, wie diese Kultur in ihrem Umfeld gelebt wird, zum Beispiel aufgrund guter oder schlechter Erfahrungen in ihrem bisherigen Berufsleben. Meist sind das Leute, die andere Sichtweisen und Charaktere im Team aushalten, jedoch die gemeinsamen Werte von allen gewahrt sehen wollen.

Solche Menschen achten darauf, wie stark das Verbindende im Alltag der Mannschaft betont wird, und setzen sich dafür ein. Ähnlich wie Klassensprecher oder Schlüsselspieler nehmen sie die Sache in die Hand, geben Rückmeldungen und sagen, was geht und was nicht – vertraulich, unter vier Augen und ohne es nach oben zu melden. Zugleich sprechen sie die Führungskraft an, wenn sie merken, deren Verhalten verstimmt die Mannschaft oder löst Verärgerung aus.

Allein ist eine Führungskraft oft damit überfordert, den Teamgeist zu schützen. Ebenso die Mannschaft, wenn ihr die Schlüsselspieler in Sachen Wertschätzung fehlen. Gibt es sie jedoch, sind das Team wie dessen Leitung gut beraten, sie in ihrer eher informellen Rolle zu unterstützen und zu respektieren."

> **Praxistipp**
>
> **Mannschaft und Führungskraft unterstützen die Schlüsselspieler in ihrer Rolle und überlegen dafür:**
>
> - Wer im Team fühlt sich besonders verantwortlich für dessen Wertschätzungskultur, beobachtet sie und spricht sie regelmäßig an? Auch dafür, wie ihre Spielregeln eingehalten werden oder ob sie an neue Gegebenheiten angepasst werden müssen?
> - Wer hat den Mut, Verletzungen von Wertschätzung im Team und gegenüber der Führungskraft anzuzeigen, und wird von allen Seiten dabei respektiert?

Sich wertgeschätzt zu fühlen, ist schön. Doch was ist der Ertrag davon?

„Es sind Menschen, die Erfindungen machen, Prozesse optimieren sowie Produkte und Dienstleistungen verbessern, noch selten Roboter und künstliche Intelligenz. Und Menschen wollen sich zugehörig fühlen, im Unternehmen wie in ihrem Team. Wie ich es kenne, möchten sie gute, bereichernde Beziehungen erleben, auch im Beruf: Das gibt ihnen oft den Anstoß dafür, kreativ und innovativ zu werden – eben weil Menschen keine Maschinen sind.

Wer wertgeschätzt wird, wird seltener krank, kündigt innerlich nicht und denkt weniger über einen Jobwechsel nach. Vielmehr finden die Leute ihren Platz in der Mannschaft, fühlen sich sicher und können angstfrei ihrer

Aufgabe nachkommen, wie die Forschung zeigt.[8] Sie wissen, wie wichtig ihr Beitrag ist und welchen Unterschied er für das Ergebnis aller macht. Daraus zieht jeder seine Motivation für die tägliche Arbeit. Nur bei wenigen ist dieser Antrieb auf den Verdienst beschränkt.

Das schlägt sich im Arbeitsethos nieder, wie Katrin Elsner es beschreibt.[9] Der Begriff umreißt, wie jemand bei einer Aufgabe tätig wird: ‚Wie erfülle ich meine Pflichten? Welchen Anspruch habe ich dabei an mich, wie sorgfältig bin ich? Komme ich pünktlich zur Arbeit?' Die Antworten darauf spiegeln, mit welchem Selbstverständnis der Mensch seine Aufgaben angeht, und prägen den Einsatz des Einzelnen.

Je besser Kultur und Ethos sind, umso mehr sind Menschen bereit, Vorschläge zu machen, wie sich ihre Dienstleistung, ihr Produkt weiterentwickeln lässt, und da dranzubleiben. Gute Erzeugnisse wiederum führen zu einer höheren Bereitschaft im Vertrieb, sich für deren Verkauf beim Kunden einzusetzen. Vor allem, wenn der Verkäufer weiß, wie sehr bei dem Produkt die jüngste Forschung berücksichtigt worden ist. All das erhöht die Zukunftschancen der Firma.

Sobald Menschen aber nicht beachtet werden, sehen sie sich auch nicht als Problemlöser, Produktverbesserer oder Markenbotschafter. Wenn Nichtbeachtung sogar umschlägt in Rücksichtslosigkeit, führt das bisweilen zum Boykott des Mitarbeiters. In dem Fall handelt er nach der Devise ‚Wenn der Chef glaubt zu führen, tue ich so, als würde ich arbeiten'. Sichtbar wird das oft erst, wenn die Abläufe im Unternehmen an neue Herausforderungen angepasst werden müssen.

---

[8] Edmondson (2020).
[9] Elsner (2012).

Wie etwa die Studie ‚Führung und Organisation im Wandel' der Bundesanstalt für Arbeitsschutz und Arbeitsmedizin, BAuA, belegt, beeinflussen Führungskräfte maßgeblich das Klima in ihren Bereichen und Teams. Sie setzen die Wegmarken, etwa für das gegenseitige Vertrauen und den fairen Umgang miteinander. Sie bestimmen so auch das Wohlergehen und die Leistungsfähigkeit ihrer Mitarbeiter mit – und darüber deren Fähigkeit und Bereitschaft zur Selbstorganisation und Eigenverantwortung, wie sie die Anpassung der Teamabläufe an veränderte Bedingungen oft erfordert.[10]

Laut der Studie zahlt es sich aus, folgt das Management bis an seine oberste Spitze dafür stärker den Prinzipien von Unterstützung und Ermöglichung, als nur auf Kontrolle und Steuerung zu setzen.[11]

Zugleich muss jeder im Management spüren, welche besondere Verantwortung mit seiner Rolle einhergeht, Wertschätzung und Arbeitsethos im Unternehmen zu erhalten. Wo sie gepflegt werden, zeigen die Mitarbeiter eher Loyalität und Vertrauen. Wertschätzung treibt jeden an, ob Führungskraft oder Mitarbeitende: Mit ihr bieten die Beschäftigten dem Arbeitgeber oft mehr als das, wofür sie bezahlt werden.

Zwar sind mir keine genauen Kennzahlen bekannt, wie sich eine solche Unternehmenskultur in der Bilanz niederschlägt. Jedoch machen neuere Untersuchungen einen engen Zusammenhang zwischen Produktivität, Vertrauen und Wertschätzung ersichtlich, ob in der Wirtschaft oder in der Wissenschaft. Umfragen wie von Gallup oder die

---

[10] Bundesanstalt für Arbeitsschutz und Arbeitsmedizin & Kantar Deutschland (2020).

[11] Bundesanstalt für Arbeitsschutz und Arbeitsmedizin & Kantar Deutschland (2020).

Bertelsmann-Studie verstärken diesen Eindruck noch und rechnen erste Zahlen dazu hoch.[12]

Unterstützt wird das von wissenschaftlichen Befunden, wonach der Antrieb des Einzelnen, gute Ergebnisse bei der Arbeit zu bringen, auf eine neurobiologische Ursache zurückgeht. Danach weckt nichts so sehr die Motivation, wie als Mensch gesehen und geachtet zu werden sowie soziale Anerkennung und Zuwendung zu erleben.[13] Das setzt auf der körperlichen Ebene das Hormon Dopamin frei, was die Konzentrations- und Leistungsfähigkeit steigert. Endorphine und Oxytocin kommen hinzu; sie erhöhen die Gefühle von Wohlbefinden, Vertrauen und Verbundenheit.

Bleiben Wertschätzung und Anerkennung hingegen aus, herrschen Druck und Abweisung im Umfeld vor, schüttet das Gehirn stattdessen die Stressbotenstoffe Adrenalin, Noradrenalin und Cortisol aus. Auf Dauer schädigen sie das Herz-Kreislauf-System und können zu Depressionen führen.[14] Übrigens auch, wenn häusliche Sorge- und Pflegearbeit, etwa für kranke Angehörige, ohne Anerkennung bleibt.

Bereits im Jahr 2018 hat überdies der AOK-Fehlzeitenreport gezeigt: Menschen, die ihre Arbeit als sinnstiftend erleben, fehlen seltener und haben deutlich weniger arbeitsbedingte gesundheitliche Beschwerden – so die Studie, für die das wissenschaftliche Institut der Krankenkasse, WIdO, mehr als 2000 Beschäftigte befragt

---

[12] Braun et al. (2013). S. auch jährlich veröffentlichter Mitarbeiter-Engagement-Index des Beratungsunternehmen Gallup; s. auch Bertelsmann: Lampe & Schöler (2006).
[13] Bauer (2008) sowie Benfer-Breisacher (2020).
[14] Bauer (2015).

hat.[15] Auch danach senkt eine wertschätzende Unternehmenskultur die Krankheitstage und erhöht so die Produktivität im Betrieb.

Solche Vorzeichen erleichtern dem Unternehmen den Weg zur Exzellenz, zu Spitzenleistungen: Seine Mitarbeiter sind nicht nur produktiver und kreativer, was den Ertrag und Ideenreichtum im Vergleich mit den Wettbewerbern erhöht. Häufig liefern sie auch Ergebnisse in besserer Qualität ab.[16] Das Unternehmen erbringt damit mehr als Mittelmaß, kann hohe Ansprüche an seine Erzeugnisse stellen und so zum Marktführer werden. Solche Exzellenz lässt sich dabei nicht durch Zufall erreichen, sondern braucht Planung sowie gute Führung. Ich behaupte deshalb: Exzellenz ohne Ethik und Werte wird nicht dauerhaft sein.

Für die Wirtschaft heißt das: Wer aus Werten schöpft, schafft Wert. Oder noch kürzer: Werte schaffen Wert. Deshalb gibt es nicht nur ethische und menschliche Gründe, sondern auch kaufmännische, auf Wertschätzung als Führungsprinzip zu setzen. Von ihr hängt mit ab, welchen Ertrag ein Unternehmen schafft. Ganz so, wie Eberhard von Kuenheim, ehemaliger Vorstandschef des Autobauers BMW, die Philosophie von BMW mir gegenüber einmal zusammengefasst hat: ‚Ohne Wertschätzung, keine Wertschöpfung.'"

Was setzt Wertschöpfung durch Wertschätzung vor allem voraus?

„Führung spielt eine zentrale Rolle, damit Verletzungen in der Mannschaft vermieden sowie deren Ziele fürs Unternehmen erreicht werden: Vorgesetzte sollten sich deshalb

---

[15] Badura et al. (2018).
[16] Peus et al. (2009), Edmondson (2020).

6 Mannschaft und Führungsprinzip

in ihrem Selbstverständnis nicht nur von einem hohen Leistungs- und Gestaltungsstreben leiten lassen, wollen sie nachhaltigen Erfolg. Sie sollten Ziele nicht nur durchsetzen, vielmehr ihre Leute auf den Weg dorthin mitnehmen und Menschenfreunde sein. Frau Jungmann, nach all den Jahren der Forschung und der Praxis dazu bin ich zutiefst überzeugt: Wer Mitarbeiter und Organisationen entwickeln will, muss dafür Brücken von Mensch zu Mensch schlagen. Das Erreichen der Ziele und die gegenseitige Wertschätzung sind dabei gleichrangig – keines von beiden darf auf Kosten des anderen gehen.

Noch eines kommt hinzu: Für Ergebnis und Wertschöpfung des Unternehmens ist ein guter Informationsfluss von oben nach unten genauso wichtig wie ein ehrlicher von unten nach oben. Doch seine Pflege wird häufig vernachlässigt, etwa die Frage, wie verlässlich die Kommunikation ist. Bis es schiefgeht und die falschen Signale weitergeleitet werden: wenn Projekte auf der Arbeitsebene tiefrot sind, also hoch gefährdet, beim Vorstand aber mit ‚alles ist in Ordnung' und ‚grün' gemeldet werden. Einen ehrlichen Informationsfluss nach oben unterstützt indes, wer seinen Leuten so offen und zugewandt begegnet, dass sie sich trauen, auch unangenehme Nachrichten zu übermitteln. Sonst werden falsche Informationen weitergegeben, bis sich der Geschäftsführer wegen verspäteter Lieferung oder Mängeln in der Ausführung beim Kunden entschuldigen muss.

Die Frage für die Unternehmensführung ist deshalb: ‚Wie komme ich an verlässliche Informationen von der unteren Ebene heran?' Dafür lohnt es, als Vorstand ab und an das übliche Berichtswesen zu umgehen, einen der Controller direkt zu besuchen und ihn zu fragen: ‚An was sitzen Sie gerade? Was fällt Ihnen dabei auf?' Seine Antworten lassen sich vom Vorstand mit dem abgleichen, was sonst aus dem Controlling bei ihm ankommt.

Vertrauen und ein gutes Klima als Grundlage der Wertschöpfung verlangen zudem, sichtbar einzuschreiten, wenn ein Mitspieler die Fairness im Team bedroht und die Mannschaft ihn nicht bremsen kann. Greift die Führungskraft ein, füllt sie zum einen ihre Rolle aus. Zum anderen nehmen die übrigen Mitarbeiter ihre Reaktion wahr und ordnen ein, was als okay oder nicht okay gilt: Das bestärkt sie, das eigene Verhalten danach auszurichten.

Vorgesetzte müssen auch nicht allein handeln; sie können ihr Team einbeziehen. Nur, hinschauen und das Handeln ihrer Leute gegen einen Regelbruch unterstützen, wenn nötig, muss die Führungskraft auf jeden Fall. Dort, wo sie gegen rücksichtsloses Verhalten untätig bleibt, nimmt es mit der Zeit überhand und schadet allen.

Mit Blick darauf müssen Führungsstruktur und -kultur zueinander passen: Wenn sich die Leute etwa in einer Doppelspitze gegenseitig blockieren, wird es schwierig, nach wertschätzenden Prinzipien zu führen und eine entsprechende Kultur durchzusetzen. Ähnlich heikel ist es, wenn Führungspositionen auf Dauer nicht besetzt sind. Sobald die Hierarchie unklar ist, hat Wertschätzung kaum eine Chance, sich zu verankern.

Soll sie sich als Kulturmerkmal gut entwickeln, zählt dafür ebenfalls, die richtigen Leute nach oben zu bringen. Als Beitrag dazu können die Vorgesetzten Leute fördern, deren Leistung und Sozialkompetenz ihre Entwicklung hin zu mehr Führungs- oder Fachverantwortung rechtfertigen. Das kann schlicht heißen, geeigneten Mitarbeitern zu helfen, sich gut auf Auswahlverfahren wie ein Assessment Center vorzubereiten.

Damit erhalten Führungskräfte dem Unternehmen zugleich gute Mitarbeiter, den Schlüssel zu seiner Wertschöpfung: Mehr denn je wollen sich die Leute entsprechend ihren Möglichkeiten entwickeln können. Auch ist kaum einer noch bereit, sich von Führungskräften viel

6 Mannschaft und Führungsprinzip

gefallen zu lassen oder den für das Unternehmen bequemen Glaubenssatz hinzunehmen: ‚Meist liebst du die Company mehr als sie dich.' Das heißt: In Sachen Loyalität muss heute für viele Beschäftigte ein Gleichgewicht bestehen. Stimmen die Bedingungen indes nicht oder nicht mehr für sie, wandern sie ab – wie die Kündigungswelle in der Gastronomie nach den Erfahrungen in der Coronazeit verdeutlicht hat.[17] Zugleich ist es für Unternehmen meist zeit- und kostenaufwendiger, Know-how zu ersetzen und neue Leute einzuarbeiten, als die Beziehung zu den bereits vorhandenen Mitarbeitern zu verbessern.

Aber selbst wenn Angestellte gehen wollen, lässt sich mit einer guten Trennungskultur noch einiges für die Wertschätzung wie Wertschöpfung im Unternehmen gewinnen: Werden Gespräche mit scheidenden Beschäftigten ehrlich geführt, werden sie oft die wahren Hintergründe offenlegen, warum sie gekündigt haben oder bereits zuvor in die innere Kündigung gegangen sind. Die Grundlage für solch offene Worte ist die Bereitschaft der Vorgesetzten, sich zumindest anzuhören, was ihr Führungsstil damit zu tun haben könnte. Sie werden merken: Fehlende Wertschätzung ist häufig ein wichtiger Kündigungsgrund.

Sollen die Antworten ehrlich ausfallen, ist vorab zu entscheiden, ob die direkte Vorgesetzte oder besser deren nächsthöherer Chef, auch zusammen mit dem Betriebsrat, das Abschiedsgespräch führt. Es braucht zwingend einen Rahmen, in dem die scheidenden Angestellten ihre Meinung sagen können, ohne Angst vor Verwerfungen haben zu müssen. Zum Beispiel: Ihre Aussagen werden kleingeredet oder sie müssen fürchten, danach eine schlechtere Beurteilung in ihrem Arbeitszeugnis zu bekommen.

---

[17] Wilke (2021).

Nach dem Gespräch mit ihnen ist entscheidend, was aus dem Lob, aus der Kritik der Angestellten gegenüber ihrem bisherigen Arbeitgeber wird: Welche Schwachstellen im Unternehmen lassen sich infolgedessen ausschalten und wie?"

7

Die richtigen Leute für das Team – und das Team für mich

Herr Frey, was zieht die richtigen Leute ins Unternehmen?

Professor Frey: „Wie wertschätzend in einem Unternehmen mit den Beschäftigten umgangen wird, bestimmt heute den Kern des Employer Branding, der Arbeitgebermarke – darüber wird viel gesprochen, erst recht in den sozialen Medien.[1] Zugleich erleben Manager/innen ebenso wie Mitarbeitende noch viel zu oft, wie Kollegen gegen die Gebote des Respekts und dessen Spielregeln verstoßen. Das macht die Runde, über das Umfeld des Betroffenen hinaus, und beeinträchtigt den Ruf des Unternehmens als attraktiver Arbeitgeber: Zumal Bewerber auf Bewertungsportale wie kununu oder glassdoor zugreifen, wollen sie

---

[1] Otterbach & Wenig (2017), Edmondson (2020).

© Der/die Autor(en), exklusiv lizenziert an Springer-Verlag GmbH, DE, ein Teil von Springer Nature 2025
D. Frey und U. Jungmann, *Wertschätzung*,
https://doi.org/10.1007/978-3-662-69302-5_7

sich im Vorfeld über ein Unternehmen und dessen Leute informieren.

Fachkräfte können sich inzwischen den Arbeitgeber danach aussuchen, wie dort ihre Bedürfnisse nach Wertschätzung, einem Austausch auf Augenhöhe und Sinnvermittlung erfüllt werden. Ist eine Firma gut darin, würden manche Leute sogar für weniger Gehalt arbeiten: Für sie spielt es eine nachgeordnete Rolle, solange es sich in einem angemessenen Rahmen bewegt. Inzwischen ist das Gefühl, etwas Sinnvolles zu tun, manchmal wichtiger als ein hohes Einkommen.[2] Einige sagen sich auch: ‚Erfolg und Kultur eines Unternehmens sind mehr als seine Zahlen und Bilanzen.' Wird das nicht einbezogen, verliert ein Arbeitgeber schnell an Attraktivität.

Zertifizierungen wie ein Arbeitgebersiegel oder der Wettstreit um Titel wie ‚Bester Arbeitsplatz', ‚Top-Arbeitgeber' sowie ‚TOP 100', ein Innovationswettbewerb im Mittelstand, spiegeln jedoch das Bestreben einiger Unternehmen wider, dabei zu punkten. Sie wollen sich mit wertschätzender Kultur und Innovationsgeist positionieren – fürs Image und im Ringen um rare Fachkräfte. Auch auf die Art Attraktivität zu beweisen und sich von Mitbewerbern am Arbeitsmarkt zu unterscheiden, ist zum Anreiz für Arbeitgeber wie zum Magneten für Bewerber geworden."[3]

---

[2] Badura et al. (2018).
[3] Wiegand (undatiert).

Woran erkennen Arbeitgeber, wie sich Bewerber im Alltag verhalten werden?

„Bis zu einem gewissen Maß lässt sich mit guten Fragen und noch besseren Nachfragen im Bewerbungsgespräch herausfinden, ob sich jemand wertschätzend verhält oder nicht. Nach meinem Eindruck hilft auch leicht stressiges Fragen im Interview, mehr dazu herauszubekommen, wie fair jemand arbeitet.

Angelehnt an Vorschläge des Psychologen Viktor Frankl[4] geben Interviewfragen zur inneren Einstellung zudem Hinweise auf das Menschen- und Weltbild von Bewerbern und auf die Richtschnur ihres Verhaltens. Im Interview sollen sich die Kandidaten dafür in verschiedene Situationen hineinversetzen und beantworten, wie sie sich verhalten würden. Die Fragen an die Bewerber lassen sich unterteilen in solche zu

- provisorischer Daseinshaltung wie: ‚Sie mussten eine andere Stelle im Unternehmen annehmen, weil Ihre alte weggefallen ist. Doch Sie hoffen noch auf einen besseren Job. Welche Themen und Aufgaben würden Sie in der Zwischenzeit auf der ungeliebten Stelle verstärkt angehen?'
- fatalistischer Einstellung wie: ‚Im Unternehmen gibt es Mitarbeiterbefragungen. Doch keiner Ihrer Vorschläge wird umgesetzt. Was machen Sie das nächste Mal – ehrlich oder uninteressiert antworten, nicht teilnehmen oder nur sozial gewünschte Antworten geben?'

---

[4] Frankl (2015).

- kollektivistischem Denken wie: ‚Ihr Vertriebsteam hat einen wichtigen Auftrag. Dafür müssten Sie am Wochenende arbeiten. Ihre Tochter hat einen Schwimmwettkampf und wünscht sich, dass Vati und Mutti dabei sind. Wie entscheiden Sie sich?'
- Fanatismus wie: ‚Ihr Unternehmen hat den schärfsten Konkurrenten übernommen, den Erzfeind. Sie haben Personalverantwortung in Ihrer Abteilung und die wird nun mit der des Konkurrenten zusammengelegt. Was tun Sie, um die Gegenspieler möglichst bald wieder aus Ihrer Abteilung zu entfernen?'

Warnzeichen mit Blick auf narzisstische, machiavellistische oder psychopathische Züge bei Bewerbern lassen sich auch aus der Art ablesen, wie jemand seine Biografie beschreibt. Oder wie er sich in Diskussionen oder Rollenspielen gibt – wertschätzend, als ein Vermittler? Oder will er sich unbedingt durchsetzen?

Wie bereits erwähnt, sind manche Leute allerdings gute Schauspieler und geben sich im Auswahlverfahren anders, als sie es im Alltag machen würden – weil sie wissen, was etwa in einem Assessment Center gefragt ist. Deshalb muss ihr gezeigtes Verhalten dort nicht das authentische sein. Das macht die Beurteilung der Bewerber nur aufgrund von eigenen Beobachtungen schwierig und hebt hervor, wie wichtig das klar strukturierte Interview mit ihnen ist: eines, das wenig Raum für schwammige oder ausweichende Aussagen lässt.[5]

Unabhängiger von eigenen Eindrücken wird zudem, wer zur Einordnung der Wesensmerkmale eines Bewerbers Standardtests hinzuzieht, zum Beispiel das Bochumer

---

[5] Kleinmann & Odermatt (2024).

Inventar zur berufsbezogenen Persönlichkeitsbeschreibung.[6] Solche Tests betrachten etwa: Sind Leute offen, etwas mit anderen zu machen? Bereit, Einsatz zu zeigen? Lernfähig – und wie sehr gewillt, lebenslang zu lernen? Oder drehen sie sich nur um sich selbst?

Mit Blick auf die Fähigkeiten der Bewerber empfehlen sich zudem der Intelligenzstrukturtest 2000 oder der Frankfurter adaptive Konzentrations- und Leistungstest: An ihnen lässt sich etwa ablesen, wie klar die Leute im konzeptionellen Denken sind.[7] Noch mehr dazu sagen praktische Arbeitsproben aus, wie sie sich vor Ort oder im Assessment Center erstellen lassen.

Damit nicht die falschen Leute eingestellt oder befördert werden, ist mit Blick auf die Wertschätzung bei der Personalauswahl ebenfalls abzuklären:

- Welches Selbstverständnis hat ein Bewerber, eine Bewerberin: Bedeutet für sie eine gute Problemlösung, durchsetzungsfähig gegenüber anderen zu sein? Oder eine Brücke zu ihnen zu bauen?
- Haben Bewerber bereits ein Netzwerk mit belastbaren Verbindungen aufgebaut?
- Welche Leute aus dem Netzwerk oder Mentoren unterstützen den Bewerber, die Bewerberin? Desto höher hinaus es auf der Karriereleiter geht, umso mehr brauchen die Kandidaten solchen Rückhalt. Welche Unterstützer sie sich ausgesucht haben, lässt Rückschlüsse darauf zu, mit welcher Art Mensch sie gut zurechtkommen.

Über solche Netzwerke lässt sich zudem manchmal erfahren, wie sich ein Bewerber oder eine Bewerberin bisher in

---

[6] Hossiep & Paschen (2003).
[7] Liepmann et al. (2007), Moosbrugger & Goldhammer (2007), Goldhammer et al. (2010).

kritischen, stressigen Situationen verhalten hat. Zwar lässt sich nicht alles erfragen, aber meist, worauf im Interview besonders geachtet werden sollte.

Das kann weiterhelfen, da Arbeitszeugnisse ‚wohlwollend' ausgestellt werden müssen und frühere Arbeitgeber schon aus rechtlichen Gründen nichts anderes sagen dürfen als das, was in ihrer Beurteilung steht. So geben Zeugnisse zwar verlässlich Auskunft darüber, welche Tätigkeiten die Bewerber bisher ausgeübt haben, aber nur begrenzt dazu, in welcher Güte und mit welchem Verhalten das geschehen ist. Doch: Je höher die Positionen, desto eher kennen sich die Leute untereinander, von Konferenzen oder aus Verbänden. Bleibt die Vertraulichkeit gewahrt, lässt sich über informelle Kanäle daher meist mehr über Bewerber erfahren. Bei internen Bewerbungen tragen vor allem Rückfragen bei den Vorgesetzten und im bisherigen Team zum Gesamtbild bei.

Für das Einschätzen des Leistungswillens wie der persönlichen Anlagen und Eigenschaften dafür ist zudem die Probezeit im Unternehmen gut zu nutzen, und die neuen Leute sind im Umgang mit ihren Innen- und Außenkontakten genau zu beobachten. Ihre Teamleiter und der nächsthöhere Vorgesetzte sollten bei deren engsten Kontakten nachfragen, was ihr Eindruck sei, und wieder nicht nur auf den eigenen setzen. Auch wenn sich die Vorgesetzten dazu regelmäßig austauschen, trägt das zum Gesamtbild bei. Ebenso empfiehlt sich, viel mit den neuen oder beförderten Leuten zu reden und ihnen einen Paten zur Seite zu stellen: eine erfahrene Mitarbeiterin oder einen Mitarbeiter, der ihnen das Ankommen im Unternehmen oder auf der neuen Position erleichtert.

Die Paten sollten die neuen Kollegen dafür etwa mit den herrschenden Spielregeln im Team vertraut machen: Bei passender Gelegenheit lässt sich etwa auf eine bestimmte Regel hinweisen, sodass sie verstanden und verinnerlicht wird.

Erfüllt der neue Mann, die neue Frau die Erwartungen in der Probezeit trotz guter Begleitung jedoch nicht, ist es für beide Seiten besser, sich zu trennen. Im Gespräch dazu sollte die Führungskraft betonen, der Betroffene habe deshalb keine schlechte Qualitäten, weder menschlich noch fachlich. Vielmehr sei die Passung zwischen dem, was das Unternehmen wolle, und den gezeigten Ergebnissen oder der Art ihrer Erbringung nicht stimmig gewesen. Überzeugend wird das, wenn die Führungskraft dem Mitarbeiter eine Perspektive und einen Anstoß dafür gibt, wie er seine Fähigkeiten an anderer Stelle besser einsetzen könnte."

Beim Aufstieg aus den eigenen Reihen: Wer empfiehlt sich als Führungskraft?

„Zunächst einmal: Bekommt der Mensch Macht, verändert ihn das. Aber nicht unbedingt zum Schlechten. In seiner Führungsrolle wird er die Macht zum Gestalten brauchen. Wird jemand dafür mit Entscheidungs- und Weisungsbefugnis ausgestattet, ist vielmehr die Frage, wie er sie voraussichtlich nutzen und anderen gegenüber einsetzen wird. Vielversprechend ist dafür, wenn Bewerber mutmaßlich in der Lage sind, Leute zu entwickeln und das Erreichen von Zielen zu erleichtern. Hinzu kommt: Haben die Nachwuchskräfte bei früheren Gelegenheiten von Menschenführung, etwa einer Projektleitung, eher auf redliche oder unredliche Mittel gesetzt?

Ein Werkzeug, mehr dazu im Interview herauszufinden, ist meiner Ansicht nach, gerade bei Bewerbern um Führungspositionen auch Unangenehmes anzusprechen.

Abfragen lässt sich zudem in ihrem bisherigen Team:

- Welcher Ruf eilt ihnen mit Blick auf Durchsetzungsstärke, Einfühlungsvermögen und Verlässlichkeit voraus? Zu Kompetenz und Einsatz?
- Wie geben sich die Bewerber im Unternehmen, wie nach außen? Sind sie Vertreter einer wertschätzenden Kultur und machen sie sichtbar?
- Wie sehr hat sich jemand bisher als Teamplayer gezeigt?

Unterstützt wird das Gesamtbild von psychologischen Tests, die abklären, warum jemand Führung will: Ist es der Leistungs- und Gestaltungswille, strebt jemand nach Macht und sozialer Anerkennung oder mischt sich beides? Das lässt sich nach der Theorie von McClelland einschätzen, einem Inventar zum Erfassen von Arbeits- und Leistungsmotiven.[8] Hilfreich ist auch, die Wesensmerkmale nach den Big Five zu betrachten, einem Modell zu den fünf Hauptdimensionen der Persönlichkeit. Dafür werden Bewerber um eine Selbstauskunft gebeten, welches Maß an Ängstlichkeit, Geselligkeit, Gewissenhaftigkeit, Verträglichkeit sowie Offenheit für Neues sie sich zuschreiben.[9]

Aus ihren Antworten wie dem Beobachten ihres Verhaltens dabei lässt sich ableiten, wie die Leute einzuschätzen sind. Gelten Bewerber als schwierig, vor allem mit Blick auf ihre Verträglichkeit, wäre mit ihnen als Führungskraft Wertschätzung eher nicht umzusetzen.

Abwägen, wie ausgeprägt das Potenzial für Wertschätzung ist, lässt sich abermals mit dem Befragen ihrer Teamkollegen, wie sie die Kandidaten wahrgenommen haben:

---

[8] McClelland et al. (1953), McClelland & Atkinson (2012), Brunstein & Heckhausen (2018).
[9] Enste et al. (2020).

7 Die richtigen Leute für das Team – und das ...

‚Wie ist er mit schwierigen Situationen oder Stress umgegangen?' Oder: ‚Wie verfährt die Nachwuchskraft bei Konflikten mit anderen? Wie setzt sie sich durch?' Die Antworten darauf können frühzeitig anzeigen, welche Bewerber in ihrer späteren Rolle nicht das gewünschte Maß an zugewandtem Verhalten aufbringen könnten.

Überdies empfiehlt sich, bei Vorgesetzten oder Kollegen nachzuhaken: Hat jemand Fehler leicht zugegeben? Oder rechtfertigt sich der Betreffende eher? Manchen fehlt die Größe, Fehler einzugestehen: Sie flüchten sich in Aussagen wie ‚Unter den Umständen war das nicht anders möglich' oder ‚Der Erfolg fürs Unternehmen gibt mir recht'. Sie sehen die kurzfristige Wirkung, aber nicht die langfristigen Folgen falscher Handlungen, im Extremfall nicht einmal bei strafbaren wie einer Bilanzfälschung.

Je höher die Position angesiedelt ist, desto mehr sollten die Verantwortlichen im Unternehmen darauf achten, wie ausgeprägt die Fähigkeiten der Bewerber zum Rechtfertigen und Verdrängen schon im Vorfeld sind. Sind sie hoch und geraten die Leute später unter Druck oder in Grauzonen, könnte das gefährlich werden. Auf einem höheren Posten steht für sie viel auf dem Spiel: Ihre Fallhöhe beim Absturz wäre groß und bedrohlich für ihre Identität.

Ich empfehle ebenfalls, im Team nachzufragen, wie oft und gerne der Betreffende andere lobt. Ungeeigneten Bewerbern fehlt es häufig an Selbstbewusstsein zum Loben – sie fürchten, wenn sie gute Ergebnisse ihrer Mitarbeiter oder Kollegen würdigen, könnten sie die eigene Rolle schwächen, Konkurrenz heranzüchten und am eigenen Stuhl sägen. Denn: Mit einem ‚gut gemacht' oder ‚hervorragend' heben Lobende andere hervor.

Auch diese Antwort erleichtert es den Verantwortlichen im Unternehmen, nicht nach oben kommen zu lassen, wem es nur um den Aufstieg geht, nicht darum, die damit verknüpfte Leistung zu zeigen und Führungsqualitäten zu beweisen. Würde befördert, wer rücksichtslos an allen vorbei nach oben drängt, würde das schnell nicht nur die Unternehmenskultur, sondern auch die Einsatzbereitschaft bei den übrigen Mitarbeitern zerstören.

Deshalb achten auf die Zukunft bedachte Unternehmen bei ihrem Führungsnachwuchs zunehmend auf Sportsgeist und Teamkompetenzen. Die offenbaren sich in der Art, wie jemand versucht, voranzukommen: Wer behält nicht nur sein Ergebnis, sondern auch das der Mannschaft im Auge und fördert es? Wer begeistert mit seinen Vorschlägen – und nimmt die Kollegen bei der Umsetzung mit? Die Aufsteiger machen es als Vorgesetzte später hoffentlich genauso und darüber ihre Leute und das Unternehmen fit für die Zukunft."

> **Praxistipp**
>
> **Oft ist es nicht einfach, ehrliche Rückmeldungen von Mitarbeitern bei Fragen zu Kollegen oder direkten Vorgesetzten zu bekommen: Sie fürchten, sonst als Nestbeschmutzer zu gelten. Zu offenen Antworten führen eher Fragen wie:**
>
> - An welche stressige Situation mit der Kollegin erinnern Sie sich?
> - Wie hat sie dabei gehandelt?
> - Wie hat der Kollege das Team eingebunden?
> - Wie ist er damit umgegangen, wenn es zu einem Fehler gekommen ist?
> - Was hat sie gut gemacht? Und was weniger gut? Es hilft, nach beidem zu fragen: Menschen antworten meist offener, wenn Positives wie Kritisches abfragt wird.

„Bekommt ein Bewerber die Führungsrolle, rate ich zudem, ihn regelmäßig über Rückmeldungen oder in Trainings darauf hinzuweisen, an welcher Stelle er bei Widerständen oder unter Stress noch wertschätzender mit anderen umgehen könnte. Wie gesagt – die Selbsteinschätzung deckt sich mit der Fremdeinschätzung dabei nicht allzu oft.

Wesentlich ist zudem, gerade in der Anfangszeit an eine Führungskraft strenge Anforderungen im Umgang mit anderen zu stellen. Dazu gehört der Mut, Menschen, die sich anderen gegenüber gereizt, harsch oder aufbrausend verhalten, entsprechendes Feedback zu vermitteln und zu spiegeln, was sie nicht gut gemacht haben – und später zu loben, was sie nun besser machen. Das ist eine Aufgabe der Vorgesetzten wie vom Team."

Und woran erkennen Bewerber, wie Wertschätzung beim Arbeitgeber gelebt wird?

„Sie sprechen einen wesentlichen Punkt an, Frau Jungmann: Wer hoch hinaus will, sich beim Aufstieg aber nicht verbiegen möchte, sollte sich dringend ein Umfeld suchen, wo ein fairer Wettbewerb herrscht und sich die Leute einander zugewandt verhalten.

Ein erster Hinweis darauf ist, wie Bewerber den Umgang des Unternehmens mit ihnen erleben. Zum Beispiel: Werden ihnen vorab eigene Fragen freundlich und in angemessener Zeit beantwortet? Müssen sie beim Auswahlgespräch warten, oder geht es pünktlich los? Zudem lässt sich im Gespräch beobachten: Wie wird auf meine Bedürfnisse und Ansprüche geachtet? Wird übergangen, wenn etwas nicht möglich ist, vertröstet? Oder wird darauf eingegangen und erläutert, wieso einem Wunsch nicht entsprochen werden kann?

Hilfreich ist auch zu fragen, wie im Alltag Konflikte unter den Kollegen oder mit den Vorgesetzten ausgetragen werden, und sich die Art der Diskussion dabei beschreiben zu lassen. Genau hinhören sollten Bewerber zudem, ob ihre Gesprächspartner schildern, wie sie die Leute in ihrem

Team einbinden – und ob sie mit ihren Mitarbeitern sprechen oder eher über sie.

Schlau sind zudem Fragen danach, wie das Unternehmen seine Führungskräfte aus den eigenen Reihen auswählt. Es lässt sich um ein Beispiel bitten und beim Zuhören darauf achten, wie fair die Auswahl gehalten worden ist, mit Blick auf die Leistung und die gezeigte Wertschätzung der Kandidaten gegenüber anderen dabei. Fragen lässt sich auch: ‚Wie ist die Entscheidung den unterlegenen Bewerbern gegenüber begründet worden?' Zu erkennen ist an solchen Beispielen, ob die Aufstiegskriterien klar und vielfältig sind. Sowie: Wer kommt in dem Unternehmen nach oben – die Besten oder die Geeignetsten?

Ob es lohnt, Interesse an dem Unternehmen zu bekunden, auch wenn erst einmal eine Absage kommt, erkennen Bewerber daran, wie die Reaktion ausfällt, wenn sie nachhaken: ‚Ich möchte wissen, warum ich nicht genommen worden bin. Könnte ich später noch eine zweite Chance bekommen? Geben Sie mir bitte einen Hinweis darauf, an welchem Punkt ich mich Ihrer Ansicht nach verbessern kann.'

Sagt das Unternehmen Bewerbern zu, müssen sie entscheiden, ob sie dort arbeiten wollen. Dazu lässt sich überlegen: ‚Habe ich den Eindruck, dass ich mich in dem Umfeld und in der Mannschaft wohlfühlen und weiterentwickeln kann?' Wenn Bewerber beides bejahen, geht für sie damit die Chance einher, mit ihrer neuen Aufgabe und Rolle einen Beitrag zum Erfolg sowie zur wertschätzenden Kultur im Unternehmen leisten zu können. Das sind gute Gründe, eine Stelle anzunehmen."

8

Währungen für Respekt – auf dem Weg durchs Unternehmen

Herr Frey, wieso beginnt Wertschätzung schon beim Geld?

Professor Frey: „Wie gesagt, fängt Wertschätzung mit einer Begegnung auf Augenhöhe an. Ein Merkmal davon ist ein angemessenes Gehalt für alle Beschäftigten und faire Verhandlungen darüber mit dem Arbeitgeber: Es zeigt den Gegenwert von Arbeit und Einsatz an und zeichnet sie mit einem Preisschild aus – als ihr greifbarstes Zeichen.[1] Später kommen Boni, Prämien, eine Gehaltserhöhung oder andere Formen von Anerkennung hinzu, wenn das Ergebnis besonders gut ausfällt oder der Einsatz dafür hoch war.

Denn: Die meisten Menschen stellen sich die Frage, was die Kosten und der Nutzen für ihren Einsatz sind.

---

[1] Elsner (2012).

Welchen Anreiz habe ich, mich zu engagieren? Lohnt es sich, Überstunden zu machen? Lohnt es sich, ein perfektes Ergebnis abzugeben? Immer wieder die Extrameile zu gehen, am Wochenende für Präsentationen oder an freien Tagen für Notfallvertretungen?

Wenn sie sehen, nein, die Energie dafür lohnt sich auf Dauer nicht, weil sie kaum ausgeglichen wird, setzt das kein Zeichen von Wertschätzung oder ist zu wenig davon. Die Leute nehmen ein Ungleichgewicht zwischen Aufwand und Ertrag wahr – und ziehen Konsequenzen, wenn sie können. Daher sollten Unternehmen regelmäßig überprüfen: Stimmt unser Anreizsystem? Belohnen wir die Menschen, belohnen wir das richtige Verhalten? Wem das nicht gelingt, der löst mit dem Mangel an fassbarer Anerkennung bei seinen Mitarbeitern eine Gratifikationskrise aus – erst recht, wenn die Arbeitsbedingungen schlecht sind.

Sogar wenn es einen Bonus oder eine Lohnerhöhung gibt, reicht das nicht, wenn die Bedingungen schlecht bleiben. Ein Beispiel dafür sind die Pflegekräfte: Während der Pandemie haben sie trotz des eigenen hohen Risikos dabei Kranke gepflegt und Sterbende begleitet. Seinerzeit für ihren Einsatz in der Öffentlichkeit beklatscht, fiel ihre Belohnung danach jedoch eher unbefriedigend aus: Weder mehr Geld noch ein Lavendel im Krankenhausgarten, zu ihren Ehren angepflanzt, drücken Anerkennung aus – solange die Pflegekräfte nicht gefragt werden, wo sie im Alltag der Schuh drückt, etwa mit Blick auf überbordende Dokumentationspflichten. Oder was ihnen das Leben leichter machen könnte, wie verlässliche Dienstpläne. Einige Ärzte und Pflegekräfte können nicht einmal die für ihre Konzentration so wichtigen Pausen nehmen, weil es die dünne Personaldecke oder schlechte Planung nicht zulassen, trotz aller gesetzlichen Maßnahmen für bessere

Arbeitsbedingungen in jüngster Zeit.² Gut gemeinte Zeichen von Anerkennung haben so eher die grundlegenden Probleme überdeckt. Das haben einige Leute in der Pflege als deren Gegenteil wahrgenommen, als ein Abspeisen, eine Missachtung.³

Im schlimmsten Fall baut sich aufgrund der ausbleibenden Belohnung bei Einzelnen innerer Widerstand auf, etwa gegen zusätzlich übertragene Aufgaben – der Einsatz dafür würde noch mehr Energie kosten, sich aber wieder nicht lohnen. Manche Unternehmen verkennen diese Gefahr. Oft, weil die Schieflage kurzfristig andere Folgen hat als langfristig: Trotz niedriger Belohnung oder schlechter Bedingungen bleiben einige zunächst engagiert. Sie versuchen, sich unentbehrlich zu machen und so vielleicht doch noch ihre Belohnung zu bekommen. Aber allmählich schlägt das um: Die Menschen reagieren mit innerem Rückzug und lassen in ihrem Einsatz nach.⁴

Meist hält länger durch, wem seine Arbeit, deren Inhalte oder das soziale Umfeld viel Freude bereiten und der deshalb hoch motiviert ist. Aber auf Dauer brauchen auch stark intrinsisch angetriebene Menschen eine Belohnung als Ausdruck von Wertschätzung und erwarten sie. Später als andere, doch irgendwann fragen sie sich ebenfalls: Wo ist mein Lohn dafür? Bleibt er aus, wird das als ein Minus gegenüber dem Arbeitgeber verbucht."

---

² Dehe (2024), Klauber et al. (2023), Strohschneider (2022).
³ Roßius (2021).
⁴ Siegrist (2021).

Welche Währungen gibt es noch?

„Das Gehalt muss passen; da gibt es kein Vertun. Dennoch motiviert Geld oft weniger, als viele denken, wie die Forschung zeigt: Geht es regelmäßig auf dem Konto ein, gewöhnen sich die meisten rasch daran. Deshalb bleibt das faire Gehalt, auch dessen Erhöhung, zwar ein Grundpfeiler einer wertschätzenden Arbeitsbeziehung, aber zu ihm wie anderen finanziellen Anreizen für die Leistungsbereitschaft muss der Ausdruck persönlicher Anerkennung hinzukommen, etwa ein Danke für das so geschickte wie diplomatische Verhandeln mit einem Zulieferer.[5]

Das zählt, weil jeder am Arbeitsplatz ganz verschiedene Konten auffüllen will – neben dem fürs Gehalt auch sein Wohlfühl-, sein Vertrauens- und sein Beziehungskonto. Fällt einer oder fallen alle Kontostände auf Dauer zu niedrig aus, geben die Mitarbeiter auf.

Mit Blick auf die Guthaben rechnen viele jeden Tag aufs Neue hoch und runter, meist unbewusst: Positive Erlebnisse erhöhen dabei die Habenseite, negative senken sie. Überdies bleibt das Dankeschön auf dem Beziehungskonto länger haften als die Summe in der Gehaltsabrechnung.[6] Es wird als Plus an guten Erfahrungen mit dem Vorgesetzten angerechnet und darüber auch dem Arbeitgeber. Umgekehrt sorgt ein fehlendes Lob für einen Abzug. Ein ehrlich gemeintes Lob erhöht das Guthaben indes wieder.

Für jeden Beschäftigten ergibt sich zudem aus den Begegnungen mit anderen im Unternehmen, was unterm Strich auf seinem Wohlfühlkonto steht. Gute Gespräche etwa tragen zu dessen Habenseite bei. Jedoch braucht es

---

[5] Alshmemri et al. (2017).
[6] Frey & Bergunde (noch nicht publiziert).

mehrere von ihnen, wenn das Wohlfühlkonto ins Minus geraten ist und ausgeglichen werden soll: Fällt das Konto bei schlechten Erlebnissen wie einer Respektlosigkeit oft gleich auf null herunter, klettert es bei erfreulichen Erlebnissen nicht wieder sofort auf 100 % hinauf, sondern füllt sich eher langsam an. So, wie es die Prospect Theory des Verhaltensökonomen Daniel Kahneman gezeigt hat, wonach Menschen eine starke Abneigung gegenüber Verlusten haben.[7] In die Gefühlswelt übersetzt bedeutet seine Theorie: Mit negativen Emotionen verknüpfte Erlebnisse wirken viel stärker nach als positive Erfahrungen. Dafür muss ein mehrfacher Ausgleich geschaffen werden.[8] Deshalb ist es schwieriger, das Wohlfühlkonto aufzubauen. Es lässt sich nur mit beständig zugewandtem Verhalten füllen und erhalten. Ein falsches Wort, eine falsche Handlung kann das Konto sprengen.

Als ein starkes Plus auf ihrem Wohlfühlkonto verzeichnen Beschäftigte indes heitere Begegnungen mit anderen Menschen. ‚Dazu haben wir nicht die Zeit, lachen kann jeder für sich zu Hause', entgegnen dem manche Führungskräfte. Doch das ist eine Fehleinschätzung: Je mehr jemand Lebensfreude, Humor und Lachen ins Unternehmen hineinträgt, desto mehr ist das ein Zeichen für die ganzheitliche Annahme seiner Mitmenschen. Zumal Humor schwer Erträgliches oft leichter macht – als ein naher Rückzugsort im Alltag und als ein gemeinschaftsstiftendes Element. Nichts vermag so gut Abstand zu schaffen zwischen irgendeiner Sache und einem selbst wie Humor,

---

[7] Daniel Kahneman, geb. 1934 in Tel Aviv; † 27. März 2024. Nobelpreis für Wirtschaftswissenschaften 2002. Die damit ausgezeichnete Prospect Theory entwickelte er mit Amos Tversky, zuletzt: Tversky & Kahneman (2000), Wikipedia (2024), Wong (2024). Sowie: Kahneman (2016).
[8] Siehe auch „The 5:1 ratio" nach Messungen in Paarbeziehungen von John Gottmann (Dollard, 2022).

so hat mein Kollege Frankl schon vor Jahren betont.[9] Auch hier sollte Führung vorangehen; Manager/innen sollten nicht alles verbissen nehmen und sich eine zugewandte Sicht auf die Welt und ihre Menschen bewahren."

> **Praxistipp**
>
> Bewähren sich Mitarbeitende, zeigen sie etwa überdurchschnittlichen Einsatz für das Unternehmen, sind ihre Leistungen mit den Zeichen von Respekt und Wertschätzung angemessen zu würdigen, zum Beispiel:
>
> - ein ausdrückliches Lob im Mitarbeitergespräch;
> - ein Geschenk;
> - eine finanzielle Honorierung;
> - Beförderungen auf der Karriereleiter oder mittels Expertenkarriere;
> - großzügiges Gewähren eines Wunsches, auch wenn kein Anrecht darauf besteht, etwa eine Weiterbildung, die Mitarbeit auf einem neuen Gebiet oder kurzfristig einen Tag Urlaub geben;
> - Entlastung in Nebenbereichen, zum Beispiel bei der Abrechnung.

Der Eintritt: Wie werden die Neuen an Bord begrüßt?

„Beim Onboardingprozess, bei der Aufnahme des neuen Kollegen oder der Kollegin ins Unternehmen, zeigt sich bereits vieles: ob er oder sie wichtig ist oder nicht, ob ihm oder ihr Wertschätzung entgegengebracht wird oder nicht. Dazu trägt eine freundliche Begrüßung bei. Sie drückt aus: ‚Wir freuen uns, dass Sie jetzt an Bord sind.' Eine Vielzahl

---

[9] Frankl (2015).

von konkreten Onboardingmaßnahmen unterstützt das Ankommen zudem, zum Beispiel:

- Der Arbeitsplatz ist am ersten Tag vorbereitet und sauber.
- Es steht ein Blumenstrauß im Zimmer.
- Die Mitarbeiterin oder der Mitarbeiter wird allen im Team vorgestellt. Sind die Leute über mehrere Standorte verteilt oder im Homeoffice tätig, werden bei der Videokonferenz alle Kollegen im Bild mit ihrem Arbeitsbereich und der jeweiligen Zuständigkeit vorgestellt.
- Ein erfahrener Pate aus dem Team oder eine Patin aus dem Umfeld kümmert sich um den neuen Kollegen.
- Die Führungskraft führt jede Woche ein 5-Minuten-Gespräch mit ihm: Was läuft gut, was nicht?
- Die neuen Kollegen werden direkt ermuntert, Verbesserungsvorschläge zu bringen und das Team auf die Schwachstellen hinzuweisen, bei denen die Mannschaft betriebsblind ist.

In vielen Firmen ist mit dem Blick aufs freundliche Willkommen nach meinem Eindruck jedoch noch deutlich Luft nach oben. In manchen Unternehmen wird überhaupt nichts für neue Mitarbeiter vorbereitet, nicht einmal der Arbeitsplatz mit seinen Geräten, geschweige denn ein Patensystem mit einem erfahrenen Kollegen. Das verspielt gleich zu Anfang Vertrauen. Dabei entscheidet sich schon in den ersten Tagen viel: vor allem, ob sich jemand mit seinem neuen Arbeitsumfeld identifiziert, dort ankommt, bleiben möchte oder nicht."

Welche Worte zählen im Joballtag, Herr Frey?

„Wertschätzung findet im Alltag auf zwei Ebenen statt – in der persönlichen Begegnung als Mensch sowie in der beruflichen Rolle als Mitarbeiter oder Führungskraft. Für die Beschäftigten entscheidet die Art ihrer Behandlung auf beiden Ebenen mit darüber, ob sie ihr Potenzial abrufen können und so zum Erfolg des Unternehmens beitragen.

Mit welcher Haltung die Leute durch die Firma gehen, ob eine gute Stimmung das Betriebsklima prägt, beeinflusst die Wortwahl der Führungskräfte deshalb mit. Im Alltag heißt das: Stellen sie Verbindungen her, drücken sie Zuversicht aus und werden Dinge eher positiv als negativ gesehen? Es gibt dabei viele Wege, Wertschätzung zu zeigen, auch im Kleinen und manchmal sogar ohne Worte. Oft genügt schon ein Augenzwinkern oder ein Kopfnicken, verbunden mit einer freundlichen Mimik und Gestik. Möglich ist alles, solange beim Mitarbeiter ankommt: ‚Ich werde gesehen, gehört und als Mensch sowie in meiner Leistung gewürdigt.'

Dazu gehört der Austausch untereinander, wie es einem so geht: Schon weil die Menschen oft mehr Zeit am Arbeitsplatz als zu Hause verbringen, ist das für die meisten kein Geschwätz, sondern soziale Anteilnahme an ihrem Umfeld. Sie in einem gewissen Maß zuzulassen, hilft den Leuten, sich am Arbeitsplatz wiederzufinden. Was dabei fast spielerisch wirkt, betont die Freude an der Tätigkeit und die Lust auf die Kollegen, statt nur rein technisch die Arbeit abzuwickeln.

Mit der richtigen Tonlage sorgt die Führungskraft zudem für Aufbruchstimmung, weil Worte für Emotionen stehen, sie ebenso ausdrücken wie schaffen. Wer sie gut wählen will, darf sich deshalb nicht von schlechten Zahlen oder Bedingungen einschüchtern lassen. Sie oder er muss gewillt sein, das Beste aus der Situation zu machen. Nur so gelingt es, als Führungskraft zuversichtlich zu wirken, andere mit Zuversicht anzustecken und zu motivieren. Miesepeter, Niedergeschlagene und Schwarzseher scheitern daran; sie stecken andere höchstens mit dunkelgrauen Emotionen an. Allerdings dürfen Worte nicht zu Hülsen werden; sie müssen zur Lage passen und sich in den Handlungen des Arbeitgebers spiegeln.

Zugleich sind Rückmeldungen von Vorgesetzten für die geleistete Tätigkeit maßgebliche Zeichen von Wertschätzung gegenüber den Mitarbeitern: Die Äußerungen sind stets positiv, solange kein Anlass zur Kritik besteht. Als Faustregel gilt: Möglichst zeitnah rückmelden, was einem konkret aufgefallen ist, und anführen, wozu es gut oder nicht so gut gewesen ist. Es kann auch ein allgemeines Lob für beständigen Einsatz sein, etwa zu sagen: ‚Klasse, wie du in dem Zahlenchaos den Überblick behältst, obwohl du die Doppelbelastung mit den zwei Projekten und den vielen Besprechungen dafür hast.'

Negative Äußerungen sind das Gegenteil: Sie drücken Missachtung und fehlende Rücksichtnahme aus. Sogar wenn es berechtigte Einwände gibt, wird die Beziehungsebene gestört, rastet der Chef immer wieder aus. Er erreicht seine Leute nicht mehr und sorgt für ein Klima der Angst.

Allerdings kann jeder einmal kurz ausflippen, wenn die Nerven blank liegen. Zu sagen, ‚ich bin enttäuscht, verärgert', ist menschlich, gerade wenn sich Fehler wiederholen. Aber als Vorgesetzter muss ich mich schnell wieder kontrollieren können; das erfordert meine Selbstführung. Deshalb sollten Vorgesetzte nach einem kurzen Ausraster ihr Gegenüber rasch einbeziehen und fragen: ‚Können Sie nachvollziehen, wieso ich so verärgert und enttäuscht bin?' Es vermittelt dem anderen: ‚Über diesen Fehler müssen wir reden; er wird Ihnen und mir zugeschrieben und stört den Ablauf.'

Bleibt eine Äußerung ganz aus, liegt der Ausdruck bei null, bei weder noch. Das heißt, es wird weder eine gute noch schlechte Beurteilung abgegeben, gleich, ob jemand gut oder schlecht arbeitet. Das wirkt jedoch nicht neutral, sondern so, als werde der Betreffende übergangen. Das ist schlimmer, als ihn zu kritisieren. Er wird sich bald wie eine Nummer und instrumentalisiert fühlen."

Wie geht das kleine Einmaleins der Wertschätzung auf der persönlichen Ebene?

„Das kleine Einmaleins der Wertschätzung gibt vor, wie sich die Leute in der Begegnung verhalten sollten, etwa beim Grüßen und Begrüßen, beim Abschied oder im Gespräch. Nur in ihrem Ausdruck sind diese Spielregeln unterschiedlich, abhängig vom jeweiligen Umfeld, möchte ich betonen. Pflegen Menschen aber einen wohlwollenden Grundton gegenüber anderen, stehen die Chancen für das Entstehen einer wertschätzenden Kultur überall gut - als Fundament des Zusammenlebens.

Im Persönlichen zeigt sich die Achtung vor anderen zunächst in den berühmten Kleinigkeiten, etwa:

- einem Dankeschön, einem Bitteschön;
- einem Augenzwinkern;
- Zeit, die ich dem anderen gebe, wobei ein kurzer Moment, aber mit voller Aufmerksamkeit für mein Gegenüber, genügt;
- einer Hilfestellung;
- einer Notiz;

- einer Entschuldigung und kurzen Erklärung, etwa für den abgesagten Termin.

Rücksichtsvolles Verhalten kommt hinzu, gerade in kleinen Dingen. Es kostet kaum Zeit, wird aber stark beachtet. Zum Beispiel: Hält die Chefin die Tür auf, wenn ein Mitarbeiter kommt? Grüßt die Chefin ihn zuerst? Erkundigt sie sich, wie es dem Mitarbeiter geht? Bereits daran merkt jeder schnell, ob die Chefin eine wertschätzende Haltung einnimmt oder nicht – sowie den Unterschied zwischen antrainiertem Verhalten oder innerer Überzeugung dahinter. Deshalb fängt Wertschätzung manchmal schon in der Tiefgarage an."

> **Praxistipp**
>
> **Die wertschätzenden Grundregeln auf der persönlichen Ebene sind:**
>
> - Jeder sollte grüßen, erst recht der Chef oder die Chefin, möglichst mit Blickkontakt und einem Lächeln. Morgens ist es das erste Zeichen des Tages an den anderen: Ich sehe dich, nehme dich wahr und freue mich darüber. So trägt der Gruß zur guten Stimmung im Unternehmen oder im Home-Office bei, ebenso wie ein Kopfnicken oder ein freundliches Wort. Gerade in Krisenzeiten sind viele Menschen emotional erschöpft und freuen sich über ein aufmunterndes Wort. Das gilt auch abends zum Abschied.
> - Mit den richtigen Gesten vermittelt die Führungskraft zudem Anerkennung: Zum Beispiel der Chef, der allen in der Produktion im Sommer ein Eis ausgibt, weil sie gute Ergebnisse bringen. Oder die Marketingleiterin kommt bei ihren Kreativleuten mit einem Kaffee herein, der Leiter Controlling stellt mit netten Worten ein paar Erdbeeren auf den Tisch: Je nachdem, was die Mitarbeiter mögen, nehmen sie die Geste als Belohnung und Aufmunterung wahr. Vor allem zählt: Die Führungskräfte nehmen sich Zeit für ihre Leute und schauen bei ihnen persönlich vorbei.

- Wer wissen will, was den Geschmack seiner Mannschaft trifft, kann sich überlegen: „Welche Geste zeigt: Hier passiert etwas außer der Reihe, das sehe ich und bedanke mich dafür mit einer Kleinigkeit?" Da solche Gesten keinen festen Vorgaben folgen, wirken sie ungezwungener als der Blumenstrauß zum Geburtstag der Assistentin jedes Jahr. Über den freut sie sich auch, aber er ist spätestens ab dem zweiten Mal zu erwarten – die kleine, unverhoffte Geste indes nicht.
- Auch die Frage nach dem Wohlergehen eines jeden gehört zu den wertschätzenden Zeichen: Das umfasst, sich regelmäßig nach Privatem zu erkundigen, wie der Urlaub war oder wie die Einschulung der Kinder gelaufen ist.

Hinzu kommt, den ganzen Menschen im Blick zu haben und nicht nur seine Arbeitskraft. Beides zu sehen, unterscheidet die guten von den weniger guten Führungskräften. Sie überlegen sich dafür regelmäßig:

- „Frage ich meinen Mitarbeiter, wie es ihm geht? Meine ich die Frage ernst?" Gerade in schwierigen Zeiten zahlt sich das Erkundigen nach dem Wohlergehen aus, damit die Führungskraft den Menschen nicht vernachlässigt und nicht nur die Arbeitsziele im Blick hat.
- „Nehme ich mir Zeit, mich mit der Mitarbeiterin zu unterhalten?" Erst recht im Homeoffice, beim Arbeiten auf Abstand, rückt das Wohlergehen in den Mittelpunkt: Wie sind die Bedingungen zu Hause? Muss jemand nebenher noch die Schularbeiten seiner Kinder beaufsichtigen oder einen kranken Partner betreuen? Wie sorgt die Mitarbeiterin dabei für sich und ihren Ausgleich?
- „Ist mein Interesse am Mitarbeiter bloß eine Pflichtübung, wird er es merken – unbewusste Mikrobewegungen in meiner Mimik verraten es ihm immer wieder aufs Neue."

„Bei all dem ist die Führungskraft zwar nicht die Therapeutin ihrer Mitarbeiter, natürlich nicht. Doch mit der Frage nach dem Privaten fördert sie deren Selbstfürsorge: damit sie auf sich achten, sich schützen, Gutes für sich tun, etwa Sport treiben. In diesen Dingen sollte die Führungskraft ebenso Vorbild sein wie ihre Mitarbeiter motivieren und das als Beitrag für ihre Entwicklung sehen. Noch besser ist, wenn das ganze Team darin bestärkt wird und sich seine Mitglieder gegenseitig etwa dazu ermuntern, im Sommer genug Wasser zu trinken, sodass aus dem Teamgeist auch Selbstfürsorge entsteht."

... und auf der fachlichen Ebene?

„Zunächst verlangt die Wertschätzung des Mitarbeiters auf der beruflichen Ebene von der Führungskraft, zu schauen: Ist der Betreffende geeignet für die Aufgabe? Wird er da eingesetzt, wo er Stärken hat und sich entwickeln kann und will? Dabei werden Mitarbeiter auf keiner Stufe über- oder unterfordert. Zudem sind die Aufgaben eines jeden klar umrissen und ihm deutlich.

Es gibt nichts Schlimmeres, als jemanden mit einer Aufgabe zu betrauen, für die er weder die Fähigkeiten hat noch das Interesse, sich in das Thema einzuarbeiten: Auch das hieße, die Betreffenden zu missachten. Mein Rat deshalb: Statt Unmögliches zu fordern, gilt es, die Leute in den Bereichen zu fördern, wo sie an ihren Aufgaben wachsen können und wollen.

Zudem begleitet die Führungskraft die Mitarbeiter bei ihren Aufgaben, unterstützt sie etwa mit Fachliteratur dazu oder entwickelt im Gespräch mit ihnen ihre Lösungsansätze bei Problemstellungen weiter. Das hilft ihnen nicht nur, ihre Ziele zu erreichen, sondern sorgt auch für ein Gleichgewicht zwischen Wertschätzung, Leistung und Qualität im Unternehmen.

Allerdings gibt es auch ungeliebte Arbeiten, die niemand machen will: öde Zahlenkolonnen nachprüfen oder nervige Rückfragen von Kunden beantworten etwa. Solche unangenehmen Aufgaben müssen vor allem fair verteilt werden. Die Führungskraft verdeutlicht, wie wichtig sie sind, und sagt zum Beispiel: ‚Auch die ungeliebten Pflichten müssen wir teilen und gewissenhaft erledigen, wollen wir unser Ziel erreichen und soll die Abrechnung stimmen.'

Doch ob Pflicht oder Kür – eine Rückmeldung zum gezeigten Einsatz und seinen Ergebnissen hat jede/r verdient. Sie einfach hinzunehmen, ist keine Lösung: Schweigen ist zerstörerisch, weil es Desinteresse spiegelt. Zum Beispiel: Ein Mitarbeiter hat viel Zeit und Energie in eine Aufgabe gesteckt. Doch sein Beitrag wird nur still zur Kenntnis genommen, übergangen und nicht einmal sachlich besprochen."

> **Praxistipp**
>
> **Im Kopf behalten – jeder Mitarbeiter fragt sich täglich:**
>
> - „Sind Ziele und Erwartungen mit mir geklärt?"
> - „Bekomme ich genügend Rückmeldungen zu meiner Arbeit?"
> - „Welche Entwicklungsmöglichkeiten zeichnen sich für mich ab?"

Wieso ist es wichtig, die Leistung des Einzelnen zu betrachten, Herr Frey?

„Jeder identifiziert sich mit seiner Tätigkeit über deren Wirkung und sieht daran, wozu er arbeitet. Der Kern der Sache ist für ihn dabei: Sein Ergebnis ist nicht nur sichtbar, sondern wird tatsächlich gesehen und anerkannt. Das kann sich auf Verschiedenes beziehen, vom schnellen Erledigen seiner Aufgabe über die Erhöhung der

Kundenzufriedenheit, dem guten Einbinden neuer Kollegen bis hin zu einer kreativen Idee für die Akquise. Doch immer gilt: Daran, wie stark eine Leistung beachtet wird, misst jeder ihren Wert. Und: Je weniger sie von außen wahrgenommen werden kann, desto mehr bedeuten dem Mitarbeiter die Anerkennung von Vorgesetzten sowie die seiner Kollegen dafür. Sie macht für ihn den Sinn der Sache aus.

Deshalb will jeder wissen, ob sein Einsatz für die gemeinsamen Ziele einen Unterschied macht und was er bewirkt hat. Dafür ist es gut zu sehen, wie hoch oder niedrig sein Anteil daran ausfällt: wenn messbar, in Zahlen oder anderen Merkmalen des Arbeitsergebnisses. Ebenso fordert die aufrichtige Rückmeldung von Führungskräften, schwache Leistungen wahrzunehmen und darauf einzugehen. Auch solches Feedback gehört fest dazu.

Für eine aussagekräftige Rückmeldung muss deshalb die einzelne Leistung gemessen werden: Gerecht geschieht das, wenn ihr Maßstab nicht nur auf den absoluten Erfolg zielt, sondern auch den Einsatz dafür gelten lässt und die Umstände ihrer Erbringung miteinbezieht. Das heißt: Die Bewertung schließt ein, unter welchen Bedingungen eine Leistung zustande gekommen ist und was sie bewirkt hat. Zum Beispiel, wie der Einsatz trotz aller Schwierigkeiten in der Kommunikation zu einem schnelleren Weg der Verständigung mit dem Lieferanten für die Zukunft geführt hat."

Weshalb Rückmeldungen geben?

„Aufbauendes Feedback unterstützt das Zutrauen jedes Mitarbeiters sich selbst gegenüber meiner Erfahrung nach: Es wertet nicht nur, sondern unterstreicht regelmäßig wozu die Führungskraft ihn für fähig hält. Es fördert seine

Zuversicht, einer Aufgabe gewachsen zu sein, und macht ihn seiner Fähigkeiten dafür gewiss. Sogar, wenn die Leistung abfällt, er Unterstützung braucht – und merkt, dass ihm seine übliche Leistung ebenso wieder zugetraut wird wie die Fähigkeit, dazuzulernen.

Auf die Art lenkt Wertschätzung die Führung des Mitarbeiters: Die Aufmerksamkeit ist darauf ausgerichtet, seine Stärken zu erkennen und zu betonen. Die Vorgesetzte sieht sie vor dessen Schwächen und bleibt auf seine Stärken konzentriert, auch wenn seine Ergebnisse einmal unbefriedigend sind. Das schließt nicht aus, Schwächen anzusprechen, wenn sie vorhanden sind – zumal sich an ihnen arbeiten lässt.

Diese zugewandte Haltung überträgt sich darauf, wie der Betreffende künftig Herausforderungen angeht. Denn: Das Vertrauen in die eigenen Fähigkeiten ist eine wesentliche Voraussetzung dafür, Sicherheit zu gewinnen und bei den nächsten Aufgaben wieder oder noch mehr Verantwortung zu übernehmen. Zugleich ist für den Mitarbeiter die erfahrene Achtung, gerade bei Rückschlägen, eine starke Triebfeder, sie widerzuspiegeln und seinen Kollegen und Vorgesetzten ebenfalls Achtung entgegenzubringen.

Freilich kann es für die Führungskraft manchmal eine große Herausforderung sein, gar eine Zumutung, Wertschätzung zum Ausdruck zu bringen: vor allem, wenn der Mitarbeiter schlecht arbeitet oder sich intrigant verhält. Wenn jemand den vereinbarten Einsatz nicht bringt oder Unruhe ins Team trägt, muss der Vorgesetzte eingreifen und darf kritisch sein. Schwammige Aussagen helfen an der Stelle nicht weiter. Vielmehr gilt auch in diesem Fall der britische Leitspruch: ‚Tough on the issue and soft on the person' – deutlich in der Sache zu sein, aber sanft zur Person. Das Vertrauen in den Mitarbeiter, Leistung oder Verhalten zu verbessern, ist dabei auf die Zukunft ausgerichtet und muss sich im Einsatz bewähren."

Wieso setzt Wertschätzung den Zugang zu Informationen voraus?

„Der Einblick in viele Betriebe hat mir gezeigt: Gelebt wird gegenseitiger Respekt im Unternehmen auch mittels Teilhabe und Wissen der Beschäftigten um die Vorgänge und Ziele darin, zumindest in groben Zügen. Und Teilhabe bedeutet vor allem: den Mitarbeitern Zugang zu allen Informationen für ihre Arbeit zu gewähren, auch welche Interessen das Unternehmen damit verfolgt und was der Hintergrund eines Arbeitsauftrages ist. Jedem muss klar sein: Wieso soll er etwas tun? Wozu trägt das im Unternehmen bei? Solche Informationen dürfen kein Herrschaftswissen sein. Es bedeutet, die Mitarbeiter über den Tellerrand ihres Bereichs hinaus zu informieren: sie an Visionen sowie an Problemen teilhaben zu lassen – damit sie verstehen, in welchem Umfeld sie sich bewegen und handeln.

Um erfolgreich zu sein, muss jeder zudem die Ziele des Kunden oder des Chefs kennen. Dazu gehört, die Mitarbeitenden aufzuklären, welche gegensätzlichen Interessen von Kunden, Lieferanten und Geschäftsführung es gibt und in welchem Spannungsverhältnis die Vorgesetzte täglich steht.

Für die Bereitschaft, Wissen zu teilen, braucht die Führungskraft nicht einmal alles gut zu finden, was ein Mitarbeiter macht. Doch sie muss ihm genug vermitteln, damit er abschätzen kann, welche Möglichkeiten er bei seiner Arbeit hat und welche Fallen er meiden muss: zum Beispiel, damit er Schwierigkeiten mit dem Lieferanten vor Ort allein klärt und selbstständig werden kann. Ihn dabei zu begleiten, ist für die Vorgesetzte ein fortwährender Prozess.

Ähnlich gilt das in Bereichen wie Krankenhäusern, Militär oder Polizei, wo die festgesetzte Rangordnung im täglichen Betrieb Überleben sichert: Wenn Sekunden zählen, muss klar sein, wer der Ranghöchste ist und vorgibt, was passiert und wo es langgeht.[10] Aber auch ein ‚Ober sticht Unter!' gelingt besser mit einer zugewandten Haltung, wie es der Krankenhaus-Report 2023 mit Blick auf die Pflegekräfte und nach den Pandemieerfahrungen unterstreicht.[11]

In stark hierarchisch geführten Bereichen bedeutet das ebenfalls, Entscheidungen zu erklären, zuzuhören, Fragen zuzulassen oder sie den Mitarbeitern zu stellen: Das begründet eine partnerschaftliche Zusammenarbeit auch in einem Gefüge mit fester Rangordnung."

> **Praxistipp**
>
> **Führungskräfte denken wieder an die Fragen ihrer Mitarbeiter. Die lauten:**
>
> - „Fühle ich mich informiert? Wird mit mir kommuniziert?"
> - „Welche Formen der Teilhabe gibt es für mich?"
> - „Was liegt in meinem Bereich zu entscheiden?"
> - „Wie selbstbestimmt ist meine Arbeit?"

Will wirklich jeder so viel zu seiner Arbeit wissen, Herr Frey?

„Einige Manager haben mir gegenüber eingewendet: ‚Manche Menschen wollen gar nicht so viel Wissen und Mitsprache an ihrem Arbeitsplatz.' Das ist richtig. Menschen unterscheiden sich in ihrer Persönlichkeit und Reife.

---

[10] Frey (2016).
[11] Klauber et al. (2023).

Es gibt Leute, die von ihrem Vorgesetzten genau hören möchten, was sie jeden Tag tun sollen, und keine Warum-wozu-Fragen stellen. Für sie dient die Arbeit rein zur Existenzsicherung. Deshalb müssen Führungskräfte lernen, wie sehr sich die Bedürfnisse des Einzelnen mit Blick auf Teilhabe und Selbstbestimmung unterscheiden. Darauf müssen sie eingehen.

Manche Menschen wollen aber nur wenig Mitsprache, weil sie es so von früheren Vorgesetzten gewohnt sind: lieber den Mund zu halten und einfach das auszuführen, was ihnen gesagt worden ist. Doch mündige Mitarbeiter sollen selbstständig handeln. Dafür müssen Beschäftigte, die bislang eher kleingehalten worden sind, Schritt für Schritt lernen, was Mündigkeit bedeutet: nachzufragen, Teilhabe einzufordern und sie zu leben."

Woran erkennt die Führungskraft, wie viel Mitsprache jemand möchte?

„Wie umfassend der Einzelne informiert werden möchte, ist eine Typfrage – und das muss die Führungskraft lernen und berücksichtigen. Das ist wichtig. Die verschiedenen Typen verteilen sich zudem unterschiedlich in jedem Team. Deshalb sollte die Leitung ihre Leute danach fragen, wie stark jeder eingebunden werden möchte.

Es geht aber nicht nur darum, was jeder Mitarbeiter will, sondern auch, was an Mitsprache erforderlich ist. Schließlich sollen das Know-how und der Erfahrungsschatz aller zum Tragen kommen – und dafür muss sich jede/r einbringen. Zumal alle gute Problemlöser sein sollen: Dafür muss jede/r alle Spielräume kennen, die sie oder er hat, auch bei überraschenden Umständen oder angesichts der fordernden Ansprüche eines Kunden.

Überdies kann die Führungskraft schauen, welches Wort im Team Gewicht hat: Das ist oft ein guter Indikator dafür, wer viele Informationen will und braucht. Dennoch bleibt das Ziel, jeden an eine mündige Teilhabe bei den Teamaufgaben heranzuführen – schon, damit alle die Verantwortung für das Erreichen ihrer Ziele übernehmen können."

Wie viel Zeit kostet Wertschätzung?

„Je mehr Mitarbeitende eine Führungskraft unter sich hat, desto mehr ist die Frage, wie viel Zeit sie sich für den Einzelnen nehmen kann. Das heißt meist, sie kann sich nicht für jeden eine Stunde in der Woche nehmen. Sie kann auch nicht immer mit einer offenen Tür arbeiten, denn ihre Zeit ist ein wertvolles Gut. Doch oft geht es gar nicht um die Quantität der Zeit, sondern um deren Qualität – da können sogar fünf Minuten reichen, wenn dem Gegenüber volle Aufmerksamkeit geschenkt und an seinen Belangen Anteil genommen wird.

Zumal fünf Minuten nicht heißt, dass es bei ihnen bleiben muss: Besteht mehr Redebedarf, lässt sich ein zusätzlicher Termin vereinbaren. Davon getrennt zu sehen sind die Jahres- oder Halbjahresgespräche: Bei ihnen geht es um Rückmeldungen und Entwicklung. Sie dürfen nicht mit anderem Gesprächsbedarf vermischt werden. Braucht es regelmäßige Zwiegespräche, muss die Führungskraft überdies genug Zeit für sie einplanen. Das kann manchmal sogar mehr als eine Stunde in der Woche und Mitarbeiter sein."

Der Aufstieg von Mitarbeitern: Was hat er mit Wertschätzung zu tun?

„Ob für jahrelangen hohen Einsatz, überdurchschnittliche Ergebnisse oder die Übernahme von Verantwortung im Team: Vor allem Beförderungen sind mit dem stärksten Ausdruck von Wertschätzung auf der beruflichen Ebene verknüpft, wie wir alle wissen. Heute gibt es zwei Wege dafür – der Aufstieg ins Management oder die Expertenkarriere, eine Laufbahn mit hoher Spezialisierung und als fachliches Vorbild, aber mit wenig Personalverantwortung. Auch sie geht mit höherem Einkommen einher.

Beide Wege unterstreichen das Interesse an den Geförderten und ihrer Perspektive für die Zukunft. Zugleich ist für die Führungskraft die Fähigkeit entscheidend, die Möglichkeiten ihrer Leute einschätzen und ausbauen zu können. Nur so füllt sie die eigene Rolle aus und wird darin anerkannt. Ihr Management vermittelt dabei: Mitarbeiter sind der Kreativfaktor des Unternehmens, erst recht in der eigenen Abteilung und für deren Ziele, und nicht nur ein Kostenfaktor.

Gegenüber den Mitarbeitenden nehmen Manager/innen dabei wieder ihre Trainerrolle ein. Sie wollen jeden besser machen und wissen: ‚Ich kann die Kollegin nur entwickeln, wenn ich ihre Stärken und Schwächen kenne. Für ihre Entwicklung muss ich zudem überlegen, in welche Teamrolle sie hineinwachsen kann.' Oft entwickelt sich jemand nicht, weil eine bestimmte Position in der Mannschaft schon vergeben ist. Eine aufmerksame Führungskraft erkennt das und überlegt, welche Rolle noch frei ist und mit der Mitarbeiterin passend zu besetzen wäre.

Zur beruflichen Entwicklung der Betreffenden gehört dafür, deren Fähigkeiten im fachlichen wie im persönlichen Bereich zu fördern, etwa mit Blick darauf, später ein eigenes Team zu leiten – wenn sie das wollen. Die Führungskraft fragt sich dazu:

- ‚Kenne ich die Interessen eines Mitarbeiters? Und seine Ziele, seine Träume? Seine Talente und Potenziale?'
- ‚Kenne ich seine Stärken und Schwächen?'
- ‚Habe ich eine Idee, wie ich ihn fachlich und persönlich weiterentwickeln kann?'
- ‚Wo steht er sich selbst im Weg? Kenne ich die Hintergründe, wieso er sich blockiert – in seiner Biografie, wegen seiner Familie?'
- ‚Wobei kann ich ihn unterstützen?'"

Was, wenn die Beförderung ausbleibt, Herr Frey?

„Bei einer Beförderung unterliegen der oder die Mitbewerber. Unterlegene fühlen sich oft als Verlierer, vor allem bei ihrem zweiten oder dritten Versuch. Ihre Wertschätzung hält nach meiner Erfahrung dennoch aufrecht, wer einige Spielregeln beachtet:

Wie bei allen Dingen ist zunächst die Gesichtswahrung wichtig: Die Nichtbeförderten dürfen sich nicht auf Dauer als Verlierer fühlen. Wenn Verlusterlebnisse hingenommen werden müssen, müssen sie gut begründet sein. Entscheidend dafür ist, zunächst offen darzulegen, warum wer gefördert und befördert wird. Ebenso sollten Vorgesetzte und der Aufsteiger dem Unterlegenen vermitteln: Alle bewegen sich weiterhin auf derselben Augenhöhe, beachten ihn und geben ihm Aufmerksamkeit. Dabei geht es um Überzeugungsprozesse und um Vertrauen – sowie wieder um die wahrgenommene Fairness.

Zumal es zu Gratifikationskrisen des Unterlegenen und seiner ausgebliebenen Belohnung oft aufgrund ungeklärter Fragen zur Rollen- und Machtverteilung im Team kommt: Sind die Beteiligten darin verhaftet, brechen beim Wettbewerb um die Beförderung die alten Kämpfe erneut auf. Jeder fühlt sich vom anderen angegriffen, in die Ecke gedrängt oder gekränkt. So entfacht der neuerliche Anlass wieder die schwelenden Konflikte und verfestigt sie.

Nicht zuletzt, um solchen Streitigkeiten vorzubeugen, müssen die Kriterien der Entscheidung allen Beteiligten vorab bekannt sein. Die Führungskraft sollte dabei den Abstand zwischen Fremd- und Selbstbild der Mitbewerber beachten und ihn bei jedem Einzelnen verringern, wenn möglich, damit sich die Beteiligten weder über- noch unterschätzen. Unterstreichen lässt sich etwa, was Karriere noch bedeuten kann außer dem Weg nach oben: zum Beispiel mehr Verantwortung in der bisherigen Rolle zu erhalten oder Erfahrung und Wissen in der Mannschaft weiterzugeben. Allerdings muss das für die Betreffenden zeitnah und mit konkreten Schritten umgesetzt werden.

Die Vorgesetzte sollte ebenfalls vermitteln, wieso es bei der Besetzung der Teamleiterstelle nicht allein darum ging, welcher Mitarbeiter bislang die besten Zahlen und die größte Leistung gebracht hat, sondern die Stärke in der Teamführung als Kriterium höher gewichtet worden ist: etwa, weil es Schwierigkeiten in der Mannschaft gibt.

So kann der Unterlegene erkennen: Es geht bei der Beförderung vorrangig nicht um die Würdigung meines bisherigen Einsatzes, sondern darum, die passende Besetzung für die jeweilige Führungsaufgabe zu finden. Ist ihm eine solche Sicht aufgrund der vermittelten Informationen möglich, hat die Führungskraft wieder ihrem Auftrag zum Management von Enttäuschungen entsprochen.

Allerdings gibt es auch den Fall, dass sich der Unterlegene für die bessere Führungskraft im Vergleich zur ausgewählten Kandidatin hält. Es zählt, ihm seine Stimme dazu zu lassen: Er muss seine Sichtweise äußern dürfen, ohne deswegen Nachteile zu erfahren. Umgekehrt muss er mit der Antwort der Führungskraft leben können. Zum Beispiel: ‚Ich verstehe, wieso Sie das so sehen. Doch ich habe andere Aspekte höher gewichtet und deshalb so entschieden.' Es lässt sich noch einmal erklären, aus welchen Gründen das so gewesen ist.

Kann der Unterlegene es danach immer noch nicht nachvollziehen, ist ihm zuzumuten, die Entscheidung der Führungskraft anzuerkennen, ähnlich dem Schiedsrichterspruch. Wie auf dem Platz gilt hier: Augenmaß und Autorität der Führungskraft sind zu achten. Allerdings sinkt die Bereitschaft dafür derzeit. Gerade Vertreter der jüngeren Generation stellen solche Entscheidungen infrage und überlegen: ‚Wie lässt sich doch noch etwas mehr für mich herausholen?' Da könnte hineinspielen, wie sehr sich in ihrer Schulzeit die Streitigkeiten um Noten vermehrt haben, bis hin zur Frage, ob Zwei plus oder Eins minus. Je stärker solche Debatten junge Leute geprägt haben, desto besser und ausführlicher muss die Kommunikation mit ihnen im Bewerberwettstreit sein.

Eine unterschiedliche Wahrnehmung der Welt wird sich dabei nicht vermeiden lassen: schon, weil sich jeder selbstzentriert sieht. Üben muss jede Führungskraft deshalb, mit heiklen Situationen umzugehen, wenn der Mitarbeiter etwa schmollt. Mancher braucht Zeit, die schlechte Nachricht zu verdauen. Einige Manager reagieren darauf leider hilflos – für sie haben Mitarbeiter zu funktionieren, jederzeit und stets gleich gut."

Wie hilft das offene Wort weiter?

„Bei aller Transparenz der Postenvergabe gibt es das Menschliche: Wenn die erhoffte Beförderung ausbleibt, sehen sich viele um die gerechte Belohnung für ihren Einsatz gebracht. Die Enttäuschung geht manchem unter die Haut und kann zu einer Krise führen. Nach den Forschungen Siegrists löst sie Stress aus, der ein Risikofaktor für chronische Erkrankungen wie depressive Störungen oder koronare Herzkrankheiten ist, bis hin zum Herzinfarkt.[12]

Aber auch, wenn es nicht so weit kommt: Im Moment einer Niederlage fühlt sich jeder erst einmal benachteiligt und in seiner Leistung übersehen; das geht mir nicht anders. Deshalb müssen dem Unterlegenen Möglichkeiten zur persönlichen Entwicklung geboten werden – mit Blick darauf, wo er Bedarf hat und selbst sieht, etwa mit einem Coaching oder einer Weiterbildung. Dazu sollte es eine klare Absprache geben: Wo liegen seine Stärken und Schwächen? Wie lassen die sich noch fördern und auf welches Ziel hin, wenn es nicht der bislang erhoffte Posten ist?

Zudem muss die Führungskraft mit dem Mitarbeiter aufrichtig umgehen. Manchmal gelingt ein Aufstieg aufgrund der Anlagen eines Bewerbers nicht, etwa wegen mangelnder Führungsstärke: Das sollte er wissen. Lässt sie sich voraussichtlich nicht im gewünschten Maß entwickeln, ist es fair, dem Mitarbeiter rechtzeitig andere Perspektiven für seine Zukunft aufzuzeigen – und auf diese Art seinen Einsatz zu würdigen.

Dabei ist es wahrlich nicht einfach für die Führungskraft, jemandem zu sagen, er bringe nicht alle Voraussetzungen

---

[12] Siegrist (2021), Haller (2021).

für den höheren Posten mit, oder gar, der gemeinsame Weg sei zu Ende. Sie kann schlecht sagen: ‚Es fehlt Ihnen an Standing, an Ausstrahlung.' Viele bevorzugen deshalb den Satz: ‚Jemand anderes war besser.' Ungefragt geben Führungskräfte daher häufig keine Gründe für ihre Entscheidung an, zumal sie niemanden verletzten wollen.

Wie die psychologische Praxis zeigt, entwickeln sich Menschen deshalb oft nicht, weil sie keine klugen und einfühlsamen Feedbackgeber als Vorgesetzte haben. Wer offene Rückmeldungen hören will und aushalten kann, dem bleibt jedoch, bei der Entscheiderin nachzufragen, ob sie ihm die Gründe erläutern möchte. Auch wenn mancher Grund schmerzt: Das Wissen darum stößt oft die Entwicklung an. So braucht die Führungskraft ein offenes Wort nicht zu scheuen, wird sie darum gebeten.

Zudem kann sie von sich aus ein diplomatisches Feedback geben und jedem aufzeigen, wo seine Entwicklungspotenziale liegen und wie sie sich anregen lassen. Umgekehrt muss sie sich im Extremfall trauen, einem Teammitglied den Vorschlag zu machen, sich zu trennen, etwa über eine Versetzung. Wenn sie sieht und urteilt: ‚Zusammen können wir keine Exzellenz und Innovation erreichen.' Es ist ein Zeichen des Respekts, zumindest ehrlich zu sein, dabei aber zu sagen: ‚Ich will mich von Ihnen trennen, weil ich mehr Einsatz in Bereichen erwarte, die Ihnen nicht so liegen. Aber als Mensch sind Sie mir nicht egal. Wollen wir nicht miteinander überlegen, wo Sie für Ihre Fähigkeiten einen besseren Einsatzort als auf Ihrem jetzigen Posten finden könnten?' Entscheidend ist, kein Lippenbekenntnis abzugeben, sondern den Mitarbeiter bei seiner Suche tatsächlich zu unterstützen. Das spricht sich herum und zeigt, wie glaubwürdig die Führungskraft ist.

Eine schlechte Idee ist hingegen, Mitarbeitende wegzubefördern – zum Beispiel, weil sie sich nicht gut führen lassen oder die persönliche Chemie nicht stimmt.

Solche Beförderungen sind alles andere als eine Auszeichnung und verlagern nur das Problem im Unternehmen."

Bildschirm und Beraterrolle: ein Ausgleich für die fehlende Beförderung?

„Führungspositionen und Beförderungen sind nicht die einzigen Mittel, Einsatz zu belohnen und zu zeigen, die Leistungsträger werden gesehen und anerkannt. Ausdruck dafür sind auch Statussymbole, vor allem für extrinsisch motivierte Menschen, wie wir Psychologen sie nennen. Das heißt, für Menschen, deren Motivation von starken äußeren Anreizen angestoßen wird: Sie freuen sich über wertige oder rare Güter wie ein schickes Elektroauto als Dienstwagen, den gebogenen Flachbildschirm und mancher immer noch über das Eckbüro. Entscheidend ist: Ihre Besitzer bekommen etwas, was andere nicht haben und das nur schwer zu erlangen ist. Das hat für sie einen Wert. Ihrer Lesart nach vermittelt es Sozialprestige: zum Beispiel als Zeichen dafür, zur Gruppe der Erfolgreichen im Unternehmen zu gehören.[13]

Deshalb zeichnet sie eine solche Anerkennung in ihrer Bedeutung aus. Fast wie ein Orden, der verdeutlicht: ‚Mit meinem Einsatz habe ich mich um das Unternehmen verdient gemacht, weil ich mehr als andere dazu beigetragen habe, seine Ziele zu erreichen.' Oder: ‚Mein Posten und ich sind so wichtig, dass mir bestimmte Privilegien zugestanden werden.' Ein Leistungsträger lässt sich für sie etwa daran erkennen, in welcher Klasse er im Zug sitzt. Was

---

[13] Huemer (2024).

dabei als Symbol für Status und Anerkennung gilt, hängt davon ab, was in ihrem Umfeld als Zeichen des sozialen Aufstiegs gilt.

Für manche sind solche Aushängeschilder zum starken Treiber geworden, seit sich in den 80er-Jahren der Gedanke ‚Leistung muss sich wieder lohnen' in den Vordergrund gedrängt hat. Seither stehen Statussymbole noch mehr für den eigenen Erfolg, in manchen Branchen ausgeprägter als in anderen.[14] Auch wenn die Abstufungen inzwischen feiner geworden sind als früher und die Frage jetzt nicht mehr lautet: ‚Wer darf zum Kunden fliegen', sondern: ‚Wer hat die Bahncard 100 dafür?'. Extrinsisch motivierte Menschen knüpfen das Maß ihrer Wertschätzung anderen gegenüber sogar häufig an das, was sie bei ihnen an Privilegien sehen – auch wenn sich das Erbringen der großen Leistung dafür nicht von ihnen überprüfen lässt.

Dabei verstehen extrinsisch motivierte Leute solche Statussymbole nicht nur als Ausweis von Tüchtigkeit. Sie lesen daran auch oft einen Teil ihres Selbstwerts ab und umgeben sich privat ebenfalls mit solchen Symbolen. Aus dem Denken heraus: Wer es im Leben zu etwas bringt, sieht das bei sich und anderen IT- und Marketingleuten an der Apple Watch – oder unter Geschäftsleuten an der Breitling-Uhr am Handgelenk. Beide Hingucker stehen für: ‚Seht, ich leiste viel, mit großem Erfolg, und kann mir das leisten. Ich bin's wert!'

Für Führungskräfte in Unternehmen ist indes wichtig zu wissen, was ihre Mitarbeiter als Auszeichnung wahrnehmen, wollen sie ein wertschätzendes Zeichen setzen. Für die extrinsisch Motivierten kann das eher ein größeres Büro oder ein klangvoller Titel sein. Intrinsisch motivierte

---

[14] Honneth (2021).

Menschen freuen sich eher, wenn der Chef mit ihnen immer wieder und länger über laufende Vorhaben spricht oder ihnen die Rolle des Beraters zuweist.

Auch der Zugang zu vertraulichen Informationen gilt als Statussymbol. Jedoch ist dabei einiges zu beachten: Zunächst müssen alle denselben Informationsstand haben, sodass Herrschaftswissen vermieden wird. Was jedoch über die dafür nötigen und ausführlichen Informationen hinausgeht, lässt sich mit besonders verdienten Mitarbeitern teilen.

Schwierig ist es, das passende Zeichen für jeden Mitarbeiter zu finden, weil sich intrinsische und extrinsische Motivation häufig mischen. Deshalb sollte die Führungskraft meist ein Gleichgewicht an Anreizen schaffen. Sie muss darauf achten, auf der persönlichen Ebene mit den Zeichen ihrer Wertschätzung jedem zu entsprechen und auf der fachlichen seiner jeweiligen Leistung angemessen.

Denkbar ist als Belohnung danach vieles, doch für jede Art von Anerkennung gilt: Sie kommt nur an, wenn sie als einzigartig und nicht als automatisiert wahrgenommen wird, also kein Fleißkärtchen wie in der Schule ist. Jede Führungskraft sollte deshalb überlegen, wie die Zeichen ihres Dankes auf die einzelnen Mitglieder in ihrer Mannschaft wirken, und daran denken, sie persönlich zu verleihen und zu übergeben."

9

Wie stärken Rituale die Wertschätzung füreinander?

Herr Frey, wieso im Unternehmen Gebräuche pflegen?

Professor Frey: „Viele Führungskräfte sind zu sehr an ihren Arbeitszielen orientiert und vernachlässigen darüber die Mitarbeiter. Doch neben Zielstrebigkeit muss so etwas wie Lebensfreude für ein gutes Betriebsklima herüberkommen und die Leute erreichen. Dazu gehört, die Mannschaft ebenso zu feiern wie die Geburtstage aller, die es wollen. Wie sich solche Feste gestalten lassen, veranschaulichen verschiedene Ratgeber.[1]

Die kleinen oder großen Feiern zeigen, wie sehr geschätzt wird, was jeder Einzelne für die anderen im Team macht. Dafür sind Vorgesetzte wie Kollegen dankbar und sprechen es laut aus. Das offenbart zudem den Teamgeist

---

[1] Zum Ideensammeln: Klejbor (2014), Koch & Anders (2008).

in der Betriebskultur: Die Leute fühlen sich wohl und unterstützen sich. Sie loben andere Mitspieler in ihrer Mannschaft, feiern große und kleine Siege miteinander – und füllen ihr Wohlfühlkonto.

Teamgeist herrscht übrigens auch in Mannschaften, deren Leute bei Misserfolgen und Niederlagen sagen: ‚Wir lassen uns nicht unterkriegen, wir machen das Beste daraus. Wir gewinnen alle im Team, wir verlieren alle im Team. Aber wir lassen uns das Leben nicht vermiesen.' Denn: Eine Kultur der Wertschätzung gibt es in anstrengenden Zeiten ebenfalls. Gerade die lassen sich leichter ertragen, wenn sich die Leute im Team untereinander helfen, füreinander interessieren – und sich gegenseitig feiern, wenn es schließlich geschafft ist.

Mit Ritualen lässt sich demnach die Betriebskultur gestalten, als regelmäßiges, sichtbares Zeichen davon. Je mehr davon gelebt wird, desto mehr nehmen die Mitarbeiter an Wertschätzung wahr. Zudem vermittelt ihre Teilnahme daran das Gefühl, zur Mannschaft zu gehören. Für ein Geburtstagkind oder wenn ein Mitarbeiter das Unternehmen verlässt, wird die kleine Feier mit einem ausdrücklichen Lob für sie verknüpft."

Angefangen bei Geburtstagen: Warum an die Kollegen denken?

„Die Art, ob und wie im Unternehmen an den Geburtstag eines Mitarbeiters gedacht wird, unterstreicht: Die Firma, die Abteilung ist ein Teil seiner Familie. Dafür zählt nach meinem Empfinden: Inwieweit ist die Feier ein Teamereignis? Wie werden die Geburtstage begangen – und wie wichtig ist das allen? Wie viel weiß die Führungskraft über denjenigen, der Geburtstag hat? Dabei geht es nicht um die zeitliche Dauer eines Umtrunks, sondern darum, überhaupt an diesem Tag die Einzigartigkeit eines Menschen zu feiern. Deshalb hat die Führungskraft sämtliche Geburtstage in ihrem Notizbuch stehen: Sie sieht den ganzen Menschen, nicht nur den Mitarbeiter, und schätzt ihn wert. Manche Firmen feiern auch die Geburtskinder eines Monats in einer großen Kaffeerunde zusammen mit einer Spitzenkraft: Das unterstützt zugleich, das Silodenken zwischen den Abteilungen aufzubrechen."[2]

Wieso ist es von Bedeutung, Jubiläen zu feiern?

„Es ist eine Binsenweisheit, dennoch: Das Leben ist endlich. Auch ein Jubilar muss sich immer wieder überlegen: Bleibe ich im Unternehmen oder nicht? Daher ist es selbstverständlich, dass die Jubiläen der Beschäftigten gefeiert werden und ihr Einsatz für die Firma gewürdigt wird. Fehlt das, ist ein Mitarbeiter nur eine Personalnummer. Er wird nicht berücksichtigt und für austauschbar gehalten. Aber das ist weder ethisch noch kaufmännisch klug gedacht.

Vielmehr zählt, seine Anstrengungen und Beiträge für das Unternehmen zu würdigen. Das geht über Karrierestufen, Entwicklungsanstöße oder Umsatzsteigerungen hinaus und betrachtet, wie sich die Betreffenden in die Mannschaft eingebracht und deren Zusammenhalt gefestigt haben. Oder: Wie sie ein belastbares Verhältnis gegenüber Kunden und Lieferanten aufgebaut haben. Welche Spuren der Einzelne dadurch im Unternehmen hinterlassen hat, und was jemand künftig noch angehen und bewegen möchte.

---

[2] Kraus-Wildegger (2019).

Daraus ergibt sich die berufliche Lebensleistung – als ein Maß für die gesamte Wirkung der Tätigkeit im Unternehmen. Sie ist für die Betreffenden oft identitätsstiftend. Deshalb zählt, immer wieder Zeichen zu geben, wie sehr gesehen wird, was der oder die Einzelne macht und, fast noch wichtiger, bereits zustande gebracht hat. Auch persönlich gehaltene Briefe zu Weihnachten können solche Signale setzen – und erst recht die große Ansprache zur Würdigung des Betriebsjubiläums.

Mancher ist vielleicht nicht so sichtbar mit seinem Beitrag hervorgetreten wie andere und der Laudator muss genauer hinschauen. Aber ich bin überzeugt: Wenn jemand jahrelang in einer Firma gearbeitet hat, finden sich immer überraschende, einzigartige Dinge. Etwa, welches Projekt er mit viel Aufwand entscheidend vorangebracht hat oder welchen Fehler sie aufgedeckt hat. Was zählt, ist: Die Leute merken, sie wurden und werden gesehen. Dafür reichen schon zwei, drei konkrete Punkte aus."

Ist der Umtrunk noch zeitgemäß, Herr Frey?

„Feste muss man feiern, etwa einen erfolgreich abgeschlossenen Auftrag. Wer miteinander arbeitet, dem sollte das Unternehmen ab und an auch emotionale Begegnungen mit seinen Kolleginnen und Kollegen ermöglichen. Dafür ist der Umtrunk eine Chance."

Frühstückskaffee oder Nachmittagstee?

„Wie ich es kenne, hat sich beides eingebürgert, die Einladung zum Frühstück oder zum Nachmittagstee bei Vertretern im höheren Management und in gewissem zeitlichen Abstand: Sie kann eine Dankeschöngeste sein oder eine Kontaktaufnahme zu Mitarbeitern, die sonst nicht im Blickfeld der oberen Führungsebene stehen. Formlos und gut gestaltet, ist der Austausch dabei für beide Seiten eine interessante Informationsbörse."

Was ist mit Betriebsausflügen?

„Betriebsausflüge tragen zur Unternehmenskultur bei, wie ich sie erlebe: Bei Ausflügen in eine andere Umgebung, schon bei Wanderungen, besteht mehr Aussicht darauf, die Kollegen näher kennenzulernen – zumal es als Anknüpfungspunkt immer den Austausch über die Arbeit und die Firma gibt. Auch drücken die Ausflüge ein Dankeschön an die ganze Mannschaft aus, nicht nur gegenüber einzelnen Mitarbeitern. Das stärkt zugleich die Beziehung untereinander.

Für die Beschäftigten sind sie zudem eine Möglichkeit, Kollegen wie Führungskräfte in einem anderen Umfeld als am Arbeitsplatz zu erleben und Beziehungen zu vertiefen. Gerade, wenn sie die Kunst beherrschen, anzudocken: indem sie ihr Gegenüber etwa danach fragen, welche Gemeinsamkeiten es gibt, zum Beispiel mit Blick auf Sport, Bücher oder bei Hobbyköchen."

Weihnachtsfeier und mehr: Wie geht ein Hoch aufs Team?

„Betonen möchte ich zunächst: Es ist wichtig, dass die Führungskraft übers Jahr ihr Lob gut verteilt. Das Jahresende ist jedoch eine feste Möglichkeit zur Rückschau – was das Team alles erreicht hat, worauf es stolz sein kann und wie weit die Mannschaft vorangekommen ist. Weil das die eigenen Leute erarbeitet haben, zählt, sich für ihren Einsatz zu bedanken und ihn hervorzuheben.

Mit Worten wie: ‚Es war ein anstrengendes Jahr, und wir haben versucht, das Beste daraus zu machen. Wir haben eine Superarbeit geleistet. Wir haben viele Probleme toll gemeistert – und sprechen sie deshalb an der Stelle noch einmal konkret an. Wir haben Hindernisse als Herausforderungen begriffen und sie gut gelöst.' Vorausgesetzt, das trifft zu: Auch Dankbarkeit kommt nur an, wenn sie ehrlich und echt ist."

Soll die Familie in den Betriebsalltag einbezogen werden, Herr Frey?

„Wenn ich vergleiche, würden deutsche Unternehmen gut daran tun, mehr als bisher die Partner miteinzubeziehen. Ähnlich wie amerikanische Firmen, die hier Neuland betreten haben: So dürfen die Partner in ihre Kantine oder ins Firmenrestaurant mitgebracht werden und dort essen. Am Freitagnachmittag, bei der Happy Hour, können sogar Freunde dabei sein. Das Ziel ist es, Menschen, die den Mitarbeitern nahestehen, das Unternehmen kennenlernen zu lassen – und über diesen Weg möglicherweise andere gute Leute zu finden.

Ebenso gibt es Coachingangebote zum Thema Partnerschaft von mindestens fünf Stunden im Jahr oder mehr, ohne dass der Mitarbeiter begründen muss, wieso er den Bedarf hat und die Lebensgefährtin miteinbeziehen will. Firmen tragen die Kosten für solche Angebote, weil es ihnen ein Anliegen ist, alles zu tun, damit die Beziehungen ihrer Beschäftigten stabil bleiben; in Deutschland machen das heute auch einige Unternehmen, über das Betrieblliche Gesundheitsmanagement und meist mittels externer Institute und deren Coaches.

Hilfreich ist auch, Partner/innen die Firma vertrauter zu machen. Zum Beispiel mit Weiterbildungen, wie es sie bereits bei Sportwagenherstellern oder Banken und Versicherungen an manchen Samstagen gegeben hat: zu Themen wie Umgang mit Stress und Konflikten. Oder: Was kann Führung von Erziehung lernen und Erziehung von Führung?[3] Die Lebensgefährten bekommen über ihre Teilnahme an solchen Veranstaltungen zudem einen besseren Einblick in den Alltag der Beschäftigten und in manche Belange des Unternehmens: So eingebunden, können sie zu Hause mit dem angestellten Partner viel besser über Probleme in der Firma reden.

Manchmal gab es sogar getrennte Veranstaltungen für die Beschäftigten und ihre Partner. Auch das ist meist gut angenommen worden, weil die Lebensgefährten danach manches neu gesehen haben: Zum Beispiel wussten sie, der Partner oder die Partnerin verdient zwar gutes Geld, doch sie müssen dafür viel unterwegs sein. Getröstet hat einige, bei solchen Treffen von anderen Leuten zu hören, dass es allen so geht. Diese Wahrnehmung hilft manchmal.

Veranstaltungen in der Art tragen vor allem mit dazu bei, besser zu verstehen: Wer ist der Chef, wer sind die Arbeitskollegen? Unterstützt wird das noch, wenn die Angehörigen am Betriebssport teilnehmen oder das Fitnessstudio ebenfalls nutzen dürfen. Insgesamt fördern solche Maßnahmen wieder, in den Mitarbeitenden den ganzen

---

[3] Zu beachten ist, wie solche Zusammenkünfte, auch das familiäre Kantinenessen, in Deutschland steuerrechtlich zu behandeln sind, ob als Betriebsveranstaltung oder Weiterbildung. Bei geselligen Veranstaltungen entsteht ein geldwerter Vorteil für den Arbeitnehmer, der sich aber über Freibeträge oder mit der Pauschalversteuerung durch den Arbeitgeber ausgleichen oder übernehmen lässt. Siehe dazu: Einkommensteuergesetz (EStG) sowie Anhang 11a des Lohnsteuerhandbuchs (LStH).

Menschen zu sehen. Ihre Familie ist ein Teil von ihnen. Deutsche Unternehmen haben noch viele Möglichkeiten, darauf mehr einzugehen."

Der Abschied naht, wegen Jobwechsel oder Ruhestand. Was ist zu beachten?

„Für die Einladungen zu einem Abschied rate ich, darauf zu schauen: Mit wem hat der oder die Betreffende lange und eng zusammengearbeitet, auch an anderen Standorten? Oft sind ihre Tätigkeit und ihr Einsatz mit einem Team verknüpft, dessen Mitglieder verstreut im Land sitzen. Sie sollten eingeladen werden. Die engsten Kollegen sind sogar häufig bereit, die Fahrtkosten zum Dienstsitz zu tragen, können sie nur am Abschied ihres langjährigen Arbeitsgefährten oder ihrer -gefährtin teilhaben. Mit solchen Einladungen lässt sich zudem der innere Zusammenhalt von Teams an verteilten Standorten ausdrücken und stärken.

Nach dem Abschied sollten die Ruheständler zu einem großen Jahrestreffen wie der Weihnachtsfeier dazugebeten werden – mit ihren Partnern, wenn sich das Unternehmen das finanziell leisten kann. Auch ein Newsletter für sie, was sich übers Jahr getan hat, trägt zu ihrer weiteren Teilhabe und Verbundenheit bei. Das lohnt sich aus menschlichen Gründen und mit Blick auf die Loyalität der Leute: Die Mitarbeiter sehen, mit welchem Respekt der beruflichen Lebensleistung früherer Kollegen begegnet wird – oder eben nicht. Sogar im Fußball: Beim FC Bayern, seinen Mitarbeitern und Fans wie mir hallt bis heute nach, wie der langjährige und verdiente Mannschaftsarzt Hans-Wilhelm Müller-Wohlfahrt ohne großen Abschied vom Verein gehen musste. Das war nicht nur bitter für Müller-

Wohlfahrt, sondern hat bei vielen den Eindruck hinterlassen: ‚Weltweit ist er angesehen, nur zu Hause nicht mehr.'

Dabei wirken sich gelungene wie misslungene Abschiede auf den Einsatz der übrigen Beschäftigten für das Unternehmen aus und auf ihre Bereitschaft, in ihrem Umfeld für neue Kollegen zu werben. Zugleich besteht bei solchen Treffen die Chance eines freundlichen, lockeren Austauschs zwischen Jüngeren und Älteren: Von ihren Erfahrungen lässt sich oft manches für das Heute lernen, ohne die Arbeitsweise und Gewohnheiten der älteren Generation übernehmen zu müssen.

Einige Firmen setzen auch auf reine Ehemaligentreffen. Doch gleich, ob Treffen für alle oder nur für die Ruheständler: Was die Ehemaligen geschafft haben, sollte immer herausgehoben werden. Vom Geschäftsführer zum Beispiel damit: ‚Die Gegenwart und der Bestand unseres Unternehmens lässt sich nur erklären mit dem Einsatz unserer früheren Kollegen und ihrer Leistung bei uns – damit haben sie uns in ihrer Zeit groß gemacht.'"

Wie lässt sich im Krankheitsfall wertschätzend handeln?

„Jeder hat ein Recht auf eine Auszeit. Doch wird eine abgestimmte Vertretung organisiert, sodass der erkrankte Kollege kein schlechtes Gewissen haben muss? Dabei gilt: Gleich, ob körperlich oder seelisch – im Krankheitsfall sollten das Team und die Führungskraft die Bereitschaft vermitteln, dem Erkrankten die nötige Zeit zum Auskurieren und Erholen zu lassen. Und sie sollten zeigen, wie sehr sie zu ihm stehen. Dafür darf auch einmal ein Blumenstrauß oder eine Genesungskarte mit guten Wünschen versendet oder sich erkundigt werden, wie es geht – auf eine Art, die Anteilnahme zeigt und nicht als Kontrolle aufgefasst werden kann. Zudem gehört es sich, nach der Rückkehr zu fragen, wie sich der Betreffende fühlt.

Leider habe ich einige Firmen erlebt, wo weder Chefs noch Kollegen den Kontakt zu erkrankten Menschen pflegen, sodass er oder sie sich weder gesehen noch beachtet fühlt. Oder noch schlimmer, es wird gedrängelt, jemand möge doch bitte so schnell wie möglich zurückkommen. Ist er wieder am Arbeitsplatz, wird nicht gefragt, wie es ihm geht. Wertschätzung vermittelt aber: ‚Ich, wir sind für dich, den Kollegen, da.'

Dabei hat nicht nur jeder ein gesetzliches Recht darauf, seine Krankheit auszukurieren. Alle haben bei häufigen oder chronischen Krankheiten auch das Recht, darüber nachzudenken, welche Bedingungen im Unternehmen sie fördern: schlechte Führung, schlechtes Betriebsklima? Auch Überforderung oder Unterforderung bedingen Krankheiten, weil sie auf das Immunsystem wirken und es schwächen.[4]

Mit Blick auf die Gesundheit arbeitet eine wertschätzende Kultur präventiv: Seit Ende der Pandemie, verbunden mit der wirtschaftlichen Unsicherheit und kriegerischen Konflikten, hat die emotionale Belastung zugenommen. Die Zahl depressiver Verstimmungen bei den Menschen ist gestiegen. Auch die Fehltage haben sich erhöht.[5] Um da gegenzusteuern, regen manche Unternehmen bewusst zu mehr Selbstfürsorge an, etwa mit einer Gesundheitsberatung zu ausgewogener Ernährung oder mehr Bewegung.

---

[4] Vilser et al. (2024).
[5] Ludwig-Walz et al. (2022), Badura et al. (2023), AOK-Gesundheitsatlas Depressionen (2024), DAK-Gesundheit (2025).

Doch noch mehr als solche Präventionsprogramme zählt, Rücksicht zu nehmen, müssen sich Mitarbeiter um kranke Kinder oder Angehörige kümmern – zumindest, soweit es die Abläufe im Betrieb zulassen. Hier habe ich großzügige und weniger großzügige Unternehmen erlebt: Die großzügigen sind sich bewusst, wie sehr es sich für die langfristigen Arbeitsergebnisse auszahlt, die Ganzheitlichkeit des Menschen zu berücksichtigen, gerade wenn er mit Schwierigkeiten außerhalb seines Arbeitsplatzes zu kämpfen hat. Dabei kann das Team viel dafür machen, es dem Kollegen oder der Kollegin zu ermöglichen, sich in Akutfällen um einen Angehörigen zu kümmern, über die gesetzlichen Vorgaben hinaus. Schon, weil jedem bewusst ist, wie schnell auch er in eine Situation kommen kann, in der das Kümmern um das kranke Kind oder die Ehepartnerin Vorrang vor allem anderen haben muss.

Allerdings hängt die Bereitschaft dazu meist gar nicht so sehr vom Unternehmen ab, sondern vom jeweiligen Abteilungsleiter oder der -leiterin. Zeichnet sie eine spontane Bereitschaft aus, Kulanz und Entgegenkommen zu zeigen? Oder zeigen sie auch in Wortwahl, Mimik und Gestik wenig Verständnis, pochen auf die gesetzlichen Vorgaben und strafen die Leute ab, wenn sie früher nach Hause gehen? Sogar bei Todesfällen, etwa vom Großvater, ist es bei manchen Vorgesetzten schwierig, freie Zeit für die Beerdigung zu bekommen. Doch solche Bitten sollten sie als Zeichen der Wertschätzung gewähren. Im Vertrauen darauf: Wäre es nicht nötig und wichtig für den Beschäftigten, würde er sie nicht äußern."

... und im Todesfall?

„Gerade beim Abschiednehmen von Kollegen zeigt sich, welchen Stellenwert Menschen im Unternehmen haben, möchte ich betonen. Wird der Toten gedacht? Spielt ihr Andenken noch eine Rolle – oder wird es so vernachlässigt, dass jedem klar ist: Im Unternehmen ist jemand schnell vergessen. Mit ihrer Würdigung lässt sich hingegen nochmals nachzeichnen, welche berufliche Lebensleistung sie vollbracht haben und welchen Beitrag zum betrieblichen Erfolg das bedeutet hat. Haben die Kollegin oder der Kollege dafür häufig mehr Zeit in der Firma statt mit der Familie verbracht, gebührt der Familie ein besonderes Dankeschön. In jedem Fall gehört ein Lob für den Einsatz der Verstorbenen zu ihrem ehrenden Andenken."

> **Praxis- und Alltagstipp**
>
> Sind Rituale institutionalisiert und gut durchdacht, drücken sie Anerkennung aus und stehen für Zusammenhalt – im Berufs- wie im Familienleben.

10

Alles wird anders im Unternehmen

Herr Frey, welche wertschätzenden Pflichten gelten bei betrieblichen Veränderungen?

Professor Frey: „In Zeiten von Krisen zeigt sich, ob Wertschätzung zählt oder nicht: Nur wenn der psychologische Vertrag in jedem Fall verlässlich ist, steht er auf einer sicheren Grundlage. Wenn ein Unternehmen etwa rationalisiert werden muss, tritt mangelnde Wertschätzung oft schnell und deutlich zutage. Häufig gilt an dem Punkt der Mitarbeiter plötzlich nichts mehr. Bei den Betroffenen, in ihrem Umfeld wie der verbliebenen Belegschaft hinterlässt das meist den Eindruck: Ihre berufliche Leistung wird nicht geschätzt und nicht belohnt. Das gilt auch im Kleinen, bei Veränderungen in einzelnen Abteilungen.

Wenn es zum Beispiel zu Fusionen kommt, mit ihren Standortzusammenlegungen oder gar einem Stellenabbau, stellen sich immer existenzielle Fragen: ‚Was bedeutet das für mich, kurzfristig, mittelfristig?' Weil es Veränderungen in ihrem innersten Lebensbereich zur Folge hat, oft hin zum Schlechteren, reagieren die Leute besonders dünnhäutig in der Übergangszeit und unter dem Druck der drohenden Einschnitte. Die Neuerungen bedeuten für sie oft einen Verlust. Wenn sich die Entscheidungen hinziehen, sind sie über Monate verunsichert.

Trotzdem wollen und müssen die Unternehmen bei ihrer Entscheidung bleiben, aber auf jeden Einzelnen in der Mannschaft verstärkt eingehen. Das gelingt nur wertschätzend."

Wie lassen sich unpopuläre Maßnahmen transportieren?

„Gerade in der Krisenkommunikation zeigt sich ethikorientierte Führung. Nach meiner Erfahrung heißt das zunächst: Schlechte Nachrichten müssen genauso ausgesprochen werden wie gute. Wenn unpopuläre Maßnahmen ergriffen werden müssen, sind sie deshalb ebenso klar zu benennen.

Wiederum ist entscheidend, wie sie erklärt werden. Während der Coronapandemie ist zum Beispiel zu sehen gewesen: Schutzmaßnahmen sind das eine und die Begründung dafür das andere. Wehe, wenn Menschen vermuten, hinter den Maßnahmen stehe eine ganz andere Absicht und Idee, eine ‚hidden agenda'. Zum Beispiel: Zehn Prozent der Mitarbeiter werden wegrationalisiert und die Geschäftsführung behauptet, ohne diesen Schritt sei die Existenz des Unternehmens langfristig gefährdet.

Doch insgeheim will das Management einen Kapitalgeber beeindrucken oder die Firma zu einem höheren Preis verkaufen.

Die offizielle Begründung für Einschnitte darf deshalb keine vorgeschobene sein. Sie darf nicht anzuzweifeln sein. Vielmehr muss sie glaubhaft und vertrauenswürdig ankommen. Als ihre Übermittlerin erreicht die Führungskraft das nur, indem sie ehrlich und echt schildert, wieso die Einschnitte notwendig sind. Nicht nur aufgrund des Respekts vor ihren Mitarbeitern, sondern auch mit Blick auf deren Bereitschaft, unpopuläre Maßnahmen mitzutragen."

Umstrukturierung oder Verkauf: Was darf noch erzählt werden, Herr Frey?

„Auch in solchen Härtefällen zählt: Lässt sich für die Leute nachvollziehen, wieso das Unternehmen verkauft wird? Oder umstrukturiert? Für die Kommunikation der Führungsriege gilt in beiden Fällen: Erst einmal die groben Richtlinien vorgeben. Was darf erzählt werden, was nicht, etwa mit Blick auf rechtliche Vorgaben aus dem Aktienrecht? Welche Kanäle lassen sich für Rückmeldungen nutzen, was dennoch durchsickert? Wie werden Beschäftigte mit einem derzeit ruhenden Arbeitsverhältnis zeitnah informiert – etwa Langzeiterkrankte, die Leute in Elternzeit oder im Sabbatical?

Oft sind die Inhalte der Kommunikation den Mitarbeitenden gegenüber bei Veränderungen ein riesiges Problem: Meist kann die Unternehmensleitung nicht alles erzählen, weil es der Markt, Investoren oder die Konkurrenz noch nicht erfahren dürfen. Lügen geht aber auch nicht. So wird fast die Quadratur des Kreises verlangt: Häufig bleibt der Geschäftsführung in der Tat nur, die Dinge zu umreißen und eine gewisse Unschärfe zuzulassen.

Ein Weg dafür ist, den Mitarbeitern zu berichten: ‚Folgendes wissen wir und können wir euch schon genau sagen … Aber zu folgenden Themen können wir aus diesen oder jenen Gründen noch nichts Genaues sagen.' Die Führungsspitze stuft danach mehr als sonst zwischen dem ab, was sie sagen kann und weiß, und jenem, was sie nicht sagen darf. Etwas an Information weiterzugeben, hilft meist schon, damit die Leute nicht klagen: ‚Wir wissen und erfahren gar nichts.'

Was gesagt wird, muss allerdings stimmen. Es gilt die Devise: ‚Sage nicht alles, aber was du sagst, sei wahr!'"

Wie betroffenen Mitarbeitern sagen, dass die Zukunft ohne sie stattfindet?

„Solche Entscheidungen fallen oft abrupt aus Sicht der Betroffenen, ohne großen Vorlauf, ohne die Suche nach milderen Maßnahmen oder ohne begleitende Schritte für sie über einen längeren Zeitraum hinweg. Entsprechend groß ist der Schock.

Fast immer stecken Kostengründe dahinter, wenn das Unternehmen die Abläufe rationalisieren will, die Herstellung teilweise ins Ausland verlagert wird und deshalb etwa 20 % der Mitarbeitenden wegfallen sollen.

Bei den Kündigungsgesprächen dazu sollte vor allem betont werden, aus welchen Gründen das Unternehmen zu den Veränderungen gezwungen ist – obwohl das bedeutet, einen gewissen Prozentsatz der Mitarbeiter abzubauen: zum Beispiel, weil das Unternehmen wegen des hohen Kostendrucks am Markt sonst auf Dauer nicht überleben würde. Es ist deutlich herauszustellen, die Auswahl der betroffenen Mitarbeiter habe nichts mit ihnen oder ihrem

Einsatz zu tun, sondern erfolge nach rechtlichen Kriterien wie Alter und Dauer der Betriebszugehörigkeit sowie den künftigen Einsatzmöglichkeiten im Betrieb. Wertschätzung bedeutet in dem Fall zuerst, gut erklären zu können, wieso der Schritt notwendig und unumgänglich ist, damit er sich gemäß der Verfahrensfairness zumindest nachvollziehen lässt.

Das geschieht vonseiten des Managements vor allem bei den Betriebsversammlungen zu der Entscheidung. Dazu lädt der Betriebs- oder Personalrat ein, nachdem mit ihm die Bedingungen des Stellenbaus ausgehandelt worden sind. Ihn dabei als ebenbürtigen Partner zu sehen, zählt: Auch wenn der Betriebsrat einen Stellenabbau nie gutheißen wird, sind seine frühe Einbindung und die Verfahrensweise ein Zeichen dafür, trotz allem das Miteinander mit den verbleibenden Beschäftigten aufrechterhalten zu wollen. Sagt der Betriebsrat auf der Versammlung zudem den entscheidenden Satz: ‚Das Verhandlungsergebnis ist das Beste, was wir für Euch herausholen konnten', verlassen sich die Betroffenen darauf und wissen, sie sollten diesen Bedingungen für ihren Jobverlust zustimmen, wenn er sich nicht mehr abwenden lässt.

Rund eine Woche nach der Versammlung empfiehlt sich, im Namen der Geschäftsleitung etwa die Kollegen eines Teilbereichs, der wegfallen oder ausgegliedert werden soll, zu einem zweiten Gespräch einzuladen: Wenn mehreren Mitarbeitern gekündigt wird, hat es Vorteile, dazu zunächst zusammen mit allen Betroffenen zu reden. In der Gruppe haben die Leute die Chance, sich gegenseitig zu helfen, ihren Ärger miteinander zu besprechen und sich eher geschützt zu fühlen.

Ich habe solche Gespräche erlebt, als ich bei Banken und Sparkassen Fusionen sowie Umstrukturierungen begleitet und moderiert habe. Dabei hat es Ansprachen mit ungefähr den Worten gegeben: ‚Liebe Kolleginnen und

Kollegen, Sie ahnen, warum wir Sie zusammengerufen haben. Wir können Ihren Arbeitsplatz nicht erhalten. Wir müssen leider Kündigungen aussprechen: Einige von Ihnen werden Ihre Stelle verlieren, andere Ihre Stelle intern wechseln müssen. Glauben Sie uns, das fällt uns sehr schwer, weil wir Ihre Leistung bei uns sehen. Aber wir versuchen, zumindest das Ergebnis und den Prozess fair und transparent zu gestalten, für jeden Einzelnen. Dazu werden wir mit jedem von Ihnen sprechen, über die Rahmenbedingungen und Details dabei. Wir werden keinen alleine lassen: Wir werden Ihnen helfen und Sie begleiten, auch dabei, eine neue Stelle außerhalb zu finden.'

Als Berater in der Bankenbranche habe ich zudem miterlebt, wie sogar die Ehepartner in solche Gespräche einbezogen worden sind, sollte etwa aufgrund einer Strukturveränderung ein Standort aufgelöst werden. Der Vorteil: Sind die Partner zugegen, sind sie ebenfalls informiert, und zu Hause lassen sich die Probleme besser besprechen. Nach meinem Eindruck ist das gut, denn die Betroffenen brauchen ihre Lebensgefährten als Unterstützer. Sind die Partner nicht informiert, gibt es viel mehr Missverständnisse, als wenn sie die Hintergründe kennen und nachvollziehen können. Überdies sind die Betroffenen nicht auch noch die Überbringer der schlechten Nachricht zu Hause; das macht es ein wenig leichter für sie.

Nach der Trennung bedeutet eine gelebte Wertschätzungskultur zudem, die verbliebenen Kollegen im Team zu ermuntern, den Kontakt zu den gekündigten aufrechtzuerhalten. Ebenso erfordert sie, die Betroffenen bei der Suche nach einem Job möglichst engmaschig zu unterstützen, wenn gewünscht. Das ist nicht nur für sie wichtig. Auch die übrigen Kollegen sehen daran, wie die Führungskräfte mit Leuten umgehen, die aus dem Team herausfallen. In solchen Krisensituationen zeigt sich deshalb, wie wertschätzend ein Arbeitgeber seine Leute behandelt – und die verbleibenden Kollegen bekommen das mit."

Praxistipp
Für die faire Kommunikation bei betriebsbedingten Kündigungen:

- Verdichten sich die Probleme des Unternehmens, sind Betriebs- oder Personalrat frühzeitig zu informieren: Zumindest soweit, dass den Leuten die Möglichkeit betriebsbedingter Kündigungen bewusst wird.
- Es sollte ihnen erläutert werden, wie versucht wird, noch gegenzusteuern. Aber auch: Gelingt das nicht, droht eine Lage, in der es nicht für alle weitergehen könnte. In dem Fall wären einschneidende Maßnahmen nötig, damit die Firma als Ganzes überleben kann und eine Zukunft hat.
- Betont werden sollte, wie sehr sich die Geschäftsführung bewusst ist, welch schmerzhaften Einschnitt das für die Betroffenen bedeute, es aber keine Alternative dazu gebe.
- Hilfreich ist, mit jedem zu überlegen, welche Möglichkeiten er danach hat – unterstützt von externen Coaches. In Gruppen und einzeln lässt sich dafür besprechen: „Was hat uns geprägt? Was sind unsere Stärken? Womit können wir weiterarbeiten, uns vielleicht selbstständig machen?" Die Gruppenerfahrung hilft dabei. Die Leute spüren: „Ich bin nicht allein."
- Von Vorteil ist auch, kleinere Untergruppen von Betroffenen zusammenzubringen, damit sich Leute mit ähnlichem Hintergrund gegenseitig stärken können.
- Es bringt viel, die Familienpartner/innen miteinzubeziehen: damit auch sie genau darum wissen, wieso das Unternehmen so entschieden hat.

11

Rund um die Kommunikation

Herr Frey, was heißt, auf gleicher Augenhöhe miteinander zu reden?

Professor Frey: „Ob im Unternehmen, in der Schule oder der Familie: Wertschätzendes Verhalten entsteht zum großen Teil über die Kommunikation. In jedem Gespräch, erst recht jedem Konfliktgespräch, geht es darum, konstruktiv, sachlich, unterstützend zu sein: Das heißt vor allem, gut zuzuhören, Fragen zu stellen und bei Unklarheiten zu wiederholen, ob alles richtig verstanden worden ist. Gerade wenn sich die Beteiligten uneinig sind, muss noch besser zugehört und noch länger weitergeredet werden. Beim Überzeugen und Begründen sind Wortwahl und Tonlage dabei dem Gegenüber so anzupassen, dass die Botschaft von ihm verstanden werden kann.

Denn: Eine wertschätzende Kommunikation macht aus, mit Menschen auf gleicher Augenhöhe zu sprechen.

Trotz der Rangunterschiede sind dabei alle gleichwürdig in der Diskussion. Es gibt kein Oben und Unten im persönlichen Verhältnis. Allein das Argument zählt, nicht der Status. Genauer: die Macht und Stärke des Arguments, statt des Arguments der Macht. Faktisch gilt aber oft – und sei es nur von der Führungskraft oder dem Mitarbeiter unterstellt – ‚Oben sticht unten'. Offen oder verdeckt steht ein solches Gefälle der unbefangenen, hierarchiefreien Kommunikation entgegen.

Vor allem im Streitgespräch zeigt sich deshalb, inwieweit eine partnerschaftliche Zusammenarbeit trotz der Rangordnung gegeben und möglich ist. Das heißt: Ja, die Hierarchie besteht und gilt, vor allem mit Blick auf die Weisungsbefugnis und Entscheidungsmacht. Aber trotz des Gefälles zwischen den Ebenen finden beide zu einer Partnerschaft in der Zusammenarbeit – und sind darin ebenbürtig."

Wie soll das gehen – mit Blick auf das Gefälle in der Hierarchie?

„Einige Führungskräfte wie Mitarbeiter denken zumindest unbewusst, der Höherrangige hätte dem anderen etwas voraus. Zumal Vorgesetzte meist nicht ohne Grund zu ihrer Rolle gekommen sind und sich davon ihre Weisungsbefugnis sowie Entscheidungskompetenz ableitet. Mit Blick auf ihre Rolle können deshalb Gedanken aufkommen wie: klüger, höher, weiter als andere Menschen. Zum Beispiel: ‚Wie könnte ich als Führungskraft sonst die Leute im Team entwickeln?' Oder aus Sicht des Mitarbeiters und seiner Rolle: ‚Wie kann mich die Managerin führen, wenn sie mir nicht etwas voraushat?'

11 Rund um die Kommunikation

Doch der Mitarbeiter und seine Rolle sind ebenso wichtig für die Abläufe im Betrieb wie die Führungskraft und ihre Rolle. Verkannt wird zudem oft: Der Mensch, der in der Führungskraft wie im Mitarbeiter steckt, zählt gleich – und damit ist jeder mit seinen Gefühlen, Zielen und Wünschen gleichberechtigt.

Sicher hat die Führungskraft meist mehr Lebenserfahrung und vielleicht mehr Wissen. Aber deshalb ist sie menschlich nicht höherstehend – zumindest, wenn keiner sie im Kopf dazu macht oder sie sich als Vorgesetzte nicht so sieht. Denn: Der Respekt einem oder einer anderen gegenüber bezieht sich immer auf sie als Mitmenschen. Das heißt: Ich respektiere den Putzmann genauso wie die Ministerin. Ich stehe weder über noch unter ihnen. Mein Ton ist weder von oben herab noch eingeschüchtert von unten nach oben. Vielmehr gilt: Keine Ehrfurcht vor der Hierarchie, sondern Respekt vor dem Menschen!

Schließlich hat der Mitarbeiter Stärken, Potenziale und Lebenserfahrungen auf anderen Gebieten, die der Führungskraft fehlen. Im Beruflichen beschränkt sich ihre Unterstützung deshalb darauf, zu sagen: ‚Ich möchte dir helfen, damit du deine Potenziale am Arbeitsplatz entfalten kannst, aufgrund meiner Erfahrung in diesem Bereich. Ich möchte auch, dass das Team und das Unternehmen von deinen Fähigkeiten profitieren.' Damit sie zu diesen Zielen hinführen können, haben Vorgesetzte hoffentlich genug an Erfahrung voraus. Doch das heißt nicht, dass sie über anderen stehen. In der Funktion ja, mit ihrer Weisungsbefugnis und Richtlinienkompetenz, aber eben nicht im zwischenmenschlichen Feld: Das zeigt sich sogar im sachlich geprägten Verhältnis, was viele Mitarbeiter und Vorgesetzte miteinander pflegen.

Deshalb ist die Grundlage für gleiche Augenhöhe immer: ‚Ich schätze deine charakterlichen Anlagen. Ich schätze all das, was du bis jetzt für uns gemacht hast, und deine gezeigten Kompetenzen dabei.' Zumal sich auch die Führungskraft in den Begegnungen mit den Mitarbeitern weiterentwickelt, wenn es gut läuft – etwa über deren Rückmeldungen. In vielen Dingen wird der Chef dabei zum Mentee. Ganz so wie gute Lehrer sagen: ‚Ich finde in jedem Schüler etwas Interessantes und von vielen Schülern kann ich lernen.' Respekt und Vertrauen sind deshalb keine Einbahnstraße, sondern beruhen auf Gegenseitigkeit.

Dazu gehört eine offene Kommunikation: Die Beteiligten dürfen sich dennoch durchaus fetzen, solange sie über Ursachen und Lösungen reden. Einigen ist das aber nicht in die Wiege gelegt; sie müssen es üben. Dabei zählt: Nehmen Sie sich Zeit für Ihre Bedürfnisse und die Ihres Gesprächspartners. Achten Sie nicht nur auf seine Worte, sondern auch auf seine Taten. Reden Sie über sein Handeln! Wenn Sie den Worten des anderen misstrauen, weil sie mit seinen Taten nicht übereinstimmen, sprechen Sie das offen an – und gestehen Sie dem anderen zu, das ebenfalls zu tun."

Gilt das wirklich für jeden: Pförtner, Reinigungs- und Kantinenkräfte, Herr Frey?

„Ja, sonst scheinen manche wegen der Distanz in der Machtpyramide im Betriebsalltag unerreichbar. Damit kommt es zwangsläufig zur Einteilung und Bewertung in ‚wichtige' und ‚unwichtige' Personen. Deshalb muss die Führungskraft alle abholen und mitnehmen, gleich ob eigene Mitarbeiter oder die zusätzlichen Angestellten eines Dienstleisters beim Outsourcing. Und gleich, in welchem Bereich die Menschen arbeiten – oder aufgrund ihres Lebensweges gerade gelandet sind.

11 Rund um die Kommunikation

Dort, wo sich die Hände schmutzig gemacht werden wie in der Produktion, lässt sich etwa sagen: ‚Ohne Ihren Einsatz würde unser Produkt nie fertig.' Oder: ‚Ohne Sie müssten wir hier alle über einen schmutzigen Boden laufen.' Jeden freut es, wenn gesehen wird, was er mit seiner Arbeit bewirkt. Gerade bei Aufgaben, die gemacht werden müssen und Pflicht sind, aber keinen hohen Spaßfaktor haben – ob in der Herstellung, beim Reinigungsdienst oder im Büro. Daher vermitteln Führungskräfte ihren Mitarbeitern, wie wichtig, notwendig und wertvoll jede/r einzelne von ihnen ist. Unabhängig vom Rang zählen alle: Fehlt jemand, funktioniert das ganze Getriebe nicht. Darauf beruht der Respekt für jeden Beschäftigten als Leistungsträger und als Mensch.

Die Wortwahl muss nur gegenüber dem jeweiligen Gesprächspartner verständlich und angemessen sein. Dort, wo die Führungskraft mit ihrer Art der Ansprache die Menschen nicht erreicht, wird keine Loyalität und kein Vertrauen zu ihr entstehen. Schon deshalb sind alle Leute gleich wertzuschätzen – mit dem Gedanken: ‚Ich habe vor jedem denselben Respekt.' Aus der persönlichen Ansprache erwachsen Zusammenarbeit und Führung, sodass sich im besten Falle jeder Mitarbeiter für das Team und seine Ziele verantwortlich fühlt.

Das kann auch gelingen, indem Manager die Arbeit des Einzelnen dem Kunden gegenüber sichtbar machen. Den Ansatz haben etwa die Leipziger Verkehrsbetriebe, LVB, gewählt: Als sie merkten, wie sehr das Thema Wertschätzung ihre Fahrerinnen und Fahrer in Bussen und Bahnen umgetrieben hat, ließen sie 20 von ihnen von einem Radiomoderator am Mikrofon fit machen. Sie sollten mutiger werden, ihre Stimme während der Fahrt einzusetzen, auch mal mit einem launigen Spruch, damit sie für ihre Fahrgäste hörbarer und damit gegenwärtig werden. In einem Testlauf 2021 kamen die persönlich gehaltenen

Durchsagen gut an: So haben die Fahrgäste mehr Verständnis für die Schwierigkeiten auf der Strecke gezeigt, wenn sie frühzeitig informiert worden sind – und haben ein Lob oder eine Botschaft an die Fahrer/innen auf dafür ausgelegten Grußkarten hinterlassen. Die Leipziger haben mitgemacht, und die Bus- und Bahnlenker freuen sich, mal etwas Konkretes in der Hand zu haben."[1]

Wie steht sich manche Führungskraft selbst im Weg?

„Mancher Führungskraft kommt schon schwer über die Lippen, ein ‚Danke' zu sagen. Oft, weil sie es nicht gelernt hat und manches für sie selbstverständlich ist. Aber auch, weil zum ‚Dankesagen' gehört, die Welt als wohlgesonnen zu betrachten, nicht als feindlich.

Andere können nicht ‚danke' sagen, weil sie damit zugeben würden, dass jemand ihnen geholfen hat. Sie sehen es als Schwäche und persönliche Niederlage an, die Hilfe von anderen zu brauchen – weil: Alleine hätten sie es ja nicht geschafft. Dabei ist es eine Stärke, seine Grenzen zu kennen und Hilfe anzunehmen. Deshalb hat der Starke genug Selbstvertrauen und sagt ‚danke', der Schwache aber nicht. Die wohlwollende Sichtweise dabei überträgt sich übrigens auf die Umgebung – als ‚warm glow of success', ein warmes Strahlen des Erfolges, wie wir Psychologen sagen. Es

---

[1] Die LVB-Idee ist infolge des Projekts „MADAM – mobile Arbeit wird digital, digitale Arbeit wird mobil" und im Rahmen der ‚Initiative Neue Qualität der Arbeit', INQA, des Bundesarbeitsministeriums entstanden. Das Madam-Projekt unterstützt betriebliche Entwicklungen mit Beschäftigten und Führungskräften entlang der Design Thinking Methode, zur Arbeitsgestaltung in kommunalen Unternehmen. Ein Wegweiser gibt Tipps dazu: https://madam-wegweiser.de.

bedeutet, Erfolge teilen zu können und damit auch die anderen im Team großwerden zu lassen.

An dem schwäbischen Spruch ‚Nichts gesagt ist genug gelobt' halten dennoch immer noch einige Führungskräfte fest. Deshalb bemängeln Mitarbeiter häufig, ihr Chef lobe und bestärke sie nicht, sage weder ‚danke' noch ‚bitte' – und übergehe sie und ihren Einsatz damit.

Diese Vorgesetzten verzichten auf Lob, weil sie fürchten, der Mitarbeiter würde sich danach überschätzen und sich für besser halten als den Chef. Führungskräfte mit solchen Ängsten sind überzeugt, nur mit Druck ließen sich auf Dauer gute Ergebnisse erzielen und aufrechterhalten.

Sie wollen damit auch zeigen: ‚Ich bin der Chef; ich kann die Leute steuern.' Allerdings ist Druck nur kurzfristig förderlich. Lob wirkt langfristig besser, vor allem, wenn der weitere Einsatz der Mitarbeiter mit einer klaren Zielvereinbarung verbunden ist."

Rund um die Kommunikation: Richtig loben

Herr Frey, wie wirkt ein Lob?

Professor Frey: „Lob erzeugt Offenheit für Neues und regt zum Austesten neuer Ziele an. Zugleich beflügelt Lob die Neugierde, auch in sich Neues zu entdecken. Zusammengefasst lässt sich sagen:

- Lob verstärkt Verhalten.
- Lob gibt Vertrauen.
- Es ermuntert, Fehler zuzugeben.
- Es regt dazu an, mit der eigenen Kreativität zu spielen und sie einzusetzen.

- Lob macht es einem leichter, neue Ziele anzusteuern.
- Es erhöht die Lebensfreude.
- Es bewirkt, dass der Gelobte andere eher lobt.

Unterm Strich ist Lob ein einfaches, niedrigschwelliges Mittel, jeden zu motivieren, und lässt sich leicht einsetzen. Zugleich stärkt es die Beziehung zwischen Führungskraft und Mitarbeiter: Deshalb sorgt ein fehlendes Lob für einen Abzug von der Habenseite auf dem Beziehungskonto, ein ausgesprochenes hingegen für ein Plus."

Wie lässt sich ein Lob treffend formulieren?

„Das kürzeste Lob ist eine aufrichtige Rückmeldung vom Chef, zum Beispiel gleich nach der Präsentation ein ‚Gut gemacht' oder knappe Worte wie ‚prima, toll'. Noch deutlicher ist: ‚Danke, das hat gut gepasst für mich.' Mit dem ‚Danke' wird die gezeigte Leistung höflich angenommen. Mit ‚gut gepasst' wird gewürdigt, was über das zu Erwartende hinausgegangen ist und wie es beim Chef angekommen ist. Je nach Güte des Ergebnisses lässt sich das Lob zudem steigern: von ‚sehr gut', ‚ich bin sehr zufrieden' über ‚super, klasse, exzellent, wunderbar' bis zu ‚große Klasse', ‚das Beste, was ich bisher gesehen habe'.

Von Vorteil ist auch, ein Lob mit Blick aufs Unternehmen zu erweitern und zu sagen: ‚Danke, das hat gut für mich und zu unseren Zielen gepasst.' Die Ergänzung unterstreicht, wofür der Einsatz gut gewesen ist – ‚für unsere Ziele'. Das schafft Augenhöhe und nimmt dem Lob den Anstrich einer verkappten Beurteilung von oben herab.

Auch lassen sich fürs Loben verschiedene Bezugspunkte setzen: zum Beispiel, wenn die Qualität hoch ausgefallen ist oder besonders schnell gearbeitet wurde. Darüber hinaus kann ein Lob ansprechen, was fortwährend gut gemacht wird: ‚Super gut, dass du die Produktkontrolle jetzt schon seit zehn Jahren in dieser beständigen Qualität machst.'

Allerdings dürfen anerkennende Worte nicht gequält oder überzogen wirken, sondern müssen überzeugt klingen. Etwa: ‚Deine Gründlichkeit sorgt für zufriedene Kunden.' Zugleich fällt ein Lob, das mündlich und direkt vermittelt wird, stärker aus als ein schriftliches oder telefonisches. Denn beim persönlichen Ausdruck kommen noch die Mimik und Gestik beim Sprechen hinzu.

Wieder entscheidet sich auch über sie, wie ehrlich und echt die Äußerungen der Führungskraft ankommen: Ist das Lob nur eine Pflichtübung oder falsch, werden das dem Mitarbeiter die kleinen, unbewussten Regungen im Gesicht und an den Augen seiner Führungskraft verraten. Kommt das Lob hingegen als echt an, vermittelt es dem Mitarbeiter: ‚Du bist wichtig, du bist wertvoll, du leistest einen Beitrag für das große Ganze.' Oder: ‚Pass auf dich auf, wir brauchen dich!'

Zudem gibt es das indirekte Lob. Dafür nimmt sich die Chefin im Alltag Zeit: Sie zeigt Interesse an der Tätigkeit des Beschäftigten und lässt sich von ihm etwa vorführen, wie seine Maschine funktioniert. Die Erklärungen dazu verfolgt die Chefin aufmerksam und fragt nach, zum Beispiel mit ‚Was passiert da genau?', ‚Welche Störungen gibt es dabei?'. Hat der Maschinenführer dafür einen Lösungsvorschlag, sollte die Vorgesetzte ihn notieren, prüfen – und sich gleich dafür bedanken.[2]

In der Wortwahl kann eine Führungskraft nicht viel falsch machen. Entscheidend ist, überhaupt Anerkennung zu vermitteln. Falsch wäre, wenn sie nicht lobt. Es gibt nichts Schlimmeres, als wenn der Mitarbeiter sagt, er

---

[2] Sobobotta (2014).

habe noch nie ein Lob gehört. Denn so, wie jemand nicht ‚nicht kommunizieren' kann, kann er nicht ‚nicht loben' oder nicht ‚nicht kritisieren': Ein Feedback vermittelt jemand auch, wenn er nichts sagt, seine Rückmeldung zur Auslegungssache macht und damit Raum für Missverständnisse schafft. Er lässt den Empfänger im Unklaren darüber, wie er ihn und seine Leistung sieht.

Ebenso wird ein Lob, das nicht echt klingt, in einem Nebensatz kommt oder verbunden ist mit einem Aber, als Kritik aufgefasst. Zum Beispiel: ‚Das ist super gemacht, aber nächstes Mal erwarte ich noch etwas mehr.' Das wäre kontraproduktiv.

Unterm Strich zeigt ein Lob, welche Fähigkeiten die Vorgesetzte dem Angesprochenen zurechnet und in ihm erkennt. Kann er das Lob nachvollziehen und annehmen, vermittelt es ihm die Wertschätzung seiner Leistung – und darüber, was ihn ausmacht.

Zugleich begründet ein angenommenes Lob ein Versprechen zwischen Lobendem und Gelobtem. Der Gelobte hat gezeigt: ‚Dazu bin ich fähig.' Er weiß: ‚Du erkennst es an und ich will es bleiben. Solange du umgekehrt deine Fähigkeiten für mich einsetzt!'"[3]

Wieso ist manchem Beifall peinlich, Herr Frey?

„Wie ich es erlebt habe, wollen manche Menschen kein Lob hören, weil sie denken, damit seien bestimmte Erwartungen verbunden – ähnlich wie das einige hinter einer wertschätzenden Geste vermuten. Nach dem Motto: ‚Ich wurde jetzt gelobt, was ist die Forderung dahinter?' Oft fürchten Menschen, dass sie sich noch mehr anstrengen

---

[3] Mehr zum Tausch-Ansatz der transformationalen Führung bei: Bass & Bass (2008) sowie Wunderer (2011).

müssten. Oder sie zweifeln, ob das Lob ernst gemeint ist. Dagegen hilft wieder, das Lob mit dem zu verknüpfen, wofür die Sache gut war: ‚Ihr Einsatz bei der Mehrarbeit gestern war prima. Ohne ihn hätte unser Team die pünktliche Abgabe des Kostenplans nicht mehr geschafft.'

Peinlich ist manchen auch, wenn andere das Lob hören und ihnen danach mit Neid begegnen. Nicht umsonst nennt Psychiater Reinhard Haller ‚Neid die Triebfeder aller Entwertungen'[4]: Aus dem Gefühl heraus, nicht gesehen und benachteiligt zu werden, trachtet mancher nach Ausgleich und setzt den Gelobten herab. Wer solcher Missgunst schon begegnet ist, möchte oft nicht mehr vor anderen gelobt werden. Die meisten Menschen bevorzugen den Schutz der Herde und haben Angst, ihn zu verlieren, gibt es zu viele Neidhammel darin. In dem Fall muss das Lob für Einzelne behutsam ausfallen. Günstig ist, wenn es in eines für das Teamergebnis eingebettet werden kann.

Schwierig ist ein Lob zudem für jemanden, der es nach eigener Meinung nicht verdient hat, andere hingegen viel mehr. Vor allem Menschen mit niedriger Selbstwirksamkeit glauben oft nicht, das Lob sei ernst gemeint, weil ihre Selbsteinschätzung eine andere ist und sie sich wenig zutrauen, wie unsere Forschung zeigt.[5] Meiner Ansicht nach hilft es gerade ihnen, die Erklärung dahinter zu hören, wobei ihr Einsatz weitergeholfen hat.

Die Ursache dafür, wieso manche ihr Licht eher unter den Scheffel stellen und zu bescheiden sind, liegt oft in ihrer Erziehung: Ihnen wurde vermittelt, sich lieber nicht in den Vordergrund zu spielen. Meist erkennen und achten andere ihre Fähigkeiten eher als sie selbst. Die gute Nachricht ist: Auch wer zu falscher Bescheidenheit erzo-

---

[4] Haller (2021).
[5] Selbstschutzforschung: Vergleiche Frey aus der Enzyklopädie für Psychologie über Selbstwertschutz: Kuonath et al. (2016).

gen worden ist, kann sich davon lösen und weiterentwickeln – vor allem, indem er darauf achtet, wie er von sich denkt und welche Haltung er seinen Leistungen und Handlungen gegenüber einnimmt.

Andere empfinden ein Lob gar als übergriffig, weil es auch ein Urteil bedeutet: Wer sich schnell eingeengt fühlt, möchte seinen Freiraum nicht davon abhängig machen, was andere von ihm denken und wie sie über ihn urteilen. Dass er sich damit um Anerkennung bringt, scheint das kleinere Übel, als einen Eingriff in den eigenen Freiraum hinzunehmen.

Verkannt wird dabei: Kein Lob ist auch ein Urteil. Die Frage ist nicht, ob die Arbeit bewertet wird, sondern wie – ob mit Anerkennung oder wortlos, sodass sie wie übergangen, nicht gemacht erscheint. Deshalb greifen auch nicht die Bedenken mancher Menschen: ‚Wenn einer lobt, will er schleimen.' Wird in Unternehmen so argumentiert, verwirrt das nur alle.

Wie angemessen ein Lob ausfällt, ist vielmehr der Maßstab. Übertrieben erscheint es unglaubwürdig und verliert an Wert. Maßvoll ausgesprochen hilft es, die nächste Aufgabe anzugehen, in dem Wissen: Mache ich weiter so, mache ich sie gut. Etwa, wenn der Projektbeauftragten nicht alle Fakten bekannt sind, sie aber unter Zeitdruck die Arbeit erledigen muss: Sie trifft dabei nicht die beste Entscheidung, jedoch eine angemessene, womit sich das Projekt fortsetzen lässt. Ein Lob dazu vermittelt Selbstvertrauen: Es würdigt, wozu sie fähig ist, vermutlich auch in der nächsten schwierigen Situation."

Was gibt es zu beachten, damit Lob nicht falsch ankommt?

„Ein Lob kann tatsächlich falsch verstanden werden. Zum Beispiel ankommen als: ‚Oh nein, soll ich das jetzt immer noch besser machen? Noch mehr Aufwand betreiben?' Oder als überheblich und gönnerhaft: ‚Oh, zu gütig von ihm.'[6] Ein Lob wirkt verheerend, wenn es aus strategischen Gründen kommt und der Sender nicht dahintersteht. Deshalb braucht es fürs Loben charakterliche Stärken: Wer Leistung würdigt, muss ein Gespür dafür haben, was ein ehrliches und echtes Lob ist. Auch dafür muss eine Führungskraft authentisch sein – und meinen, was sie sagt.

Auch ein ‚Sie machen das schon, so wie beim letzten Mal' ist wenig hilfreich. Es baut Erwartungsdruck auf. Der kann nach innen lähmen und zu Blockaden führen. Zudem fühlt sich mancher bei solch einer Ansage nicht ernst genommen, sondern eher wie ein Lückenbüßer mit dem Auftrag ‚Du musst einspringen'.

Leistungsträger bekommen so oft noch einen Sack mehr aufgeladen, den sie zu bewältigen haben, bis sie irgendwann darunter zusammenbrechen. Ein ‚Sie machen das schon' drückt zwar eine gewisse Zuversicht aus, aber es kann auch überfordern: weil sich Menschen wegen des fremden wie eigenen Anspruchs nicht mehr vor sich selbst schützen können.

Zumal Spitzenergebnisse angesichts der Umstände manchmal gar nicht möglich sind und sich nur Mittelmaß abliefern lässt: Dabei kann das Durchwursteln sehr strukturiert sein, wenn der Verantwortliche überlegt, wie sich der beste Kompromiss finden lässt. Wenn es gelingt und nicht zu einem Durchmogeln wird, ist das auch beim Ergebnis zu würdigen.

Überdies sollten Führungskräfte nichts loben, was nur selbstverständlich oder durchschnittlich ist. Zum Beispiel: ‚Sie haben die Kommata sehr gut gesetzt.' In der Aussage

---

[6] Pfob (2020).

wird die Mittelmäßigkeit transportiert. Zwischen den Zeilen klingt es schal: Nach einem ‚Sie haben zwar die Kommata richtig gesetzt, aber inhaltlich war der Brief mangelhaft'. Vielmehr soll das Feedback vermitteln, wie verlässlich die Mitarbeiterin auch unter Druck in die richtige Richtung geht, und damit Mut für die nächste Herausforderung machen."

Stimmt der Spruch: Großherz macht groß, und Kleinherz macht klein?

„Das bringt die Sache auf den Punkt. Nur wer ein großes Herz hat, souverän ist, über der Sache steht und in sich ruht, kann andere loben. Solche Menschen sehen das Lob nicht als Bedrohung an, sondern als Zeichen von Wertschätzung und Ausdruck einer ethischen Grundhaltung. Menschen mit Kleingeist dagegen beschränken ihren Blick auf die Schwächen und Fehler der anderen. Sie fürchten, oft unbewusst, aufgrund des Lobs könnte ihr Gegenüber über sich hinauswachsen und sie verdrängen. Sie werden andere Menschen nicht stärken.

Oft habe ich Vorgesetze sagen gehört: ‚Warum soll ich Sie loben, mich lobt auch niemand.' Sie erleben demnach eigene Missachtung. Zugleich glauben sie, der Gelobte beginne, sich zu überschätzen, und würde deshalb nicht mehr gut arbeiten.

Hat jemand ein schwaches Selbstbewusstsein, fürchtet er zudem, der Gelobte oder andere könnten denken, er selbst würde es nicht so gut machen. Deshalb führt ein Lob für den anderen sofort zu einem Ungleichgewicht für ihn: Der andere könnte damit über ihm stehen und ihn in seiner Rolle gefährden, was bedrohlich wirkt."

Was ist ein kaltes Lob?

„Ein ‚Gut gemacht' oder ‚Hervorragend' können nur Menschen sagen, die eine positive Einstellung zu sich selbst haben und von ihrem Selbstbewusstsein anderen etwas abgeben können. Es sagt deshalb viel über das jeweilige Führungsvermögen aus, welche Menschen loben und welche nicht, welche Anerkennung von Herzen kommt und welche kalt wirkt.

Kalt ist ein Lob etwa, soll es Missstände verschleiern: zum Beispiel, wenn ein Mitarbeiter für seine Tätigkeit auf Dauer unterbezahlt wird, obwohl das Unternehmen ihm ein höheres Gehalt zahlen könnte. Dafür spielt das Gehalt als Preisschild für die Leistung aber eine zu große Rolle, als könnte ständiges Loben den Mangel überdecken oder gar ausgleichen. Vielmehr wirken Loblieder von Vorgesetzten in solchen Fällen eher übertrieben und unehrlich. Oft bekommen Frauen sie zu hören, wenn sie über das Gender Pay Gap reden wollen, den Gehaltsabstand zu den Männern für gleiche Tätigkeiten im Unternehmen. Inwieweit es gelingt, diese Lücke zu schließen, sagt viel mehr über den Grad der sozialen Wertschätzung im Unternehmen aus und damit über den Respekt füreinander als ein beschwichtigendes Lob."[7]

Lässt sich das Loben lernen, Herr Frey?

„Natürlich. Beim Gespür fürs Loben gibt es kein ‚Entweder jemand hat es oder hat es nicht'. Sicher hat einen Vorsprung beim Loben und Lobempfangen, wer es von klein auf kennt und übt. Kommt jemand aus einer Schule oder

---

[7] Renger & Renger (2022).

einem Elternhaus, wo es üblich war, Positives zu betonen, hat er gelernt, Gelungenes und Hilfreiches wahrzunehmen, zu würdigen und sich dafür zu bedanken. Oder den Dank dafür zu empfangen.

Gutes Feedback von anderen hilft, eine eigene Idee davon zu bekommen, wie das gehen könnte. Manchmal kann auch ein Buch wie unseres hier dabei unterstützen, das eigene Ich näher zu betrachten und sich zu überlegen: ‚Wie mache ich das eigentlich mit dem Loben? Genüge ich meinen Ansprüchen dabei? Kommt mein Lob von Herzen?' Gerade an der Stelle zeigt sich, wie sehr die Fähigkeit, andere aufrichtig wertzuschätzen, damit zu tun hat, immer wieder über sich und die eigenen, inneren Treiber nachzudenken.

Wer wissen will, wie sein Lob wirkt, kann zudem andere danach fragen. Es hilft auch zu schauen, wie es die Kollegen machen und ob das als angenehm empfunden wird. Dabei kann jeder mit seiner Art Vorbild sein und andere auf Ideen fürs Loben bringen.

Der Fantasie sind dabei keine Grenzen gesetzt. Ein Lob sollte nur klar formuliert sein. Etwa ‚Toll, wie Sie in knappen Worten die Dinge auf den Punkt gebracht haben' – damit keine Zweideutigkeit möglich ist. Oder es gar als anzüglicher Spruch aufgefasst werden könnte: Das gilt auch für Komplimente, etwa zu einem bunten Hemd oder einer Bluse. Ein ‚Sie bringen heute Farbe in den Tag', mit einem Lächeln verknüpft, mögen die meisten. Kommentare zu einem stramm sitzenden Oberteil verbieten sich indes: Da haben wir alle von der ‚#MeToo'-Bewegung einiges gelernt."

> **Alltagstipp**
>
> Trauen Sie sich, mehr zu loben oder Komplimente zu machen. Für Ihre Mitmenschen hellt es den Alltag auf wie ein Stückchen Schokolade: Sie fühlen sich bestätigt, angenommen und herausgehoben. Das steigert das Selbstvertrauen und macht zufrieden.

Brauchen manche Menschen mehr Lob als andere?

„Ja, sicher: Es gibt Menschen, die eine starke Sehnsucht nach Lob haben. Andere brauchen die Anerkennung weniger. Solche Menschen fühlen sich eher durch die Qualität ihrer Arbeit bestätigt. Deshalb sind Lob und Wertschätzung immer individuell auszurichten. Wer die Gesichtszüge und Körpersprache seiner Leute genau beobachtet, erkennt daran oft schon, ob ein Mitarbeiter viel oder wenig Lob haben will.

Wenn jemand viel Lob braucht, sollte die Führungskraft ihm das geben, möglichst konkret. Zum Beispiel mit Dingen, die für den Arbeitsfortschritt als besonders erachtet werden: ‚Prima, dass Sie in diesem Projekt einige Überstunden gemacht haben. Das weiß ich sehr zu schätzen, vielen Dank.'

Doch Vorsicht: Jeder Vorteil hat auch einen Nachteil! Wenn andere Mitarbeiter sehen, wie ein mittelmäßiger Kollege dauernd Lob bekommt, könnte sie das dazu bewegen, die eigene Arbeit zurückzufahren. Deshalb sollte der Vorgesetzte eher dezent sein und darauf achten, keine zu großen Unterschiede entstehen zu lassen.

Wie alles, sollte deshalb das Lob wohldosiert werden. Oft kann weniger mehr sein. Dennoch gilt: ‚Lieber einmal zu viel als einmal zu wenig.' Auch wer ständig mit denselben Worten lobt, kann deren Wirkung abnutzen. Deshalb sollte

Lob mit etwas Besonderem verbunden bleiben. Selbstverständlichkeiten müssen nicht belohnt oder belobigt werden. Daneben wäre etwa: ‚Prima, dass Sie jeden Morgen rechtzeitig kommen.' Es sei denn, jemand hätte als größte Schwäche, immer zu spät zu kommen. Das Beispiel zeigt, wie sehr sich ein Lob auf Fortschritte beziehen kann und wie sehr es auf den Betreffenden ausgerichtet sein muss."

Ist es klug, Mitarbeiter zu fragen, ob sie sich genug gelobt fühlen?

„Das ist sogar wichtig: Es gilt auch hier der Spruch ‚Jede Führungskraft ist sich selbst die blindeste' – und muss deshalb nachfragen. So sollten Vorgesetzte durchaus prüfen, wie ihre Lob- und Anerkennungskultur wahrgenommen wird: Wird jeder gelobt? Fühlen sich einige zu viel oder zu wenig gelobt? Kommen die Worte bei den Mitarbeitern an, und fühlen sie sich davon angesprochen?

Mit Blick auf die Mannschaft lässt sich zudem fragen: Welche Art von Lob wird vom Team angenommen und hilft Vertrauen aufzubauen? Etwa mehr darauf einzugehen, wie viel Arbeit selbstständig von den Leuten gemacht wird? Oder eher, die gemeinsamen Erfolge und Teilerfolge hervorzuheben? Zu überlegen ist nur, ob die Führungskraft im gesamten Team dazu nachfragt, oder nur bei jenen, zu denen sie eine engere Vertrauensbeziehung hat. Beides ist möglich."

Was ist besser – ein Lob unter vier Augen oder vor versammelter Mannschaft?

„Wie immer: Beides kann falsch und beides kann richtig sein. Wenn eine Mitarbeiterin nicht viel Akzeptanz unter den Kollegen hat, kann ihr ein Lob vor versammelter

Mannschaft eine höhere Akzeptanz im Team bringen und ihr Selbstwertgefühl steigern. Doch wer sieht, im Team liegen Neid und Missgunst vor, sollte das berücksichtigen und kein Lob hinausposaunen. Es sei denn, er würde alle oder mehrere Leute würdigen. Ein Lob zum falschen Zeitpunkt, am falschen Ort und vor den falschen Menschen wirkt sich nachteilig auf die Motivation, die Anerkennung und die Leistung aus."

Was ist, wenn Leute im Team sagen, es gebe einen Nasenfaktor?

„So wie ich ihn kenne, bedeutet der Begriff ‚Nasenfaktor', der Chef entscheidet danach, wie gut er jemanden ‚riechen' kann. Das heißt, der Vorgesetzte zieht für sein Urteil beim Einschätzen und Bewerten der Kollegen nicht nur belastbare Kriterien heran wie Arbeitsergebnisse und deren Bedingungen. Vielmehr lässt er sich von Gefühlen beeinflussen, die jemand bei ihm auslöst.

Die Aussage, es gebe einen Nasenfaktor, bedeutet im Zusammenhang mit Lob deshalb: Manche Kollegen haben den Eindruck, im Team würden einige mehr gelobt als andere. Das ist ein Alarmzeichen. Zugleich kann sich die Führungskraft glücklich schätzen, wenn jemand ihr das offen sagt. Der Eindruck muss nicht mit der Wirklichkeit übereinstimmen. Dennoch bleibt für den Zusammenhalt im Team entscheidend, wie dessen Mitglieder die lobende Kultur sehen. Im ersten Schritt sollte die Führungskraft kritisch hinterfragen, ob die Wahrnehmung zutrifft und sie unbewusst einige im Team mehr lobt als andere.

Etwas Gutes hat eine solche Rückmeldung zudem: Sie spricht für eine offene Kultur in der Mannschaft. Die Leute melden sich mit ihrer Kritik direkt und die Führungskraft weiß, was dahintersteckt."

Wann wird Lob zur Manipulation, Herr Frey?

„Ganz klar: Wenn die Führungskraft nur lobt, weil sie etwas anderes erreichen möchte, etwa jemanden ergeben zu stimmen, damit er noch mehr Aufträge mit drängender Abgabe übernimmt, wird der Mitarbeiter das ziemlich schnell merken. Deshalb sollte das Lob von anderen Absichten getrennt werden.

So lassen sich gute Ergebnisse auch mit einer kleinen Belohnung feiern – und wenn es die Einladung auf die Currywurst um die Ecke ist. Einfach als Zeichen dafür: Als Führungskraft habe ich gesehen, was mein Mitarbeiter Außergewöhnliches geleistet hat.

Wer jedoch dessen fortgesetzten Einsatz über das übliche Maß hinaus braucht, sollte im Büro mit dem Mitarbeiter darüber sprechen und eine klare, zeitlich begrenzte Perspektive für die Dauer seiner Mehrbelastung aufzeigen. Sollte eine solche Bitte mit dem Lob verknüpft und transportiert werden, wirkt es falsch und schadet eher anstatt zu motivieren."

Darf die Führungskraft trotz schlechter Zahlen loben?

„Sie sollte es sogar: Bei gutem Wetter kann jeder leicht loben. Mut, Zuversicht und gute Laune bei seinen Leuten bei schlechtem Wetter aufrechtzuerhalten, ist umso schwieriger. Zugleich ist es umso wichtiger: Gerade jetzt braucht die Führungskraft ihre Leute, um aus dem Tal herauszukommen. Die Schwierigkeiten lassen sich beim Loben jedoch ansprechen, zum Beispiel: ‚Wir wissen alle, dass bessere Zahlen schöner wären und nötig sind. Vorerst müssen wir aber mit den schlechten leben und versuchen, das Beste daraus zu machen. Wir müssen nach den Ursachen schauen, damit wir besser werden, und unsere Prozesse dafür prüfen. Doch ich bin überzeugt davon, uns wird das miteinander gelingen: Weil ich sehe, wie hartnäckig Sie gegen alle Widerstände ankämpfen und welches Durchhaltevermögen Sie an den Tag legen.'

Mit Blick auf die Gruppendynamik bietet sich an, hinzuzufügen: ‚Mir ist ganz wichtig, dass wir trotz der Schwierigkeiten ein so gutes Team wie bisher bleiben und wir uns weiterhin gegenseitig unterstützen. Nur miteinander werden wir die Durststrecke hinter uns lassen und wieder bessere Zahlen bekommen.' Dabei spricht die Führungskraft alle kritischen Punkte an, die es zu verbessern gilt, und hebt hervor, wie toll die Mannschaft bisher zusammengehalten hat. Zugleich zeigt sie auf, welche Herausforderungen als Nächstes kommen. Aber nur, wenn die Sache mit dem Zusammenhalt wirklich stimmt. Denn auch fürs Team gilt: Das Lob wirkt nur, wenn es auf Tatsachen beruht, ehrlich und echt ist."

Sollte ein Chef sagen, dass er sich auch über ein Lob freuen würde?

„Die meisten Chefs würden das verneinen. Sie denken oft, ein Lob gehöre sich nur von oben nach unten, aber nicht von unten nach oben. Doch Chefs sind auch nur Menschen. Ich habe so viele gehört, die sagen, sie hätten gerne einmal ein Lob. Sie möchten zum Beispiel hören: ‚Ich bin froh, dass Sie da sind.' Oder: ‚Danke, wie Sie uns unterstützen.' Daher: Verraten Sie Ihren Mitarbeitern, dass Sie ab und an gelobt werden möchten. Es gibt verschiedene Wege, die Leute danach zu fragen – und es ist wichtig, ihnen Zeit zum Überlegen und für die Antwort zu lassen:

- ‚Nehmen Sie an, ab morgen müssen Sie 100 € zu meinem Gehalt beisteuern: Was überzeugt Sie an meiner Art der Führung und meiner Zusammenarbeit mit Ihnen so, dass Sie das Geld ausgeben würden?'
- ‚Wenn Sie in meinen Schuhen stecken würden, was würden Sie genau so machen? Und – was würden Sie anders angehen?'
- ‚Was mache ich gut? Was könnte ich noch besser machen?'
- Oder allgemeiner: ‚Was ist für Sie gute, was weniger gute Führung? Was fällt Ihnen auf, wenn Sie unser Management im Haus damit vergleichen?'

Wenn die Führungskraft ihre Mitarbeiter dazu einzeln und nicht in der Gruppe anspricht, erhöht sich die Chance, offene und ehrliche Antworten zu bekommen."

Darf der Mitarbeiter die Chefin loben, Herr Frey?

„Auf jeden Fall. Es sollte ein Teil der Kultur sein oder dazu werden, damit die Umgebung nicht denkt, jemand wolle sich einschleimen. Wieder gilt deshalb zu würdigen, was nicht selbstverständlich ist: Zum Beispiel, wie rasch der Chef einige Hindernisse für den schnelleren Arbeitsablauf aus dem Weg geräumt hat, wie toll die Chefin die Leistung der Mannschaft verkauft hat oder wie sie sich vors Team gestellt hat, als nicht alles im Projekt rundgelaufen ist.

Auch lassen sich mit dem Loben von Vorgesetzten Verhaltensweisen verstärken, von denen sie mehr zeigen sollten. Kurz gesagt, geht es darum: Wie führe ich den Chef, die Chefin? Das kann mit Lob sein oder mit konkreten Verbesserungsvorschlägen, die der Mitarbeiter der Führungskraft aufzeigt. Oder aber: Sie vor Hürden in einem Projekt warnt."

> **Praxistipp**
>
> Wer lobt, kann fast nichts falsch machen. Jedoch gibt es einiges zu berücksichtigen, damit die Empfänger das Lob gut verstehen:
>
> - Ein gutes Lob für die Mitarbeitenden:
>   - kommt zum richtigen Zeitpunkt;
>   - kommt mit den richtigen Worten;
>   - ist möglichst konkret.
> - Genau dasselbe gilt fürs Lob für die Chefin oder den Chef.
>
> Wer lobt, weiß zudem:
>
> - Ein Lob muss nicht täglich ausgesprochen werden.
> - Es darf sich nicht auf Alltägliches beziehen.
> - Es soll für etwas Besonderes sein.
> - Es darf nicht mit dem Begriff „aber" verknüpft werden.
> - Ein Lob muss ehrlich und echt sein.
> - Mit einem Lob muss auch Dankbarkeit vermittelt werden.

Rund um die Kommunikation: Das Sandwich – eine Methode zum Loben und für konstruktive Kritik

Herr Frey, ist es möglich, dass sich alle im Team gegenseitig loben und kritisieren?

Professor Frey: „Ja, für ein gutes Team braucht es eine Lob- und Anerkennungskultur. Es sollte selbstverständlich sein, sich Positives zu sagen. Auch wenn das in Deutschland viele so nicht gelernt haben. Als Trainer in Workshops habe ich in der Praxis mit der Sandwichmethode gute Erfahrungen gemacht: Sie ist ein gängiges Verfahren zum Geben von Feedback zwischen zwei Leuten. Der Kreis der Beteiligten lässt sich jedoch auf das ganze Team erweitern, geben sich die Leute gegenseitig und reihum Rückmeldungen.[8]

Dafür sitzen alle Teammitglieder an einem Tisch oder in einem Kreis, und wer neugierig auf sein Feedback ist, macht den Anfang. Ihm sagen die anderen zuerst, was sie gut an seiner Arbeit finden, was er klasse gemacht hat, was er alles geleistet hat und wie er die anderen vorangebracht hat. Oder was sie für schlaue Lösungen anbietet, wie gut sie Konflikte löst und Ähnliches. Das geht weiter, bis alle Teilnehmer an der Reihe gewesen sind. So erfährt jeder, was die anderen an ihm schätzen: Dabei darf und kann sich manches wiederholen. Auf viele wirkt es wie Geschenke, die ihnen die Kollegen geben.

Auf jede Runde sollten sich die Teilnehmer kurz vorbereiten und überlegen, was sie an positiven Dingen dem Betreffenden sagen möchten. Es hilft, wenn einer in der Runde die Aussagen mitschreibt. Auf Papier bleiben sie dem Empfänger besser haften und er kann sie später noch einmal nachlesen. Zum Beispiel:

- ‚Toll, wie du dich in die Projektarbeit einbringst!'
- ‚Du bist immer gut gelaunt!'
- ‚Die Kunden sind von dir begeistert!'
- ‚Du bist in den Sitzungen immer top vorbereitet!'
- ‚Es macht Spaß, mit dir zusammenzuarbeiten!'

---

[8] In der Fachliteratur wird das Verfahren auch Heißer Stuhl genannt und kennt verschiedene Spielarten (Hartmann-Kottek, 2012; Walter, 2007). Wir haben uns für die Bezeichnung „Sandwich" entschieden, weil unsere Variante eher eine Erweiterung des gleichnamigen Feedback-Verfahrens auf das Team ist und alle einbindet, ohne einzelne in den Vordergrund zu rücken.

Ich habe gehört, manche hängen sich die Aussagen der Kollegen sogar übers Bett oder zeigen sie den Lebensgefährten. Viele sagen, dass sie noch nie eine so geballte Menge an Gutem über sich gehört hätten. Probieren Sie es einfach aus – es lohnt sich! Übrigens ist es mir als Trainer nie passiert, dass Menschen überhaupt nichts Gutes zu sich gesagt bekommen hätten. Vorher ist freilich zu klären: Es geht nicht um die Menge der Aussagen, sondern darum, überhaupt etwas Gutes zu geben und zu empfangen.

Nachdem alle ihre Aussagen getroffen haben, soll der Empfänger des Lobs Beispiele nennen, woran er arbeitet: ‚Zwei, drei Baustellen will und muss ich anpacken.' Wichtig ist, genau auszuführen, worum es dabei geht. Zum Beispiel: ‚... dass ich mich nicht so verzettele beim Schreiben eines Angebots. Dafür muss ich noch besser priorisieren.'

Ich habe mit der Sandwichmethode ebenso zum Ausgleich von Schwächen gute Erfahrungen gemacht. Sie werden als Wünsche an den Betreffenden formuliert oder als Empfehlungen, aber erst im dritten Schritt – nach dem Lob der Kollegen und dem Benennen der eigenen Baustellen. Nun bringen die Leute ihre Vorschläge an, was jemand noch verbessern könnte, wie:

- ‚Mir würde es gefallen, wenn du unseren schwierigsten Kunden sein Anliegen erst in Ruhe schildern und ihn zu Ende reden lässt, bevor du darauf reagierst.'
- ‚Es hilft unserem Team, gibst du sofort Bescheid, wenn du mit unserer Arbeit unzufrieden bist. Zeigst du uns das gleich am konkreten Beispiel, können wir Änderungen angehen.'
- ‚Es käme uns entgegen, wenn du deine Zeitplanung so anpassen könntest, dass du dich noch stärker in unser Projekt einbringst. Mehr Einsatz von dir würde viel zu seinem Fortschritt beitragen. Ich wäre dankbar dafür.'

- ‚Ich empfehle dir, mit den zwei Leuten, mit denen du in deiner Mannschaft unzufrieden bist, unter vier Augen zu sprechen. Das könnte Missverständnisse klären und Lösungen erleichtern.'

Mit solchen Botschaften werden keine Schwächen beschrieben; sie wirken eher wie Geschenke an den anderen. Wieder soll der Betreffende zunächst nur zuhören und die Rückmeldungen sacken lassen. Er muss jedoch im Anschluss fragen können, was konkret gemeint sei, wenn ihm daran etwas unklar ist. Den meisten fällt zudem leichter, ihre Lerngeschenke anzunehmen, wenn sie sich dabei innerlich vom anderen wünschen: ‚Sage mir, was ich nicht sehe.' Schließlich hat jede/r einen blinden Fleck, im Guten wie im Schlechten – und kann von Rückmeldungen bloß lernen und gewinnen, solange der andere ihr oder ihm zugewandt bleibt.

Aus der Erfahrung heraus noch ein Tipp zur Methode ‚Lob–Baustelle–konstruktive Kritik': Je mehr positives, ernst gemeintes Feedback der Teilnehmer zuvor erhalten hat, desto mehr wird das negative angenommen, in Bitten und als Geschenk formuliert. Und: Als konstruktiv und zulässig wird Kritik nur anerkannt, wenn zugleich ein Vorschlag kommt, wie es an der Stelle besser gehen könnte.

Es hilft zudem, eine Spielregel zu vereinbaren, wonach nicht alles in der Runde gesagt werden muss und das Nichtgesagte in den nächsten 14 Tagen unter vier Augen besprochen werden kann: Das gilt für das Positive ebenso wie für die Verbesserungsvorschläge."

Wie lässt sich eine Baustellenrunde abschließen, Herr Frey?

„Am Schluss der Runde darf jeder Teilnehmer kurz sagen, was beim Zuhören in ihm vorgegangen ist. Gut ist auch, nach einem Statement mit einer letzten Frage das Ganze abzurunden. Als Moderator kann ich mich erkundigen: ‚Was wissen wir eigentlich über Herrn oder Frau Schmidt?' Und die Teilnehmer tragen zusammen: ‚Er liebt es, zu wandern', ‚Sie liebt Jazzmusik', ‚Er mag Württemberger Rotwein, besonders Lemberger'. Es ist erstaunlich, wie wenig viele über einen Kollegen, eine Kollegin wissen und wie sehr sie die gesammelten Erkenntnisse dem Gesamtbild der Person hinzufügen. Meist gelingt so ein fröhlicher Abschluss."

Lob und Kritik für mich – wie lässt sich darauf reagieren?

„Als Empfänger sollte ich mich bedanken. Bei Lob lässt sich auch sagen, es wäre nicht notwendig gewesen, aber auf jeden Fall sollte ein Dankeschön zurückkommen. Die Erfahrung zeigt zwar, dass für viele Menschen, besonders für Männer, ein Lob unangenehm ist, weil sie es nicht gewohnt sind. Das sollte aber kein Grund sein, es nicht anzunehmen.

Bei Kritik reicht ein: ‚Danke für den Hinweis!' – oder ‚Danke für die Anregung!'. Niemand bringt es hingegen weiter, wenn der Betroffene schmollt, beleidigt ist oder sich mit Gegenkritik rächt. Wer die Kritik nicht versteht, kann nachfragen, was damit genau gemeint sei. Wird sie als nicht gerechtfertigt empfunden, lässt sich sachlich widersprechen.

Dabei lohnt es sich, bei einer schwer nachvollziehbaren Rückmeldung nachzuhaken und um ein ganz konkretes Beispiel zu bitten, wieso der andere mich so sieht. Das hat oft einen Aha-Effekt: Vielleicht habe ich mich einmal nicht bedankt, ein Wort zu scharf gewählt, ohne es zu merken, und habe damit beim anderen das Bild von mir geprägt. Gerade in zuerst verwirrender Kritik an mir liegt oft eine Chance für meine Entwicklung. Fehlen dem anderen jedoch die Beispiele oder wirken sie auf mich überzogen, bleibt immer noch zu sagen: Ich habe meine Sichtweise darauf, der andere die seine – und jeder geht seiner Wege damit.

Trifft einen Kritik indes hart, hilft, sich bewusst zu machen: Die Kritik bewertet eine Sache, schmälert aber nicht die eigene Person und Freiheit. Auch nicht die, es am kritischen Punkt künftig besser zu machen. Entscheidend ist, sich von anderen nicht auf diesen einen Punkt reduzieren zu lassen und sich zu sagen: ‚Die Kritik beeinträchtigt nicht meinen Selbstwert. Ich kann diesen einen Punkt verbessern. Deshalb habe ich Selbstvertrauen – trotz der gerade schlechten Leistung oder meines falschen Verhaltens an der Stelle.' Zulässig ist auch, sich Hilfe zu holen, sollte der eigene Wissensstand nicht reichen, eine Lücke in den Fachkenntnissen für die Arbeit zu schließen, oder wenn Persönliches angegangen werden soll."

Rund um die Kommunikation: Wertschätzend kritisieren

Herr Frey, wie begleitet die Führungskraft, damit es gar nicht erst zur Kritik kommt?

Professor Frey: „Dafür zählt, ein gewisses Interesse für die Aufgabe zu zeigen, an der der Mitarbeiter sitzt. Etwa gelegentlich offen fragen: ‚Wie läuft es? Kann ich dich noch irgendwie unterstützen? Gibt es Probleme?' So hat der Mitarbeiter die Chance, zu schildern, wo es gerade drückt, ohne sich kontrolliert zu fühlen, wie bei der prüfenden Frage ‚Wie weit bist Du?'.

Als Faustregel gilt: Je weniger Aufmerksamkeit und Interesse einem Mitarbeiter geschenkt werden, als desto unwichtiger nimmt er sich und seine Aufgabe wahr – und desto größer ist die Gefahr, dass er in seinem Einsatz nachlässt."

Dem Mitarbeiter ist ein Fehler passiert. Was nun, Herr Frey?

„Zunächst durchatmen. Danach korrigiert die Führungskraft so, wie auch sie korrigiert werden möchte. Sie will ebenfalls nicht kleingemacht werden, nicht hören, ihre Umsetzung sei falsch, Mist, das Hinterletzte. Jeder möchte klar, konstruktiv und sachlich gesagt bekommen, wo der Mangel liegt und wie er sich beheben lässt. Etwa mit Worten wie: ‚Ich habe einen Vorschlag, wie es besser geht.'

Fehl am Platz ist destruktive Korrektur mit Worten wie ‚alles Schrott', ‚alles Mist', ‚alles völlig falsch'. Solche Aussagen entmutigen Menschen nicht nur: Sie können ihnen das Rückgrat brechen, sie demütigen und verletzen. Deshalb wirken diese Sätze demotivierend und lösen Angst aus. Zwar bewirkt Angst manchmal kurzfristig eine Leistungssteigerung, aber auf Dauer schränkt sie das Leistungsvermögen ein: Sie verhindert kreative Lösungen, weil Menschen mit Angst nicht mehr experimentieren. Ihre Furcht davor, noch einen Fehler zu machen, bewirkt indes: Sie brauchen viel länger für ihre Arbeit. Sie rechnen noch einmal nach, suchen nach noch einer Unterschrift. Kurz: Das Ergebnis ist falscher Perfektionismus. Und: Die Leute geben künftig keine Fehler mehr zu.

Oft entstehen Fehler aus Gewohnheiten oder aufgrund von schlechter Abstimmung. Entscheidend ist deshalb, ob eine Korrektur als Anstoß zum Besseren gesehen wird. Dafür muss sich die Kritik nachvollziehen lassen: Was zu verbessern ist, muss für den Betreffenden annehmbar sein – und nicht als Hinweis auf seine Unzulänglichkeit wahrgenommen werden, wie Alexander Häfner, Leiter Personalentwicklung bei der Würth Industrie Service, zu Recht unterstreicht.[9] Auch, wie die Führungskraft ihm entgegentritt: Stimmt für den Mitarbeiter schon auf der Beziehungsebene etwas nicht, kommen die Argumente in der Sache erst gar nicht bei ihm an.

Dafür gilt es, den richtigen Zeitpunkt und Ort für das Gespräch unter vier Augen zu wählen, sodass dem Betreffenden die Gesichtswahrung möglich ist. Dabei nimmt Druck aus dem Kessel, wer als Vorgesetzter in das Gespräch mit der inneren Haltung hineingeht ‚Nobody is perfect' statt ‚Kreuzige ihn!'.

Im nächsten Schritt sollte der Betroffene gefragt werden, was er gut gefunden hat an dem Projekt und was er nächstes Mal anders machen würde. Es trägt mehr zur Einsicht und zu Veränderungen bei, wenn jemand von sich aus auf Fehlersuche geht und über Korrekturen nachdenkt, als wenn ihm Fehler vorgehalten werden.

Will die Führungskraft darüber hinaus eigene Korrekturen anbringen, hilft auch hier die Sandwichmethode weiter, damit sich die Kritik vom Mitarbeiter besser annehmen lässt: Demgemäß wird Schwieriges in Positives eingebettet. Die Chefin streicht zunächst heraus, welche Teile beim Projekt gut liefen. Danach lässt sich sagen: ‚Mit einigen Aspekten Ihrer Projektarbeit war ich unzufrieden.' Oder: ‚Bei manchen Teilen sehe ich noch Verbesserungs-

---

[9] Häfner & Hartmann-Pinneker (2023).

potenzial, über das ich gleich sprechen möchte.' Zuletzt wird die Kritik wieder positiv abgerundet.[10]

Unterlaufen einem Mitarbeiter grobe Fehler, auch wiederholt, misslingen ihm Korrekturen oder versteht er Zusammenhänge nicht, lohnt es sich, ihn nach seiner Ausbildung für die jeweilige Aufgabe zu fragen. Manchmal gibt es Lücken, die sich nur mit einer Fortbildung schließen lassen.

Am Ende eines jeden Kritikgespräches sollte die Führungskraft nachfragen, was die Folgen sein werden: zum Beispiel, wie der Mitarbeiter bestimmte Dinge das nächste Mal besser machen will oder auf welche Art die Vorgesetzte ihn in Zukunft mehr begleiten kann. Danach heißt es, am Thema dranzubleiben und zu loben, wenn die Korrektur wie vereinbart umgesetzt worden ist. Denn: Wessen Fortschritte nicht gewürdigt werden, der fühlt sich nicht gesehen.[11] Er bleibt auch künftig hinter seinen Möglichkeiten zurück und stellt sich wieder die Frage: ‚Wieso sollte ich es besser machen, wenn es nicht einmal wahrgenommen wird?'

Zusammengefasst ist bei jedem Kritikgespräch die Kunst, das Gegenüber nicht zu verletzen, aber klar in der Sache zu sein. Ob jemand um diesen Unterschied weiß und danach handelt – daran lässt sich eine gute Führungskraft von einer schlechten unterscheiden und eine ethisch

---

[10] Bei der Sandwich-Methode ist in der Literatur umstritten, ob immer mit etwas Lobendem begonnen und abgebunden werden soll: Vor allem aus der Sorge heraus, Kritik könnte abgeschwächt werden und der dringende Wunsch nach Veränderung nicht deutlich genug ankommen. (Vilser & Frey, 2024; Hattie & Timperley, 2007). Allerdings haben die Praxis-Erfahrungen in der Beratung des Center for Leadership and People Management, CLPM, in München gezeigt: Nachhaltige Verhaltensänderungen zeigen sich bei der Variante mit dem Loben eher als bei der ohne (Vilser et al., 2024).
[11] Wehrlin (2019).

Handelnde erkennen. Hinzu kommt, als Führungskraft nicht die Geduld zu verlieren, wenn es nicht auf Anhieb klappt."

> **Praxistipp**
> - Wenn der Mitarbeiter den Fehler bemerkt hat und ihn von sich aus korrigiert, muss die Führungskraft ihn nicht ansprechen. Mit einem Augenzwinkern zeigt sie ihm: „Ja, habe ich auch gesehen, aber alles ist gut."
> - Wiegt der Fehler schwer, geht es gemeinsam an die Ursachenanalyse: konstruktiv, nicht verletzend im Ton und offen für die Verbesserungsvorschläge des Mitarbeiters.
> - Die Führungskraft sollte allen im Team vermitteln: Fehler dürfen passieren, aber niemals vertuscht werden. Sonst ziehen sie weitere Fehler nach sich, statt zu einem Fortschritt im Ablauf, am Produkt oder der Dienstleistung beizutragen.
> - Nicht vergessen: das Lob, wenn ein Mitarbeiter die Ursache des Fehlers behoben hat, sodass er und alle anderen sehen: Die Führungskraft hat es bemerkt.

Wie schafft es jemand, sich von Fehlerkritik nicht herunterziehen zu lassen?

„Zunächst beruht mein Selbstwert auf dem Wert, den ich meiner Person zuschreibe, und darauf, welches Vertrauen ich zu ihr habe. Zudem weiß ich für meine berufliche Rolle um meine besonderen Fähigkeiten dafür. Bin ich von beiden überzeugt, macht mich das unabhängiger von der Bewertung anderer: Ich weiß, ich kann auf mich und meine Fähigkeiten bauen – obwohl jetzt eine Aufgabe misslungen ist. Ich brauche nur einen klaren Blick darauf, wieso es zum Misserfolg gekommen ist. Dafür lässt sich fragen: ‚An welchen Faktoren hat es gelegen; was kann ich daran ändern?'

Zugleich zählt, sich bewusst zu machen: Mein Fehler rechtfertigt kein abwertendes Verhalten mir gegenüber, was über sachlich berechtigte Einwände hinausgeht. Kommt es dazu, ist es auch für den gegenseitigen Respekt im Unternehmen wichtig, Grenzen zu ziehen. Dabei gilt wieder die Grundregel: ‚Wehr dich an der Stelle, wo du dich ungerecht behandelt fühlst, sprich es an – aber bleibe wertschätzend!'"

Darf die Führungskraft ein Mitglied vorm Team korrigieren?

„Ich empfehle es eher nicht. Die Führungskraft sollte vor allem darauf verzichten, wenn das Gegenüber aufgrund der Kritik sein Gesicht verlieren oder von den anderen Teammitgliedern künftig abgelehnt werden könnte. Sollte der Mitarbeiter Gefahr laufen, deshalb von anderen verspottet oder ausgegrenzt zu werden, ist das Gespräch unter vier Augen ebenfalls die einzige Möglichkeit.

Vor dem Team korrigieren darf die Führungskraft nur, wenn mehrere betroffen sind. Oder sie ein allgemeines Problem wie die schlechte Fehlerkultur im Team ansprechen will, einen Fall als Beispiel dafür herausgreift und ihn als solchen kennzeichnet. Jedoch sollte die Teamleiterin fairerweise ihren Mitarbeiter vorab darüber informieren, sodass er im Meeting nicht davon überrascht wird.

In einem Stressmoment kann die Führungskraft aber Stoppmarken setzen. Als Notbremse etwa sagen: ‚Ich möchte, dass Sie damit aufhören!' – und mit dem Betreffenden darüber später unter vier Augen sprechen."

Wenn ich unzufrieden bin – wie bringe ich das als Mitarbeiter an?

„Die Grundregel dafür ist zunächst ‚Ansprechen, Ansprechen, Ansprechen': In der Ich-Form und von sich ausgehend. Mit Sätzen wie: ‚Ich habe den Eindruck, …', ‚Mich beschäftigt …'. Oder: ‚Ich habe beobachtet, …', ‚Ich ärgere mich, …'. Im nächsten Satz kommt dazu: ‚Ich würde mir wünschen, …', ‚Es wäre gut, wenn …' oder ‚Ich erwarte, dass mein Vorschlag zur Kundenakquise auf der nächsten Sitzung auch von mir vorgestellt werden darf'."

> **Praxistipp für Mitarbeiter**
> - Sprechen Sie in der Ich-Form und konstruktiv an, was Sie beobachten, was Sie empfinden. Auch, welchen konkreten Wunsch und welche konkrete Erwartung Sie für die Zukunft haben.
> - Im nächsten Schritt hilft zu fragen, ob es nachvollziehbar ist, wieso Sie unzufrieden sind.
> - Hinzu kommt, nach der Ursache zu forschen, etwa: „Wieso hat sich die Zusammenarbeit so ungünstig entwickelt? Was sind die Störquellen dafür? Welche Ärgernisse oder Enttäuschungen hat es bei Ihnen und bei mir gegeben?"
> - Auf den Tisch gehören alle Hindernisse, die einer guten Zusammenarbeit im Weg stehen.

Was müssen Angestellte bei Kritik am Vorgesetzten beachten, Herr Frey?

„Es gibt Chefs, die keine Einwände dulden. Ich muss deshalb wissen, wie sehr sich der Chef Kritik wünscht. Dazu kann ich ihn vorher fragen, ob er einen Verbesserungsvorschlag hören möchte. Ich muss gut vorbereitet sein, aber ich muss auch nicht alles sagen. Was ich sage, muss jedoch wahr sein. Gar nicht geht: Den Chef persönlich verletzen, erst recht nicht vor der versammelten Mannschaft, wodurch er an Autorität verlieren würde. Auch Chefs und Chefinnen möchten nicht gekränkt oder bloßgestellt werden.

Besonders für das Kritikgespräch mit den Vorgesetzten gilt deshalb: Kein Gesichtsverlust, kein Autoritätsverlust für die Angesprochenen und den Begriff ‚Kritik' ihnen gegenüber eher weglassen. Stattdessen konstruktive Vorschläge, am richtigen Ort, zur richtigen Zeit und vor allem: unter vier Augen. Aufgeschlossenen Vorgesetzten fällt es so leichter zu antworten. Etwa mit: ‚Das ist interessant. Erzählen Sie mehr.'"

Praxistipp
- Üben Sie möglichst vorher und sprechen Sie laut aus, was Sie als Mitarbeiter sagen wollen.
- Nennen Sie auf jeden Fall auch Positives und betten Sie das Kritische idealerweise in etwas Aufbauendes ein nach der Sandwichmethode.
- Formulieren Sie kritisches Feedback um: Meiden Sie den Ausdruck Kritik gegenüber Ihrem Chef, Ihrer Chefin. Sagen Sie lieber, Sie hätten einen Verbesserungsvorschlag – und machen Sie den ganz konkret.

Soll Kritik sofort geäußert werden oder besser später?

„Das ist vom Teamklima abhängig. Wenn das Klima offen und vertrauensvoll ist, kann ich die Sache jederzeit ansprechen. Wenn das Klima nicht so offen ist, rate ich eher, einen Termin auszumachen. Günstiger ist meist, das Gespräch mit einem gewissen Abstand zum Vorfall zu suchen, also nicht spontan, aber zeitnah, sodass ich eine Nacht darüber schlafen kann. Zunächst sollte auch unter vier Augen miteinander gesprochen werden, solange es nicht mehrere betrifft.

Arbeiten die Betroffenen überwiegend online zusammen, gelten übrigens dieselben Regeln. Nur liegt oft die Hürde höher, das Gespräch mit dem anderen zu suchen: Manche/r schiebt die Bitte darum hinaus, weil es die früheren Gelegenheiten dazu nicht mehr gibt – vorm Aufzug, nach dem Meeting oder beim gemeinsamen Kaffeetrinken. Es gilt, neue dafür zu finden."

Inwiefern hat das Homeoffice die Kritikkultur verändert?

„Nach meinem Eindruck wird weniger kritisiert, es wird später kritisiert. Die Leute schlucken mehr. Der Teamgeist droht zu sinken, weil eben das Gemeinsame, das Emotionale im sozialen Miteinander verringert wird oder ganz wegfällt.

Zum Beispiel: Vergisst ein Teilnehmer, am Konferenztisch sein Mobiltelefon auszuschalten, und es klingelt los, zieht er sofort die irritierten bis genervten Blicke aller Teilnehmer auf sich. Das ist unangenehm, und er wird sicherstellen, dass es nicht wieder vorkommt. In der Videokonferenz lässt sich das Klingeln nicht so schnell verorten, und dem Besitzer wird nicht sofort rückgemeldet und klar, wie sehr es alle stört.

Deshalb sollte die Konferenzleitung zu Beginn bitten: ‚Können wir uns auf eine Spielregel einigen und die Handys auslassen?' Wenn es doch wieder klingelt, greift sie das auf und unterstreicht: ‚Die Handys lassen wir jetzt wirklich weg.' Gut ist, wenn das mit etwas Humor gewürzt wird und nicht konfrontativ herüberkommt. Sonst wird das klingelnde Handy zu einer Machtprobe.

Auch nach der Pandemie sind solche Dinge im Videogespräch schwierig geblieben, weil der digitale Kontakt den Austausch über Mimik und Gestik hinweg weiterhin beschränkt. Vieles auf der nonverbalen Kommunikationsebene ist nicht mehr sichtbar und damit nicht mehr lesbar. Das verunsichert und die Angst davor steigt, missverstanden zu werden. Es spricht deshalb einiges für die Mischung der Arbeitsorte – sowohl Anwesenheit im Büro wie Homeoffice, etwa zwei Tage am heimischen Schreibtisch und drei Tage vor Ort."

Und wie bauen Manager die Fehlerkultur im Unternehmen wieder aus?

„Dafür achtet die Firmenspitze auf einen klugen Umgang mit Fehlern, geht mit gutem Beispiel voran und nimmt ihren Leuten die Hemmungen davor. Indem die Geschäftsführer etwa ihren Fehler des Monats benennen und besprechen oder die Fehlentscheidung des Halbjahres. Es geht darum, zu Fehlern zu stehen, zu schildern, wie es dazu gekommen ist und wie sie künftig vermieden werden sollen. Als Unternehmen zu zeigen: ‚Jeder macht Fehler, aber wir lernen aus unseren Fehlern und wünschen uns das auch von unseren Mitarbeitern.' Die Voraussetzung dafür ist, eine Kultur zu haben, in der Mängel und Irrtümer nicht vertuscht, sondern angegangen werden – möglichst mit einem Verbesserungsvorschlag.

Wie eine solche Fehlerkultur funktionieren kann, habe ich bei einem Technologieanbieter in der 3D-Druckindustrie gesehen, dem Unternehmen EOS. Mehr als 15 Jahre lang habe ich als Coach den mittelständischen Betrieb und dessen Eigentümer in Sachen ethikorientierter Führung begleitet. In Workshops haben wir dafür den Wertekanon diskutiert, eine dazu passende Personalauswahl und was eine gute Fehlerkultur im Alltag heißt: Am Ende hatte sie einen großen Anteil daran, den innovativen Hersteller immer weiter nach vorne kommen und zum Marktführer werden zu lassen. Dafür haben sie bei EOS zum einen Kritik regelmäßig in zugewandtes Verhalten eingebettet, zum anderen die vereinbarten Spielregeln des Miteinanders so gut wie möglich befolgt und auf einen durchgängig wertschätzenden Ton geachtet, auch bei Beanstandungen.

In einem Unternehmen lernt so jeder auf eine offene und umgängliche Art allmählich die Schwächen von Vorgesetzten und Kollegen kennen. Das hilft den Beschäftigten, die Fehler anderer auszubügeln. Umgekehrt gilt das auch für die eigenen. Wird überdies nicht nur die absolute Leistung gewürdigt, sondern werden auch die kleinen Schritte der Verbesserung auf dem Weg dorthin erkannt und gelobt, unterstützt das nochmals dabei, im Unternehmen eine ‚Kultur des Scheiterns' auszubilden.

Mit ihr schmälern Rückschläge nicht mehr den Mut, Neues anzugehen und auszuprobieren, sondern stärken ihn. Solches Management beweist zudem das Wissen darum, wie wichtig das Aufarbeiten von Fehlern für die Zukunft eines Unternehmens ist – und die Kommunikation dafür.[12]

Die Vorgesetzten sind abermals die Trainer der Beschäftigten im Hintergrund: Sie coachen, damit sich die Mannschaft finden kann und alle auf dem Platz als Mitspieler anerkannt werden – mit ihren Stärken, aber auch mit ihren Schwächen. So kommt der Führungskraft eine entscheidende Rolle für den konstruktiven Umgang mit Fehlern zu: Sie schreibt Menschlichkeit groß und versucht, damit jeden Mitarbeiter zu inspirieren und zu stärken.

Das heißt: Der Chef, die Chefin bleibt Mensch. Geht etwas schief, wissen die Leute: ‚Auch wenn mir gerade ein

---

[12] Montua (2020).

Fehler passiert ist, der Chef sieht mich nicht als Objekt. Der interessiert sich für mich und weiß, dass es mir damit nicht gut geht.' Es ist nie nur die Sache oder das Ziel, die den Menschen antreiben, sondern immer auch der oder die andere. Zum Beispiel Vorgesetzte, die ihre Leute mitreißen, begeistern: auch damit, ihnen die Freiheit zum Lernen aus ihren Fehlern zu lassen."

Herr Frey, was bringt es, Fehler wertzuschätzen?

„Meine Beobachtung ist: In den meisten erfolgreichen Unternehmen sticht ein offener Umgang mit Fehlern hervor. Wer um die Schwächen seiner Leute weiß, kann darauf eingehen und sie unterstützen, etwa dabei, Wissenslücken zu schließen. Es vermittelt den Mitarbeitern: Hier zählt, wie gut alle ihre gesetzten Ziele erreichen – und es darüber hinaus zu exzellenten Leistungen kommt, wenn möglich.

Geben die Vorgesetzten überdies zu erkennen, wie wertvoll die Beiträge eines jeden zur Fehlerkorrektur sind, spornt das die Mitarbeiter an, fortwährend über Verbesserungen bei ihren Aufgaben und darüber hinaus nachzudenken. Im besten Fall sehen die Leute Mängel als eine Aufforderung ans Team: dafür, aus ihnen Vorschläge abzuleiten, wie es besser geht. Eine solche Anstrengung aller lässt sich zugunsten von Synergieeffekten zusammenführen, etwa für schnellere Arbeitsabläufe.

Deshalb gehört ein gutes Fehlermanagement zum Erfolgsrezept vieler Familienunternehmen in Deutschland. Weil in ihnen zudem eher in Generationen gedacht wird sowie die einzelnen Mitarbeiter mehr gesehen und deren

Vorschläge schneller einbezogen werden, hat sich in manchen daraus eine wertegeleitete Innovationskultur entwickelt: Erfindungen und Verbesserungen gelingen ihnen leichter und mit dem Erfolg rückt die Mannschaft noch einmal zusammen. Nach wissenschaftlicher Befundlage herrscht nicht zuletzt deshalb in Familienunternehmen im Durchschnitt mehr an wertschätzender Kultur vor als in anderen Betrieben.[13]

Auch in der Forschung trägt der offene Umgang mit Fehlern Früchte: So haben sich die beiden Nobelpreisträger in München, die Physiker Ferenc Krausz und Theodor Hänsch, als Direktoren am Max-Planck-Institut für Quantenoptik mit ihren Projektleitern und anderen Abteilungsvertretern in unserem Kompetenzzentrum CLPM zu guter Führung und Zusammenarbeit beraten lassen. In einem Brief hat Professor Krausz uns später geschrieben: ‚Dank der Anregungen, die wir in Gesprächen mit Ihrem Team erhalten haben, konnten wir das Klima in unserer Arbeitsgruppe nachhaltig und stetig verbessern.'

Nicht zu unterschätzen ist zudem in Unternehmen wie in der Forschung, wie schnell sich herumspricht, ob eine Abteilung mit Blick auf die Fehlerkultur exzellent ist oder nicht. Davon werden gute Leute angezogen wie Motten vom Licht. Sie sagen sich: ‚Ich will dazulernen, mich entwickeln, und diese Abteilung mit ihrer Art von Feedback entwickelt mich.'"

---

[13] May (2012), Posch & Speckbacher (2012), Althammer et al. (2011), Mach (2012).

Praxistipp

Richtung zu geben, zeichnet Lob wie Kritik aus – ebenso wie dem Mitarbeiter den Raum zu lassen, es entsprechend umzusetzen.

- Auch bei Kritik und Korrekturen zählt, die Menschen mitgestalten zu lassen, sie atmen zu lassen, statt alles vorzuschreiben.
- Gefordert ist Selbst- statt Fremdbestimmung, darüber Vertrauen in die Mitarbeiter zu beweisen – und das mit Lob wie mit Kritik zu unterstreichen.
- Für gute Ergebnisse ist jedem seine Aufgabe und Rolle klar. Jeder weiß, an welchen übergeordneten Zielen er mitwirkt und wie er ins Ganze eingebunden ist.
- Mittels selbstbestimmter Arbeit identifizieren sich die Mitarbeitenden mit ihrem Unternehmen: noch mehr, wenn sie immer wieder mit einem Lob ausgezeichnet werden, und am meisten, wenn das Lob nach einer Fehlerkorrektur kommt.

12

Die Wertschätzung von schwierigen Menschen

Herr Frey, wie lassen sich schwierige Mitarbeiter wertschätzen?

Professor Frey: „Für jeden Menschen, auch für schwierige Zeitgenossen, gilt: Wer einen anderen wertschätzen will, muss zunächst den umgekehrten Schritt gehen und sich fragen – was kann er an mir wertschätzen? Was will ich ausstrahlen? Was an mir soll auffallen? Noch mehr trifft das für Führungskräfte zu, empfinden sie einen Mitarbeiter als schwierig. In ihrer Position nehmen sie eine Vorbildrolle ein – täglich und unabhängig davon, ob Menschen mit einer unkomplizierten oder komplizierten Persönlichkeit für sie arbeiten. Ob gut oder schlecht, die Mitarbeiter folgen ihrem Vorbild. Dessen muss sich jede Führungskraft bewusst sein.

Vorbild sein heißt dabei: vormachen, vorangehen und Orientierung geben. Zugleich bedeutet es, andere Menschen mitzunehmen. Deshalb gibt es kein größeres Lob, als wenn von einer Führungskraft gesagt wird, sie sei fachlich und menschlich ein Vorbild. Das heißt nicht, dass sie fehlerlos ist: Vielmehr, ihre Mitarbeiter sind überzeugt davon, sich auf sie verlassen zu können, weil die Vorgesetzte gerecht, glaubwürdig und berechenbar handelt.

In ihrer Rolle als Führungskraft müssen Vorgesetzte oft auch bestimmte Dinge ertragen, sie sogar abfedern. Deshalb darf eine Führungskraft nicht leicht einschnappen, nicht einmal bei unangenehmen Rückmeldungen zu ihrer Person. Gelassener macht, sich zu denken: ‚Ein Urteil sagt häufig mehr über die Verfassung des Urteilenden aus als über mich.' Zumal oft eine Projektion damit verbunden ist: Der Urteilende, zum Beispiel der schwierige Mitarbeiter, empört sich über die Chefin oder die Kollegen, wie unfair sich alle verhielten, und lenkt damit von eigenen, manchmal viel größeren Unzulänglichkeiten ab. Erkennt und lernt eine Führungskraft das, lassen sich die meisten Dinge ruhiger ertragen.

Erst der zweite Schritt ist, zu schauen: Was macht den Umgang mit einem Mitarbeiter so kompliziert? Ist er etwa schwierig aufgrund einer von Misstrauen und Neid geprägten Haltung und hat deshalb eine geringe Verträglichkeit mit anderen? Oder ist der Mitarbeiter vielmehr besonders mutig und spricht als einziger problematische Dinge an? Oder prägt ihn eine Schonhaltung – wie ‚der Kollege kommt gleich'?"

Wie geht's ans Eingemachte?

„Spätestens wenn der Mitarbeiter so schwierig wird, dass sein Verhalten die Teamleistung mindert und das Miteinander bedroht, ist das Gespräch mit ihm zwingend. Ich empfehle, es wieder nach der Sandwichmethode ‚positiv, negativ, positiv' aufzubauen. Als Grundregel gilt dabei: Lügen geht nicht.

12 Die Wertschätzung von schwierigen Menschen

Das bedeutet zunächst, gut zu überlegen: Auch beim schwierigsten aller Mitarbeiter wird sich etwas Positives finden lassen. Es wäre ein Wunder, wenn nicht. Sei es nur, wie er einen Kunden angelächelt hat, wie er ihn freundlich behandelt hat. Oder wie er sich zurückgehalten hat in der Besprechung, obwohl alle wissen, wie sehr ihm die Aufgabenverteilung widerstrebt. Es lässt sich auch sagen, wie hoch ich als Führungskraft seine Erfahrung schätze – vorausgesetzt, das trifft zu.

Danach leitet die Führungskraft zum problematischen Teil über. In ihm muss sie vor allem für Klarheit sorgen – sowohl über den unerwünschten Ist-Zustand beim Betreffenden als auch über das Ziel einer Veränderung. Negative Punkte im Verhalten des schwierigen Mitarbeiters, die fürs Team nicht förderlich sind, lassen sich mit den Worten ansteuern: ‚Sie wissen, dass ich mit vielem, was Sie machen, nicht einverstanden war und bin. Das habe ich Ihnen bereits mehrfach gesagt; leider hat sich nichts geändert. Eine Sache möchte ich nun herausstellen: Es geht nicht, dass Sie so oft gleich widersprechen und sagen, Sie machen nicht mit. Das ist kein Vorbild für die anderen.'

In der Auseinandersetzung mit dem schwierigen Mitarbeiter darüber muss die Führungskraft schauen, ob sich in seinen Erklärungen oder Gesten ein Ansatz finden lässt, und scheint der noch so klein, den sie zum Abschluss des Gespräches aufgreifen kann. Zum Beispiel: ‚Es bringt uns voran, dass Sie über meine Worte zumindest einmal nachdenken wollen.'"

Und wenn die Leistung nicht stimmt?

„Geht es vor allem um die Leistung, braucht gerade der schwierige Mitarbeiter ein ehrliches Feedback. Es bringt ihm nichts, wenn herumgeeiert wird, salopp gesagt. Die

Führungskraft kann etwa betonen, es gehe um den Abgleich zwischen Ist und Soll in seiner Leistung – und wie unbefriedigend das Ergebnis davon sei. Fair ist, dem Mitarbeiter gegenüber genau zu begründen, was schiefläuft in seinem Aufgabenbereich. Die Führungskraft sollte den Betreffenden fragen, ob er das nachvollziehen kann und wie groß er seine Lücke zwischen Ist und Soll einschätzt.

Liegen die Defizite offen, ist es wichtig, zusammen Ursachenanalyse zu betreiben, wieso jemand seine Ziele nicht erreicht. Zum Beispiel mit der Eingangsfrage: ‚Was steht Ihnen im Weg?' Vor allem im gemeinsamen Überlegen, was ihn hindert, seine Aufgaben zu erfüllen, zeigt sich die Augenhöhe im Gespräch – und deshalb sollte genug Zeit dafür eingeplant werden. Zumal es vorkommen kann, dass sich die Führungskraft täuscht und es nicht am Mitarbeiter, sondern an Begleitumständen liegt, von denen sie nichts weiß.

Wenn nicht, wird der Mitarbeiter von seinen schlechten Ergebnissen vielleicht nicht einmal überrascht sein. Liegen sie in seiner Verantwortung, lässt sich ihm deshalb auch sagen, er hätte keine Zukunft in der Abteilung, wenn seine Leistung nicht besser würde. Doch das Ziel ist, dass es besser wird – und das sollte die Führungskraft unterstreichen. Dafür ist der Betreffende zuerst zu fragen, wo er Verbesserungschancen sieht. Im nächsten Schritt betrachten beide, wie sich die Bedingungen dafür anpassen lassen, sodass er sich leichter in Richtung Soll vorarbeiten kann.

Werden jedoch fortgesetzt Fehler gemacht, Fristen versäumt und unbefriedigende Arbeitsergebnisse vorgelegt oder zeigt sich der Mitarbeiter fortwährend an seinen Aufgaben sowie am Vernetzen mit anderen dafür wenig interessiert, liegt die Sache anders. In dem Fall muss sich eine Führungskraft rasch, möglichst noch in der Probezeit, die Frage stellen, ob es eine Fehlentscheidung war, ihn einzustellen. Die Antwort darauf findet nur, wer wieder offen

12 Die Wertschätzung von schwierigen Menschen

fragt: Was könnte hinter der geringen Motivation stecken? Ist es ein Nichtkennen: Kennt der Mitarbeiter die Ziele und Erwartungen an ihn nicht? Ist es ein Nichtkönnen: Kann er es nicht, weil er nicht angelernt wurde, weil er keinen begleitenden Paten beim Einstieg hatte – oder den falschen Paten? Ist es ein Nichtwollen: Ist er bereits in die innere Kündigung gegangen? Oder ist es ein Nichtdürfen: Geben ihm Leute im Team oder im weiteren Umfeld Signale, nicht zu motiviert zu sein?

Dabei ist zu betrachten, ob die Hindernisse in der veränderbaren oder nicht veränderbaren Welt liegen: Vieles am Verhalten und den Fähigkeiten einer Person, womit Vorgesetzte unzufrieden sind, lässt sich zum Glück ändern. Deshalb ist es ein Akt der Wertschätzung, zunächst einmal alles auszuloten und eine gute Diagnose vorzunehmen, was im Fall von schwacher Leistung die Ursache ist. Danach lässt sich mit guter Hilfe eingreifen: wie einen Teamkollegen als Unterstützung beizuordnen oder eine Weiterbildung anzubieten – immer verbunden mit der Hoffnung, der Mitarbeiter werde die Erwartungen künftig erfüllen.

Dafür lässt sich auch die Umgebung verändern: So könnte der Mitarbeiter in einem anderen Team, mit einer anderen Aufgabe motivierter sein. Manchmal gelingt das dem Betreffenden eher, sobald er unter einer anderen Leitung arbeiten kann: etwa, weil deren Führungsstil ihm mehr entspricht. Ich habe oft erlebt, wie ein solcher Wechsel bei Mitarbeitern eine ganz andere Motivation ausgelöst hat – ähnlich, wie es sich nach manchem Trainerwechsel beobachten lässt. Oder in der Schule: Wenn ein Schüler nach einem Lehrerwechsel plötzlich besser und schneller Englisch lernt.

Auch aus der Universität kenne ich ein Beispiel dafür: Im benachbarten Fachbereich war eine Sekretärin ständig krank und wenig an ihren Aufgaben interessiert. Doch als ein neuer Leiter berufen wurde, ist sie aufgeblüht. Der Professor hat ihr gesagt: ‚Ich bin neu, und Sie sind schon lange hier und haben Erfahrung. Deshalb brauche ich Sie und bin sicher, wir werden gut zusammenarbeiten.' Er hat sich jedes Mal für ihre Hilfe bedankt, auch bei Kleinigkeiten. Mit seiner erhöhten Aufmerksamkeit und seinem Vertrauen hat er bei ihr einen eingefrorenen Zustand aufgelöst: Der alte Chef und die Sekretärin hatten einander innerlich längst gekündigt. Ihre Spannungen hatten sich aufgeschaukelt und die Frau immer wieder krank gemacht. Der neue Chef hat diese doppelte innere Kündigung beendet. Bald war seine Assistentin nicht mehr wiederzuerkennen: Sie hat Kongresse mitorganisiert, die Kontakte zu den Kollegen im Ausland aufrechterhalten und viel Eigeninitiative gezeigt. Wertgeschätzt konnte sie solche Verantwortung wieder übernehmen."

Abmahnung: Wie kann das Gespräch wertschätzend erfolgen?

„Fruchten Ermahnungen nicht, bestätigt sich die Hoffnung auf eine bessere Pflichterfüllung bei einem Angestellten nicht und liegt eine Pflichtverletzung im arbeitsrechtlichen Sinne vor, sind Abmahnungen kein Tabu: mit der Konsequenz Kündigung, falls sich das Fehlverhalten wiederholt.

Doch die Kommunikationsethik muss gerade bei einer Abmahnung gegenwärtig sein, also wieder die Fairness. Der Vorgesetzte muss sie gut begründen; nach dem Gesetz ist das konkrete Fehlverhalten mit Zeit und Ort zu belegen. Wie jedes Krisengespräch ist auch das zur Abmahnung gemäß dem Motto ‚Hart in der Sache – sanft zur Person' zu führen: Der Mitarbeiter muss sich dabei wahrgenommen und angesprochen fühlen. Für die Zukunft muss er wissen: Bei der Arbeit geht es nicht nur um seine Bedürfnisse und Sehnsüchte, sondern vorrangig um die Interessen des Unternehmens sowie der Kunden. Verstöße gegen seine Pflichten werden deshalb nicht akzeptiert, vielmehr dokumentiert.

Kommt die Botschaft bei ihm an, lässt sich im Gespräch der Blick auf die Zukunft richten. Die Fragen dazu lauten: Wie stellt der Mitarbeiter sicher, dass sich seine Pflichtverletzung oder sein Fehlverhalten nicht wiederholen? Wie kann die Führungskraft ihn unterstützen, abmahnungswürdige Linien nicht wieder zu überschreiten? Manchmal kommt ein Mitarbeiter mit neuen Herausforderungen in eine bessere Spur, oder Frusterlebnisse lassen sich für ihn mit einem neuen Aufgabenzuschnitt vermeiden. Mehr Zuspruch verändert zudem oft einiges."

Wie leite ich eine Kündigung oder eine Trennung ein?

„Das kommt auf den Grund der Trennung an. Verändert ein Mitarbeiter sein Verhalten nicht und verstößt weiterhin gegen seine vertraglichen Pflichten, trotz vieler Gespräche mit der Führungskraft oder im Team, ist unter den gesetzlichen Voraussetzungen eine Kündigung gerechtfertigt und fair. Auch fristlos, wenn ein Mitarbeiter das Ganze bedroht, wenn Grenzverletzungen stattgefunden haben, wenn seine Leistung oder sein Verhalten nicht tragbar sind – das heißt, die Pflichtverletzung schwerwiegend war. Die Begründung muss sich von den Betroffenen nachvollziehen lassen und offenlegen, welcher Vorfall das Vertrauen so zerstört hat, dass eine weitere Zusammenarbeit dem Unternehmen und den übrigen Beschäftigten nicht zuzumuten ist. Sie muss sachlich vorgetragen werden; ihr Ton darf trotz allem die Würde des Angesprochenen nicht verletzen. Verhaltensbedingte Kündigungen auslösen können etwa Verstöße des Arbeitnehmers gegen die betriebliche Ordnung oder strafbare Handlungen – wie die Arbeitsverweigerung, eine unterlassene und unberechtigte Krankmeldung ebenso wie Beleidigungen des Chefs und rassistische oder sexistische Verhaltensweisen. Auch fortgesetztes Fehlverhalten wie ständiges Zuspätkommen, wiederholte Verstöße gegen ein betriebliches Alkoholverbot und unerlaubte private Telefonnutzung nennt die Industrie- und Handelskammer als Beispiele dafür.[1] Abmahnungen dienen dabei der eindringlichen Warnung und sind meist zwingend.

Allerdings lässt sich im Ergebnis bei einer Kündigung keine Fairness herstellen, weil der Mitarbeiter mit ihr kaum einverstanden sein wird und damit unzufrieden ist. Umso mehr zählt, wie die Führungskraft die drei anderen, bereits genannten Fairnessarten handhabt – die Fairness im Verfahren, in der Information und beim Gespräch, im fließenden Übergang miteinander.

Für die Fairness im Verfahren muss eine Kündigung ein Prozess über mehrere Stufen sein, zumal sie nur selten fristlos und von heute auf morgen ausgesprochen werden darf. Fair macht sie zudem, wenn die Vorgesetzte dem Mitarbeiter darlegen kann, wie sie wiederholt versucht hat, ihn dabei zu unterstützen, seinen Pflichten nachzukommen: das sei aber nicht eingetreten. Sie sehe deshalb keine Zukunft. So lässt sich die Kündigung vom Mitarbeiter zu-

---

[1] www.ihk.de/wiesbaden/recht/arbeitsrecht-online/kuendigung-und-vertragsbeendigung/kuendigung/ordentliche-kuendigung/kuendigung-verhaltensbedingte-gruende-4524098.

12 Die Wertschätzung von schwierigen Menschen

mindest nachvollziehen, auch wenn er gerade einen schweren Verlust erlebt. Mancher wird dabei auf einer Achterbahnfahrt der Gefühle sein – aus Wut, Verzweiflung, Ärger und Resignation.

Dennoch muss der Mitarbeiter eine Stimme haben, direkt nach der Vorgesetzten: Er muss seine Sichtweise äußern dürfen und widersprechen, sieht er die Sachlage falsch dargestellt.

Nach meiner Erfahrung wird es einfacher für alle Beteiligten, wenn die Führungskraft für eine ruhige, sachliche Gesprächsatmosphäre sorgt. Das gilt auch bei Trennungen während der Probezeit oder über einen Aufhebungsvertrag. Bisweilen wird sich darauf geeinigt, kommt der Betroffene etwa trotz aller Unterstützung von Kollegen und Vorgesetzten mit seinen Aufgaben nicht zurande. Für beide Seiten ist es in dem Fall besser, das Arbeitsverhältnis zu beenden. Die Führungskraft sollte dazu erläutern, aus welchen Gründen sie keine Chance mehr sieht: weshalb es im Interesse des Teams ist, vielleicht sogar im Interesse des Mitarbeiters, einen Schlussstrich zu ziehen, wenn er bei allem Bemühen seine Aufgaben nicht erfüllen kann.

Hilfreich ist wiederum, wenn ihm die Führungskraft Wege eröffnet, wie er seine Fähigkeiten anderswo nutzen kann. Sie etwa hinzufügt: ‚Das Datensammeln ist nicht Ihre Stärke gewesen. Aber Ihre organisatorischen Fähigkeiten sind an anderer Stelle sicher gefragt. Wir unterstützen Sie in nächster Zeit bei der Jobsuche, wenn Sie das wünschen.' Zugleich sehen die übrigen Mitglieder im Team, wie das Unternehmen mit Menschen umgeht, die ihre Aufgabe nicht schaffen, denen die Mannschaft jedoch emotional verbunden ist.

Trotzdem besteht über die Gründe bei einer Trennung oder Kündigung kaum Einigkeit und selten wird sich in Frieden getrennt. Ein wenig gegensteuern lässt sich, wenn der Vorgesetzte betont: ‚Unsere fachliche Einschätzung bezieht sich auf Ihre Aufgaben; doch menschlich stellt Sie niemand infrage.' Gezeigt werden muss: Die Trennung berührt nicht die Integrität des Betroffenen und tastet sie nicht an.

Allerdings fällt solch eine Aussage bei einer verhaltensbedingten Kündigung schwer – oder ist unmöglich, wenn der Kollege etwa einen anderen tätlich angegriffen hat oder mit einem Betrug aufgeflogen ist. Jedoch lässt sich im Gespräch mit den Abstufungen von wert- und hochschätzen arbeiten: Der Umgangston sollte höflich bleiben, auch wenn das Vertrauen zerstört ist und der Schlussstrich ein endgültiger. Das lässt die Tür für die Zukunft zumindest einen Spalt offen, will derjenige, der das Vertrauen zerstört hat, daran arbeiten, es wiederherzustellen. Eine kaltherzige Tonlage würde zudem den Anschein erwecken, eine verhaltensbedingte Kündigung erfolge unberechtigt, etwa als taktisches Mittel, um später vor Gericht einen Aufhebungsvertrag zu erzwingen.

In allen Fällen einer Kündigung oder Trennung zählt für die Fairness in der Information auch, rechtzeitig das Gespräch zu suchen und ehrlich die ausschlaggebenden Gründe zu benennen. Klingen sie vorgeschoben, vermuten die Betroffenen andere Motive, zum Beispiel: ‚Der Chef mochte mich nicht, er wurde gezwungen, eine Stelle abzubauen' und Ähnliches. Solchen Mutmaßungen lässt sich mit der interaktionalen Fairness vorbeugen, dem Gespräch auf Augenhöhe. In dem Fall heißt das zunächst schlicht: Die Führungskraft schaut beim Reden ihrem Mitarbeiter tatsächlich in die Augen und ist sich bewusst, was er gerade durchmacht. Deshalb legt sie auch nicht jedes Wort von ihm auf die Goldwaage.

Ebenso ist für die verbleibende Mannschaft entscheidend zu beobachten, wie oft und intensiv das Gespräch mit dem Betroffenen gesucht wird, damit das Verfahren vom Team als fair wahrgenommen wird. Sonst denkt

12 Die Wertschätzung von schwierigen Menschen

jeder, ein unfairer Kündigungsprozess könnte morgen auch ihn treffen. Mit einer solchen Denke werden die Mitarbeiter aber künftig lieber in Deckung gehen, Fehler vertuschen oder verniedlichen und nicht mehr offen ihre Meinung sagen."

> **Praxistipp für schwierige Gespräche wie Kündigungen und Trennungen**
>
> **Tipps für Führungskräfte:**
>
> - Einleiten lässt sich mit: „Danke, dass Sie zu dem Gespräch gekommen sind. Wie Sie schon ahnen, muss ich Ihnen heute eine unangenehme Entscheidung eröffnen. Aber vieles an den Gründen dafür wird Ihnen nicht neu sein."
> - Die Führungskraft sollte darlegen, wie häufig der Mitarbeiter schon seinen Pflichten nicht nachgekommen ist und wie oft sie ihn vor der letzten Konsequenz gewarnt hat. Ebenso sollte sie verdeutlichen, wieso sie sein Fehlverhalten nicht länger dulden kann.
> - Wichtig ist, dem Mitarbeiter die Chance zu geben, zu den verschiedenen Punkten Stellung zu beziehen und seine Sichtweise zu schildern.
> - Ist jemand mit seiner Aufgabe überfordert, hilft es, dem Mitarbeiter Wege aufzuzeigen, anderenorts seine Fähigkeiten zu nutzen.
> - Unterstützend anbieten: „Bei Schwierigkeiten kommen Sie bitte auf mich zu." Doch das sollte nur versprochen werden, wenn es ernst gemeint ist.
> - Die Führungskraft sollte dem Mitarbeiter im Gespräch Raum lassen, mit seiner emotionalen Belastung umzugehen.
> - Ebenso lässt sich die Bereitschaft äußern, den Dialog mit dem entlassenen Mitarbeiter aufrechtzuerhalten – vorausgesetzt, das Vertrauen ineinander ist nicht völlig zerstört.
>
> **Tipps für Mitarbeiter in der Ausnahmesituation:**
>
> - Der Mitarbeiter sollte sachlich im Ton bleiben und den Wert einer respektvollen Kommunikation nicht unterschätzen, auch wenn das in der Situation schwerfällt.

- Er soll sich das Ganze aufmerksam anhören und beherrscht bleiben.
- Er soll anschließend seine abweichende Sichtweise zu den betreffenden Punkten ausführen. Notizen zu machen, hilft, nichts zu vergessen.
- Er sollte sich erkundigen, inwieweit die Führungskraft ihn bei der Jobsuche noch unterstützen könnte und würde.
- Manchmal bringt es doch etwas, nachzuhaken, ob es eine zweite oder dritte Chance geben könnte. Wieso, sollten Betroffene überzeugend begründen können.
- Da sich die Wege im Leben oft mehr als einmal kreuzen, ist es gut für die Zukunft, sich am Ende etwa für den ruhigen Ton des Gesprächs zu bedanken.
- Wer möchte, sagt, er wolle das Gespräch fortsetzen. Günstig ist, wenn sich ein Aufhänger dafür nennen lässt.
- Es ist normal, solch ein Gespräch als schwer zu empfinden. Ein Mittel, es durchzustehen, ist, zu sehen, wie unangenehm es auch für die Führungskraft ist.

Mein Chef ist Trump. Was soll ich an ihm wertschätzen?

„Zugegeben, Frau Jungmann, das wäre auch für mich eine schwierige Sache, wie für so manchen: Der Name Trump ist für viele ein Synonym für einen unangenehmen Alphavertreter geworden. Er erinnert sie an einen kaltherzigen oder ungehobelten Chef, den sie einmal hatten: an jenen herrschsüchtigen Typen, der nach Macht sucht und sofort ausflippt, wenn die Dinge nicht nach seiner Vorstellung laufen, und dabei Geduld und Respekt verliert. Drohungen und Höchstforderungen machen seinen Führungsstil aus und sollen vermitteln: ‚Ich Chef, du nichts.' Ziel seiner Dominanzrhetorik ist es, die Mitarbeiter einzuschüchtern und zur Unterordnung zu zwingen. Zugleich verbinden solche Chefs ihre Drohungen oft mit ständigen

12 Die Wertschätzung von schwierigen Menschen

Änderungen der Spielregeln oder willkürlichem Lob und verunsichern damit noch mehr: mit der Absicht, ihr Gegenüber gefügig zu machen – etwa dafür, auf einen faulen Kompromiss einzugehen.

Der Umgang mit so schwierigen Vorgesetzten erfordert fast eine Quadratur des Kreises. Wer mit ihrer Persönlichkeit nicht klarkommt, aber ausharren will, dem hilft im Alltag oft, zwischen Person und Position des Menschen zu unterscheiden und die eigene Haltung dem anzupassen. Denn: Die Wertschätzung des anderen kann auf der Person beruhen – oder auf ihrem Amt, ihrer Position, in der sie die Firma voranbringen soll. Manchmal gelingt es eher, den Chef oder die Chefin darüber zu achten und anzusprechen. Zumal die gedankliche Trennung das Abwägen erleichtert, was sich Gutes in ihnen sehen lässt.

Allerdings hilft das nicht immer: Wenn die persönliche Autorität so gering strahlt, dass sie die Amtswürde auslöscht. Respekt erhält nur, wer ihn einfordert – und im eigenen Verhalten begründet. Nicht zuletzt deshalb werden manche Chefs und Chefinnen respektiert, andere nicht.

Eher mit Angst oder Widerstand als mit Respekt wird auch den Unterarten des Typs ‚schwieriger Chef oder Chefin' begegnet. Angefangen bei cholerischen, unbeherrschten Vorgesetzten: Sie sind nicht nur unberechenbar und rasten leicht aus, sondern finden auch immer ein Haar in der Suppe, fühlen sich sofort angesprochen und beziehen alles auf sich.

Ein wenig verwandt sind ihnen die Frustrations- und Belastungsintoleranten: Ihre Vertreter sind im Grunde angenehme Menschen, aber wehe, Frustration oder Belastung werden zu hoch – in dem Fall brechen sie entweder zusammen oder werden aggressiv und explodieren.

Der Unverträgliche ist indes meist unzufrieden mit der Welt, sieht eher schwarz und kennt weder mittelgrau noch andere Zwischentöne. Im Gegensatz zum Verträglichen hält er die Welt für nicht veränderbar und lässt das die Mannschaft auch spüren. Ebenso unangenehm sind die unsichtbaren Vorgesetzten: solche, die sich kaum äußern, wenig zu sehen sind, und der Mitarbeiter deshalb nicht weiß, ‚zieht sich die Vorgesetzte von mir zurück und löse ich das irgendwie aus? Oder ist die Chefin einfach so unsicher?'

Doch gleich, wie eine schwierige Chefin oder ein Chef gestrickt ist: Es ist anzusprechen, wenn sie sich anderen gegenüber immer wieder geringschätzig, verächtlich oder übergriffig verhalten. Oder die eigenen Leute kleinreden, zum Strippenzieher gegen sie werden und deren Arbeit schlecht machen. Erst recht, wenn Einzelne drangsaliert werden, zählt, solchen Vorgesetzten ihr Verhalten zu spiegeln und ihnen klarzumachen, es werde so nicht hingenommen. Es führt jedoch nicht weiter, mit aggressiver Sprache gegen sie zu hetzen: Das entfacht auf beiden Seiten nur die Bereitschaft zu übergriffigem, manchmal gar gewalttätigem Verhalten.

Gemäß der Sandwichmethode ist es bei schwierigen Vorgesetzten wieder die Kunst, vor und nach der Kritik positive Dinge aufzuzeigen, die nicht erfunden sind. Mit zugewandten Worten besteht am ehesten die Chance, den Menschen im Chef zu erreichen – freundliche Äußerungen lassen keinen unberührt. Denn: Nur Konfrontation und Ablehnung bringen einen auch bei Donald Trump nicht weiter, ebenso wenig wie bei allen anderen Persönlichkeiten.

Hilfreich ist, das Gespräch mit den schwierigen Rückmeldungen nicht allein zu führen: eher zu zweit oder zu dritt. Wer nicht nur auf sich gestellt ist, läuft weniger Gefahr, im Gespräch einzuknicken. Vorher sollten sich die Leute über das Drehbuch dafür einigen: ein klares Feedback zu kritischen Vorfällen geben, dabei abwechselnd reden und immer wieder etwas Gutes über den Chef

12 Die Wertschätzung von schwierigen Menschen

einflechten. Vor allem, wenn die Wortführer annehmen, damit gebe es zumindest eine geringe Chance, eine Veränderung im Verhalten des Vorgesetzten anzustoßen.

Gibt es dringenden Gesprächsbedarf mit dem schwierigen Chef oder der Chefin, zählt zudem, sich nicht abblocken zu lassen. In dem Fall wiegt schwerer, gegen unangemessenes Verhalten vorzugehen, als den Vorgesetzten nach seiner Bereitschaft zu fragen, sich über einen Vorschlag dazu auszutauschen. Er muss zuhören, zu einem guten Zeitpunkt und im Zweifel ohne Termin übers Sekretariat, etwa nach einer Sitzung. Zum gemeinsamen Gespräch lässt sich auffordern mit: ‚Wir müssen jetzt einige Sachen klären; das ist nicht aufzuschieben.'

Im zweiten Schritt gilt es, solchen Vorgesetzten klarzumachen, was anders werden soll: zum Beispiel gehe es nicht an, einzelne Mitglieder in der Mannschaft immer wieder herunterzumachen oder schlecht über sie zu reden. Der Wunsch an den Vorgesetzten sei, das künftig zu unterlassen. Je sensibler die Inhalte dabei und je erregbarer das Gegenüber, desto mehr gute Vorbereitung braucht ein solches Gespräch. Gefragt ist ebenso das Vermögen, dem Vorgesetzten auf Augenhöhe zu begegnen: Die Leute im Team, die das am besten können, sollten die Unterredung deshalb miteinander angehen.

In einer Fußballelf gibt es dafür den Mannschaftssprecher, meist mit dem Rückhalt des ganzen Teams. In der Arbeitswelt ist es selten so geschlossen, doch auch dort gibt es Mehrheits- und Meinungsführer, allerdings meist eher informelle: Die Leute in einer solchen Ankerrolle sprechen dennoch für einen großen Teil der Mannschaft. Führungskräfte sollten ihnen genau zuhören. Erst recht, wenn sie merken, der Einsatz ihrer Mitarbeiter lässt nach oder sie werden häufig krank: Beides kennzeichnet die stille Rebellion.

Spätestens, wenn sich nach der Unterredung mit dem Chef für die Teammitglieder nichts ändert, sollten sie den Betriebsrat einschalten und den nächsthöheren Vorgesetzten: Mit Blick auf die größeren Machtmittel des Chefs und zum eigenen Schutz ist es ratsam, den vorgesehenen Beschwerdeweg im Unternehmen dafür zu gehen.

Für die Teammitglieder zählt zugleich, alle Hebel in Bewegung zu setzen sowie Bündnisse mit dem Ziel zu schließen, das unangemessene Verhalten mit ethisch vertretbaren Mitteln zu stoppen oder zumindest einzudämmen, dringen sie alleine nicht durch. Dafür brauchen sie Verbündete auf allen Ebenen, auch weit oben, die den Mut haben, dem betreffenden Vorgesetzten entgegenzutreten und ihm zu widersprechen. Bis der Chef sieht: Mit seinem Verhalten hat er keinen Erfolg.

Als Notfallmittel im Alltag hat sich bewährt, schwierige Chefs an die Wand laufen lassen: das heißt, sie nicht vor den Folgen ihres Handelns zu bewahren, bleiben sie nach mehreren Gesprächsversuchen uneinsichtig und wollen lieber als Solospieler auftreten. Damit lässt sich zuletzt vertreten, ihnen keine guten Tipps für die nächste Sitzung mit den Abteilungsleitern mitzugeben und sie nicht vor Fallen zu warnen, damit der mangelnde Rückhalt in der Mannschaft an höherer Stelle bemerkt wird. Sollen sie ihrem Willen folgen, aber auch den deutlichen Misserfolg für ihr Verhalten einfahren: wenn etwa Kunden wegbleiben oder Mitarbeiter kündigen.

Doch vor allem die Mitglieder ihrer Mannschaft müssen ihnen immer wieder aufzeigen, was sie sich nicht mehr gefallen lassen wollen. Bei extremem, übergriffigem Fehlverhalten kann oder muss die Gegenwehr heftig sein, bis hin zur Forderung, der Vorgesetzte solle seiner Rolle enthoben und ein Strafverfahren eingeleitet werden. Ist ein schwieriger Chef oder eine Chefin völlig uneinsichtig und greift das Unternehmen nicht ein, bleibt jedem als letztes

12 Die Wertschätzung von schwierigen Menschen

Mittel, zu flüchten, soweit ihm das mit Blick auf seinen Lebensunterhalt möglich ist."

> **Praxistipp**
>
> **Verhalten bei schwierigen Vorgesetzten:**
>
> - Sich fragen: „Was lässt sich finden, sie oder ihn aufgrund ihrer Rolle wertzuschätzen?";
> - Besonnen bleiben und den richtigen Ton treffen: sich dafür unter Druck genug Zeit zum Durchatmen und zum Antworten geben;
> - Sich ebenso zu schützen wie zu wehren: etwa in einer Koalition von Gleichgesinnten gegen übergriffiges oder abfälliges Verhalten schwieriger Vorgesetzter;
> - Sich fragen: „Wer im obersten Management unterstützt den Vorgesetzten, wer nicht?" Je nach Antwort und Möglichkeit unangemessenes Verhalten transparent machen und auf höherer Ebene melden;
> - Bei Fehlverhalten den Chef zur Rechenschaft ziehen;
> - In der Zusammenarbeit die Vorgesetzte an die Wand laufen lassen, beachtet sie die Grundregeln nicht;
> - Es ist eher unwahrscheinlich, dass sich schwierige Chefs verändern: Trotzdem – Unzumutbares nicht hinnehmen und so zeigen: Alles darf der Chef auch nicht.

13

Verteidigung gegen Mobbing und Intrigen

Herr Frey, wer macht andere nieder?

Professor Frey: „Die Wertschätzung sinkt bereits, wenn ich einem anderen Menschen gleichgültig begegne, ihn etwa nicht beachte. Richtig gebrochen werden die Spielregeln, wenn ich einen Menschen abwerte oder gar entwerte. Oder, wie es auf Neudeutsch heißt: Er wird gedisst – und es wird nach Möglichkeiten gesucht, ihn auszugrenzen.

Das kann beim Lästern über Dritte in der Kaffeeküche beginnen. Klatsch und Tratsch machen von jeher viele Gespräche aus, denn nichts interessiert den Menschen so sehr wie andere Menschen. Wer mit wem, ob das gut oder schlecht ist, und welche Weichen dadurch gestellt werden könnten. Nach dem britischen Anthropologen Robin

Dunbar wirkt Klatsch sogar als sozialer Kitt:[1] Er schweißt die Gruppe zusammen und hilft, sich nach außen abzugrenzen.

Doch gibt es einen Unterschied zwischen harmlosem Klatsch und übler Nachrede: die Art und Weise, wie über Abwesende gesprochen wird. Werden Dinge geäußert, die keiner den Betreffenden ins Gesicht sagen würde, wird es bedenklich. Klatsch wird bösartig, dient er dazu, jemanden zu verletzen oder zu verunglimpfen.

Noch schlimmer wird es, wenn andere im Alltag einem Menschen Signale geben wie ‚Du taugst nichts', ‚Du bist minderwertig'. Das überträgt sich auf das Selbstwertgefühl des Betroffenen. Erst recht, wenn sonst keiner da ist, der ihm Halt gibt. Jedem lässt sich nur raten, von Leuten abzurücken oder sich gar von Menschen zu trennen, wenn sie ihn auf Dauer herunterziehen und schädigen.

Das gilt insbesondere, wenn Vorgesetzte andere geringschätzen und die Regeln fortgesetzt für den eigenen Vorteil und den Machtausbau brechen. Sie treiben ihre Teams in die Krise hinein. Solche Chefs oder Chefinnen leben zum Beispiel vor:

- Grobe Worte schlagen Argumente.
- Übergriffige Methoden untermauern das Recht des Stärkeren: Bei Fehlern wird jemand ans Scheunentor genagelt, zusammengefaltet oder Ähnliches.
- Die Führungskraft feiert sich auf Kosten anderer: Sie lädt etwa zu einem Umtrunk ein, nachdem die Kündigungsschutzklage eines früheren Kollegen erfolglos geblieben ist.

---

[1] Dunbar (2000).

13 Verteidigung gegen Mobbing und Intrigen

Beispiele für Regelbrecher unter Mitarbeitenden sind indes:

- Rädelsführer und Rädelsführerinnen: Wie es Forscher Haller beschreibt, zetteln sie Mobbing gegen den Kollegen an – und setzen damit ein systematisches Kränken und Herabwürdigen in Gang. Hinter vorgehaltener Hand oder ganz offen fangen die Täter an, über ihn herzuziehen. Ihm werden abwertende Blicke und Gesten zugeworfen; seine Arbeitsergebnisse werden mit destruktiver Kritik infrage gestellt. In Meetings wird ihm das Wort abgeschnitten. Persönliche Angriffe, sei es wegen politischer oder religiöser Ansichten, oder sogar das Unterstellen psychischer Probleme sind keine Seltenheit.[2]
- Cliquen: Mehrere Mitglieder des Teams lästern über eine besonders leistungsfähige Kollegin, weil sie sich von ihr bedroht fühlen. Oder sie schneiden die Frau, weil sie vom Chef regelmäßig gelobt wird und sich die Kollegen nicht genug beachtet fühlen.
- Das funktioniert übrigens auch nach oben, gegen den Chef oder die Chefin. Wenn Mitarbeiter sie nicht respektieren und sich nicht führen lassen wollen, nehmen sie deren Leitung nicht ernst und setzen sich über Abgabetermine etwa mit den Worten ‚Da liegt noch Dringenderes auf meinem Schreibtisch' hinweg, ohne sich vorher mit der Führungskraft abzustimmen. Oder sie machen sich über den Körperumfang des Chefs lustig und spinnen Intrigen gegen ihn.

---

[2] Haller (2021).

Nach einer Studie der Universität Leipzig erleben derzeit 6,5 % der abhängig Beschäftigten in Deutschland solches Mobbing ihrer Kollegen oder Vorgesetzten. In allen Fällen nehmen die Verantwortlichen dabei eine tiefe Verletzung der Betroffenen in Kauf. Die Botschaft lautet: ‚Du bist nicht mehr dabei, wir wollen dich nicht haben, du bist aussätzig.' Er oder sie spürt: ‚Ich bin einsam, nicht angenommen in der Gruppe.' Das gilt erst recht, wenn jemand von dieser Gemeinschaft abhängt und seinen Kollegen täglich begegnen muss. Seine Ausgrenzung bedeutet nichts anderes als den sozialen Tod, auch im Privatleben: Weil Menschen soziale Wesen sind, verkümmern sie, wenn sie alleine bleiben.[3] Deshalb schmerzt Ausgrenzung immer und hinterlässt Narben. Erst recht bei jungen Menschen und Auszubildenden: Mit 11,4 % sind sie nach der Leipziger Studie im Alter von 18 bis 29 Jahren mehr von Mobbing betroffen als ältere Kollegen.

Mancher versucht auch, andere mit Nichtkommunikation zu treffen: Er will sein Gegenüber damit strafen, sich rächen und ihm mangelnde Wertschätzung vermitteln – manchmal aus Neid oder Feindseligkeit, manchmal weil er sich aufgrund einer gemeinsamen Vorgeschichte in die Ecke gedrängt und verletzt fühlt. Die Betreffenden grüßen nicht einmal mehr und wollen so vermitteln: ‚Dich gibt es für mich nicht mehr.' Oft aus dem Gefühl heraus: ‚Du siehst mich ja auch schon längst nicht mehr – und schon gar nicht meine Bedürfnisse.'

Das Mittel des Schneidens, des Nichtbeachtens wird dabei übrigens bei der Trennung von Paaren ebenso häufig eingesetzt wie bei Streitigkeiten in Firmen als verfeinerte Form des Ausgrenzens. Doch beim Auflösen von

---

[3] Williams (2007), Mobbing-Studie der Universität Leipzig (2025).

Beziehungen zieht das oft weitere verachtende, rücksichtslose und unethische Verhaltensweisen nach sich: teils aus Rache, teils aus Gleichgültigkeit oder aus einem Wegschieben heraus, weil die Ereignisse innerlich noch nicht aufgearbeitet sind. Leider erleben wir das alle viel zu oft – und tragen dazu bei, gelingt es uns nicht, die eigenen Reaktionen in eine andere Richtung zu lenken."

Was tun gegen Narzissten, Machiavellisten und Psychopathen im Team?

„Wie bereits gesagt, sind Menschen mit ausgeprägten narzisstischen, machiavellistischen und psychopathischen Zügen zwanghafte Regelbrecher. Gegen sie muss sich jeder wehren, trifft er auf sie. Dafür lautet gerade in dem Fall die entscheidende Grundregel: nie allein, immer gemeinsam mit anderen! Jeder, der gegen sie vorgehen will, braucht Verbündete, die ähnliche Werte teilen und den Mut haben, die Gegenspieler von Fair Play und guter Zusammenarbeit zu entlarven. Dafür dürfen alle die Unterstützung des Widersachers auf das kleinste, gerade noch notwendige Maß der Zusammenarbeit herunterfahren. Sie müssen zudem den nächsthöheren Vorgesetzten melden, wenn machthungrige Persönlichkeiten andere unterdrücken – weil es Grenzen überschreitet.

Für den Umgang mit intoleranten oder skrupellosen Menschen gilt dabei:

- Wegschauen, weghören geht gar nicht.
- Auf jeden Fall widersprechen und nicht hinnehmen, was als rücksichtslos gegenüber der eigenen Person oder einem Dritten empfunden wird. Aber auch beim

größten Narzissten unter allen Chefs sind die Worte und der Ton dabei so zu treffen, dass er die Kritik annehmen sowie sein Gesicht wahren kann. Je nach Machtverhältnis und der eigenen Abhängigkeit davon empfiehlt es sich, kritische Äußerungen unterschiedlich zu verpacken. So könnten Klinikmitarbeiter einen Chefarzt nach der Visite ansprechen mit: ‚Darf ich oder dürfen wir einen Verbesserungsvorschlag machen? Nach unserem Eindruck haben Sie die ärztliche Kollegin vorhin etwas zu hart angefasst, als Sie sagten, sie sei überfordert und zu langsam bei der Behandlung der Patienten. Vielleicht könnten Sie ihr künftig unter vier Augen sagen, es sei wichtig, die Patienten zügiger zu behandeln, weil es im Moment eine so hohe Personalknappheit gibt.'
- Wird eine herrische Teamkollegin angesprochen und steht sie auf der gleichen Hierarchiestufe wie der Sprecher, zählt immer noch, Worte und Ton so zu wählen, dass sie die Kritik annehmen kann. Doch die lässt sich direkter äußern, etwa mit: ‚Für mich war es respektlos, wie Sie der ärztlichen Kollegin vorgeworfen haben, sie sei zu langsam, überfordert und würde zu wenige Patienten behandeln. Ich möchte Sie bitten, das vorm Team künftig zu lassen und darüber unter vier Augen zu reden.'
- Wenn möglich, sollten die Betreffenden von Kollegen zu zweit oder zu dritt auf ihr Verhalten angesprochen werden, ähnlich wie bei einem unbeherrschten Chef.
- Die Opfer sind zu schützen. Übergriffiges Verhalten ist dem Betriebsrat und der Führungskraft zu melden – oder Straftaten der Polizei.

Zugleich muss jeder für sich entscheiden, ob er es mitmachen will und aushalten kann, neben oder unter schwierigen Persönlichkeiten zu arbeiten: Ein Weg dafür ist, die eigene Nische im Unternehmen zu finden oder im eigenen Team die Zusammenarbeit bewusst anders zu gestalten. Doch nicht immer lohnt es sich, standzuhalten. Wenn Fliehen besser ist, lässt sich die innere Kündigung während der Suche nach einem anderen Job aussprechen und sich für die übrige Zeit ein dickes Fell zulegen.

Hat jemand indes eine herausragende Position inne und merkt, gegen ihn spinnt jemand eine Intrige, kann er auch von seiner Funktion zurücktreten. Ich habe das einmal gemacht, als ich die Leitung eines Kollegs innehatte und dabei Teil einer Doppelspitze gewesen bin. Wahrscheinlich hat sich der andere Amtsinhaber von mir in seiner Rolle bedroht gefühlt. Ich war recht erfolgreich – sowohl im Umgang mit Angehörigen des Kollegs wie mit den daran beteiligten Firmen. Sein Bestreben war deshalb, meine bisherige Arbeit schlechtzureden und eine eigene Duftmarke zu setzen. Er hat mich immer wieder mit falschen Vorwürfen bei den Aufsichtsgremien angeprangert; er wollte mich beschädigen. Ich habe mich ziemlich dagegen gewehrt, aber es wurde nicht besser. Schließlich bin ich zurückgetreten – und in der Folge musste auch der andere zurücktreten, als die Gremien sein Machtspiel erkannt hatten. Ich hätte wieder in die Leitung eintreten können, aber ich bin es nicht – und das war eine meiner besten Entscheidungen: schon, um mich vor der vergifteten Stimmung im Kolleg zu schützen."

Von „Na und?" bis „Was soll's?": ein Türöffner für Intrigen, Herr Frey?

„Bündnisse schmieden, um andere auszuknipsen: Das Spiel ist unter den Mitarbeitern und Führungskräften mancher Unternehmen beliebt, wie ich beobachtet habe. Dennoch widerspricht es jeder Art von Wertschätzung, was die Beteiligten gerne mit einem ‚Na und?', ‚Jeder ist sich selbst der nächste' oder ‚Machen doch alle – was soll's?' übergehen. Wer dagegen ankommen will, muss solche Leute entlarven, ihnen den Spiegel vorhalten und im Dialog erklären, wie unfair es ist, was sie machen. Manchmal reicht es schon, die Frage in den Raum zu stellen: ‚Wie kann man so mit einem Menschen umgehen?' Oder zu vergleichen: ‚Wie wäre es für Sie, wenn ein Kollege das mit Ihnen machen würde?' Solche Fragen sensibilisieren und die meisten denken darüber nach.

Gerade in solchen Fällen ist auch Führung gefragt: Ihre Vertreter sehen hoffentlich, was passiert. Wenn nicht, sollte ihnen ein Mitglied der Mannschaft von Vorfällen wie Missachtung und Herabwürdigung berichten, damit die Vorgesetzten einschreiten, die Intrige unterbinden oder zumindest eindämmen. Die entscheidende Frage dafür ist allerdings: ‚Wo ist die Macht?' Genauer: ‚Hinter wem steht die Führung?' Vertraut sie den Leuten auf der falschen Seite, können informelle Strippen gezogen werden und Vorsicht ist geboten.

Sind Führungskräfte hingegen offen in ihrem Urteil und können die Vorwürfe nachvollziehen, können sie die maßgebliche Größe im Kampf gegen Mobbing und Intrigen sein. Schuld an solcher Hetze tragen zwar ausdrücklich nur der- oder diejenigen, die sie angezettelt und befeuert haben. Aber alle Kollegen, besonders die an der Spitze, haben letztlich eine Verantwortung dafür, dass so etwas nicht vorkommt oder nicht wieder passiert."

Wie mit Mobbing umgehen?

„Zunächst lassen sich beim Mobbing mehrere Gruppen unterteilen: Die mutmaßlichen Täter, die mobben. Die Opfer, die gemobbt werden. Die geheimen Unterstützer

13 Verteidigung gegen Mobbing und Intrigen

der Täter. Die Mitläufer, die dabei sind, ohne sich viele Gedanken darum zu machen. Die gleichgültige Mehrheit, die nichts mitbekommen will und dazu gebracht werden muss, zu erkennen, wieso ihr Mobbing im eigenen Umfeld nicht egal sein darf. Wer sie davon überzeugen kann, hat Zivilcourage und ist ein Wertebotschafter im Team: Fühlen sich solche Leute zuständig, vermögen sie, den oder die Täter zu stellen, die Mehrheit aufzurütteln, gegen das Mobbing einzugreifen und dem Opfer zu helfen. Dafür schauen sie zuerst: Wer genau sind die Täter, wer die geheimen Unterstützer? Wer ist nur Mitläufer, und wer macht die Augen zu? Auf die Mitläufer und Gleichgültigen können die Helfer am ehesten einwirken.

Doch es ist nicht nur diese Stellschraube, an der gedreht werden muss, sondern es sind mehrere. Vordringlich geht es darum, das Opfer zu schützen und zu verteidigen und den Betreffenden vorab zu fragen, ob er den Beistand anderer möchte. Stimmt er zu, zählt als nächstes, das Handeln der Täter zu unterbinden. Wichtig ist, angemessen auf die Situation zu reagieren und sich nicht in Gefahr zu bringen: Dafür müssen Unterstützer gefunden werden.

Wenn ein Kollege oder eine Kollegin von anderen niedergemacht wird, ist zudem die Führungskraft darauf aufmerksam zu machen. Und zu fragen: ‚Was können wir dagegen tun?' Meist heißt das: Die Helfer des Opfers sprechen mit den Unterstützern des Mobbings und verdeutlichen ihnen, wie schmerzhaft für den Betroffenen und wie schädlich für das Team ist, was passiert.

Ebenso lässt sich von den sogenannten Unbeteiligten einfordern, sie mögen bitte die Augen öffnen und einschreiten, wenn jemand im Team in seiner Würde verletzt wird: So für andere einzutreten, verlangt zweifelsohne Mut, doch der ist von Wertschätzung nicht zu trennen. Dort, wo erniedrigende und abwertende Aussprüche von Hass und Gewalt gegen einzelne Kollegen aufkommen, ist erst recht der entschiedene Widerspruch von vielen nötig, damit kein fortdauerndes Mobbing daraus wird.

Leichter wird das, ist in dem Unternehmen Zivilcourage erwünscht und es gibt strukturelle Vorkehrungen dafür – von der erwähnten Konfliktbeauftragten bis zum Beschwerdetelefon. Doch auch ohne sie ist jede/r aufgefordert, sich für andere einzusetzen. In seiner Einheit, auf ihrer Insel, kann sich jede/r an faire Grundsätze halten und auf sie pochen. Mit viel Geduld schafft das ein Umfeld, worin sich alle wohlfühlen können. Finden sich mit der Zeit auch Bündnispartner in anderen Abteilungen dafür, breitet sich eine wertschätzende Kultur langsam immer mehr aus.

Führungskräfte sollten zudem genau hinschauen, was das Mobbing in ihrem Bereich ausgelöst hat: Manchmal liegen die Ursachen auf der Hand, etwa weil einer den anderen beim Kampf um die Teamleitung ausgestochen hat. Oder jemand queere Menschen und Ausländer ablehnt. Doch die Ursachen können vielschichtig sein: Einige beginnen zu mobben, weil sie sich zurückgesetzt fühlen.

Müssen Vorgesetzte solche Mobbingfälle angehen, empfiehlt sich wieder: Mit beiden Konfliktparteien sprechen, Angreifern wie Opfern – das können einzelne Personen oder Gruppen sein. Viel nachfragen, damit sich möglichst viel erfahren lässt. Denn: Je vielschichtiger der Fall, desto seltener nehmen die Beteiligten den Kern des Mobbings übereinstimmend wahr, schon gar nicht dessen Ursachen. Auch lässt sich in einer verzwickten Lage kaum klären, wer damit angefangen hat, den anderen vor Dritten schlechtzumachen. Das ist zu akzeptieren. Zu einem frühen Zeitpunkt des Mobbings kann hier wieder helfen, die Beteiligten zu überzeugen, es sei zu schwierig, die genaue Ursache der gegenseitigen Abneigung zu finden, und wichtiger, zu gemeinsamen Lösungen für die Zukunft zu kommen.

Dafür ist entscheidend, alle Beteiligten dazu zu bringen, Vorschläge zu machen, wie sie Brücken bauen wollen – entweder für ein Mit- oder ein Nebeneinander: zum Beispiel, sich räumlich zu trennen oder sich möglichst nicht täglich zu treffen."

> **Praxistipp**
>
> **Mobbing ist ein vielschichtiges Thema. Als Faustregel gilt jedoch:**
>
> - Sich zu wehren oder anderen beim Wehren zu helfen, ist Pflicht. Auch wer kein Profi auf dem Gebiet ist, darf Mobbing in seinem Umfeld nicht hinnehmen.
> - Es gibt verschiedene Wege dafür. Gleich ist jedoch der Ansatz: zu fragen, wer sind die Täter, wer sind die geheimen Unterstützer und wer sind die Gleichgültigen?
> - An erster Stelle steht der Schutz des Opfers – sowie der eigenen Person.
> - Wer als Opfer betroffen ist, kann gemeinsam mit anderen überlegen, bei wem sich Unterstützung finden lässt. Professionelle Hilfe in Anspruch zu nehmen, gehört zum Selbstschutz dazu.
> - Es ist auch erlaubt, um die eigene Versetzung oder die des anderen zu bitten und zu sagen: „Es wird mir zu viel. Mit der Person will ich nichts mehr zu tun haben und sie nicht mehr sprechen oder sehen." Das sollte allerdings gut begründet und der letzte Schritt sein, nicht der erste oder zweite.

Was, wenn sich Mobbing in den sozialen Medien fortsetzt?

„In den sozialen Medien gelten dieselben Prinzipien wie beim persönlichen Umgang. Auch wenn sie chronisch verletzt werden: Viele Menschen versuchen im Internet, Aufmerksamkeit zu erregen und darüber Beachtung zu finden, indem sie sich aggressiv äußern – mit Pöbeleien auch gegenüber unliebsamen Kollegen. Anonym bleiben zu können im Internet, verleitet sie nach meinem Empfinden dazu, ihren Ärger über andere beim Cybermobbing ungefiltert auszuschütten. Hemmungslos in ihren Worten oder bei der Auswahl von Bildern, setzen sie ihr Opfer herab und verhöhnen sie. Wie sehr die Betroffenen unter ihrem digitalen Hass leiden, müssen sie nicht mitansehen: Sie werden sich deshalb nicht bewusst, wie sehr ihre Posts anderen Menschen schaden, und sehen ihren Anteil daran nicht.[4] Die Zahl der Selbstmorde steigt, besonders bei jungen Menschen, weil sie sich rücksichtslos niedergemacht fühlen. Zugleich berichten Jugendliche immer häufiger, online persönlich beleidigt oder auf andere Art im Netz gemobbt worden zu sein.[5]

Solche Hasskommentare zu löschen und ihre Urheber strafrechtlich zu verfolgen, ist für alle wichtig, ob im schulischen oder beruflichen Umfeld: Zumal übers Internet viel mehr Menschen erreicht werden und abfällige Äußerungen deshalb weiter verbreitet werden als in der übrigen Welt. Doch ebenso wichtig ist es, solche erniedrigenden Äußerungen anzuprangern: Möglichst viele müssen schnell dagegenhalten, aus Solidarität mit dem Opfer und zu seinem Schutz. Solchen Widerspruch und Anstand braucht es, um die gleichen Umgangsnormen der Kommunikation in den sozialen Medien einzufordern wie am Arbeitsplatz. Denn auch im Cyberspace gilt der Satz: ‚Das Böse zu sehen, ist das eine, nichts dagegen zu tun, ist das andere.' Er soll auf Albert Einstein zurückgehen und

---

[4] Haller (2021), Dunbar (2000) sowie Dieter Frey in: SWR Nachtcafé, Die Macht der Gemeinschaft, Sendung vom 08.12.2023.
[5] JIM-Studie (2024), Sinus-Jugendstudie (2025).

13 Verteidigung gegen Mobbing und Intrigen

fordert von jedem, gegen digitale Schmähungen anderer einzuschreiten.

Allerdings zeigt die Forschung auch: Bei allgemeinen Provokationen und Pauschalierungen zum Ort der Tätigkeit wie ‚Alle Hochschulen sind linksversifft' zahlt sich mehr aus, sie zu ignorieren. Wer sie ausspricht, will nicht mit sich argumentieren lassen. Vielmehr arbeitet er an einem Profil, das ihn noch extremer wirken lässt. Dafür befeuert er eine Scheindebatte nach der anderen.

Werden die höhnischen Ausfälle indes persönlich, muss ich dagegen angehen. Bei den Antworten zählt, jegliche Eskalation zu vermeiden, sodass keine Spirale von Beleidigungen in Gang gesetzt wird. Dafür lohnt es, sich im Beruf wie im Privatleben sogenannte Automatismen anzueignen: Sätze, mit denen ich demonstriere, dass ich das Gesagte nicht teile.

Zum Beispiel: ‚Ich bin total anderer Meinung', ‚Ich finde das Verhalten unfair', ‚Ich sehe das anders', ‚Wie würdest du reagieren, wenn ich das dir sagen würde?' oder ‚Das ist menschenverachtend. Wir alle sind Menschen'.

Wenn eine Attacke vonseiten der Täter kommt, wie ‚Halt dich raus' oder gleich ‚Halt die Fresse', zählt, mutig zu bleiben und den Satz zu wiederholen: ‚Ich finde das trotzdem unfair', ‚Ich sehe das trotzdem anders' oder ‚Ich finde nicht, dass man so mit Menschen umgehen darf'. Je mehr Leute solchen Widerspruch posten, desto stärker wird er.

Die Forschung des Politikanalytikers Dominik Hangartner an der ETH Zürich hat jüngst gezeigt, wie sehr zudem die Strategie der empathischen Gegenrede geeignet ist, fremdenfeindlichen Kommentaren auf Plattformen wie Twitter, heute X, zu begegnen. Kommt zum Beispiel der Spruch ‚Du siehst aus wie ein Affe', zählt, sich auf die Seite des Angegriffenen zu stellen und ihn in den Widerspruch einzubeziehen. Zum Beispiel mit: ‚Eine solche

Sprache zu verwenden, ist verletzend, für ihn und für jeden anderen Menschen.'[6]

Zugleich sollte sich jeder bewusst machen: Er wird Täter und Anführer nicht überzeugen können. Aber er kann ihnen zeigen, vor allem gemeinsam mit anderen, wie wenig die sogenannte schweigende Mehrheit hinter ihnen steht.

Für digitale Foren im Netz gilt überdies: Je mehr Sachargumente jemand hat, umso besser kann er Gegenpositionen beziehen, ohne persönlich-emotional zu werden. Mit Blick darauf können sich Beschäftigte von Unternehmen derzeit mit BC4D, dem ‚Business Council for Democracy‘, in Sachen Medienkompetenz und Demokratie schulen lassen. In dem Projekt der Hertie-Stiftung, zusammen mit der Bosch-Stiftung und dem Institute of Strategic Dialogue, soll trainiert werden, Fake News zu erkennen sowie sich und andere vor Hass und Hetze im Internet zu schützen. Mehr als 100 Unternehmen haben sich bisher in dem BC4D-Verbund vernetzt, darunter Konzerne wie VW, die Deutsche Telekom oder SAP und viele Mittelständler."[7]

Im Unternehmen: Wer sind die Hüter seiner Werte, Herr Frey?

„Bildet sich ein Team, gehört unbedingt dazu, gegenseitige Wertschätzung aufzubauen. Ist sie einer bestehenden Mannschaft verloren gegangen, muss sie ebenfalls neu angegangen werden. Wie mehrfach unterstrichen, gelingt

---

[6] Hangartner et al. (2021).
[7] www.bc4d.org sowie Reiermann (2020), Tagesschau (2024).

13 Verteidigung gegen Mobbing und Intrigen

beides bloß, wenn die Verantwortung dafür nicht nur die Führungskraft übernimmt. Verantwortlich müssen sich alle im Team fühlen, Wertschätzung zu gestalten und die Werte im Unternehmen zu wahren.

Viel tragen dazu die Leute in der Mannschaft bei, die diese Wertebezüge immer wieder in den Alltag übersetzen und sie wie Botschafter weitertragen. Sie schauen darauf, wie die Werte im Unternehmen gelebt werden, weil sie ihren innersten Überzeugungen nahekommen und sie denen am Arbeitsplatz verbunden bleiben möchten. Zudem wollen sie ihre Werte mit anderen teilen. Nach ihrem Verständnis ist etwa allen im Team mit Fairness zu begegnen, weil sie jedem seinen Raum lässt und den mit ihren Geboten absichert.

Meist sind das auch die Kollegen, die sich in der Kaffeeküche gegen Klatsch und Tratsch wenden, wird dieser immer bösartiger. Zum Beispiel sagen: ‚Leute, ich fühle mich nicht wohl damit, wie hier immer bissiger über Frau Müller und Herrn Meyer gelästert wird. Ich würde mir wünschen, dass wir netter über sie und andere sprechen, damit kein schlechtes Klima aufkommt. Für mich ist es schöner, auch künftig in einer guten Stimmung zu arbeiten. Zugleich möchte ich nicht fürchten müssen, Ihr zieht ebenfalls über mich her, bin ich durch die Tür.'

Auf die Art stoßen sie früh Diskussionen an und steuern gegen, sobald ungeschriebene Gesetze verletzt werden – angefangen damit, nicht boshaft Spott zu verbreiten wie bei Lästereien, wenn diese ausarten.

Meist finden solche Leute im Unternehmen sogar von sich aus zusammen, wie ein innerer Kreis. Erste Firmen haben begonnen, solche Wertebotschafter als eine feste Runde und über die Abteilungsgrenzen hinweg zu verankern, wie der Arbeitskreis Wertebotschafter:innen bei der PSD Bank Nürnberg, anderswo auch Kultur-Mittler genannt.[8] Von sich aus kann sich der Kreis mit der Zeit nach außen weiten. Wesentlich ist jedoch: Sein Kern im Innern bleibt fest. Wie die Führungskräfte geben seine Mitglieder im Verhalten ein Beispiel, wie sich Werte im Alltag leben lassen, sodass sich andere daran orientieren können.

Solche Verbindungsleute kann die Führungskraft finden, indem sie auf die Daumenregel ‚2–6–2' setzt, wie ich es nenne: Wer zum Beispiel ein Team von zehn Leuten führt, weiß, jeder davon ist unterschiedlich motiviert, gleich aus welchen Gründen. Häufig vertreten zwei von den zehn Mitarbeitern die Philosophie der Führungsebene, verbreiten sie im Team und werden zu deren Botschaftern in der Mannschaft, im besten Fall für die wertschätzende Kultur.[9] Es gibt jedoch auch die Minus-2: Die beiden Leute, die aus irgendwelchen Gründen eine andere Sicht auf die Wirklichkeit haben, unzufrieden und pessimistisch sind oder ausgeprägte charakterliche Schwächen haben. Dazu kommen die Personen in der Mitte. Das sind die meisten – und sie gilt es zu überzeugen."

Aber was ist mit den Miesepetern?

„Der Punkt ist tatsächlich, Frau Jungmann: Wie geht die Vorgesetzte mit den beiden schlecht gestimmten Mitarbeitern im Team um? Es ist Aufgabe der Führung, den beiden klar zu sagen, es gehöre zur Kultur im Haus, anderen respektvoll und zugewandt zu begegnen – und das von ihnen einzufordern. Das heißt: Jeder darf seine Sichtweise äußern, auch eine abweichende oder warnende, aber keiner darf

---

[8] Kraus-Wildegger (2019).
[9] Frey et al. (2024), Frey (2015).

13 Verteidigung gegen Mobbing und Intrigen

seine schlechte Laune an anderen auslassen. Wer etwa unzufrieden mit den Abläufen ist, darf jederzeit einen konkreten Vorschlag machen, wie es besser gehen könnte – und der ist von den Vorgesetzten aufzugreifen, wenn er sinnvoll ist.

Aber meist geht es dauerhaft unzufriedenen Menschen nicht um bessere Wege für die Zukunft, sondern eher darum, ihre schlechte Stimmung zu teilen und zu verbreiten, auch mit rücksichtslosem Verhalten. Sie suchen nach Unterstützern für ihre Sicht der Dinge: Entscheidend ist, ob und wie sich das übrige Team dagegen wehrt. Sonst kann sogar ein einziger Dauernörgler und Negativbotschafter die ganze Teamkultur zerstören.

Für die Führungskraft kommt hinzu, wie viel Energie für ihre Aufgabe und die übrigen Mitarbeiter abgezogen wird, muss sie sich immer wieder auf die zwei schwierigen Leute konzentrieren. Auch deshalb ist ein entschiedenes Einschreiten gefragt, verändert sich deren Verhalten nicht: bis hin dazu, den beiden zu sagen, damit hätten sie keine große Zukunft im Unternehmen. An der Stelle zeigt sich auch, wieso Wertschätzung für die Führung nicht heißt, es allen recht machen zu wollen, sondern vielmehr, klare Standards für einen fairen Umgang miteinander zu setzen.

Deshalb gehört es zu den Führungsaufgaben, einzugreifen, wenn ein Mitarbeiter immer wieder mit unkollegialen Gesten auffällt. Die Vorgesetzte muss das ansprechen, zunächst unter vier Augen, weil es nicht hinzunehmen ist. Es muss nicht gleich mit einer disziplinarischen Maßnahme verbunden sein. Doch sie sollte sagen, was sie gesehen hat, und kollegiales Verhalten verlangen: ‚Um als Team zu gewinnen, müssen wir zusammenstehen.' Ihren Erfolg als Führungskraft macht aus, wie viele dem in der Mannschaft nachkommen: Denn der Teamgedanke steht und fällt damit, inwieweit er von allen oder zumindest von vielen gelebt wird.

Eine gute Idee ist, dafür auch auf die Verbindungsleute, die Multiplikatoren in der Mannschaft zu setzen: auf die Leute, für die Spielregeln zählen und die das mit ihrer Haltung im Alltag zum Ausdruck bringen. Jede Führungskraft sollte sie ermutigen, zu vermitteln und zu schlichten, sollten Regeln von den immer gleichen im Team verletzt werden.

Die Verbindungsleute werden überdies in ihrer Rolle bestärkt, indem die Führungskraft und andere Teammitglieder sie ermuntern und bestätigen. Das macht es ihnen leichter, den schlecht Gestimmten zu sagen, wann sie zu weit gehen und wie es besser geht. Zudem können sie im Betriebsrat aktiv werden, zum Beispiel als Übersetzer des innerbetrieblichen Wertesystems und dafür mehr Bewusstsein sowie aktuelle Bezüge schaffen.

Gemein ist solchen Multiplikatoren: Als Meinungsführer geben sie Rückmeldungen. Verstößt jemand gegen die Regeln, reden sie mit ihm. In einem Vier-Augen-Gespräch weisen sie einen Egospieler etwa auf ein Foul hin und bauen Druck auf. Sie sagen ihm, seine Geste sei nicht fair. Oder: zu Gemeinschaft gehöre, sich gegenseitig zu helfen und Erfolge zu teilen.

Das überzeugt aber nur, wenn die Führungskräfte mit gutem Beispiel vorangehen, gemeinschaftsförderndes Handeln loben oder im Extremfall unkollegiales Verhalten bestrafen. Das sollte nur sehr dosiert geschehen. Doch wenn jemand kein Teamplayerverhalten zeigt, ist es die Aufgabe guter Führung, ihn dahin zu bringen – und die der Mannschaft, die Chefin zu unterstützen."

Was, wenn die Mannschaft doch ein festes Regelwerk braucht, Herr Frey?

„Kommt es häufig zu respektlosem Verhalten im Teamalltag, lässt sich meist viel davon abfangen, einigen sich alle auf einen Verhaltenskodex und die Regeln dafür. Besser ist, sie nicht von oben vorzugeben, sondern von den Teammitgliedern gemeinsam erarbeiten zu lassen: Respekt, Zuhören und Aufmerksamkeit sollen dabei inhaltlich eine zentrale Rolle spielen. Solche Spielregeln lassen sich auch in Schulen und Universitäten gemeinsam erstellen und leben. Dabei muss nicht alles verschriftlicht werden. Aber bei grundlegenden Geboten hilft es mehr als bloße Absprachen, vor allem, wenn die Gebote neu eingeführt und schwierige Zustände damit aufgebrochen werden sollen – auch, um immer wieder auf sie verweisen zu können.

Später können die Verbindungsleute und die Schlüsselspieler im Team den Vorgesetzten wie der Mannschaft vorschlagen, die Regeln bei Bedarf zu ergänzen. Es lässt sich auch eine Regel der Woche oder des Monats benennen, falls Dinge wie höfliches Nachfragen bei Abgabeterminen aufgrund stressiger Umstände unterzugehen drohen – und die anderen Gruppenmitglieder es ebenfalls eine gute Idee finden, darauf hinzuweisen. Mit der Zeit nimmt die Gefahr für solche Schieflagen meist ab: Ist faires Verhalten anhand fester Regeln eingeübt, setzt es sich in den Teams fest, sodass kaum mehr nachgefasst werden muss und es zur gelebten Kultur wird.

Wird Wertschätzung allmählich zur Tradition im Unternehmen, weil sie seit vielen Jahren von den Leuten gelebt wird, ist immer wieder hervorzuheben, wie glücklich alle sein können, solch eine Kultur zu haben."

Und wenn die Überzeugung fehlt, sich an Werte und Regeln zu halten?

„Ja, nicht bei allen Menschen lassen sich das Gewissen und die Einsicht dafür finden. Für die Einzelnen heißt das: Werden sie auf ihre Regelverletzung angesprochen, zeigen aber wiederholt keine Einsicht, müssen die vorgesehenen konkreten Konsequenzen für den Betreffenden folgen – und das Einschreiten der Führungskraft ist zwingend. Im schlimmsten Fall muss darüber nachgedacht werden, welche arbeitsrechtlichen Schritte zu unternehmen sind.

Zugleich braucht es nach jedem Regelverstoß, der immer Unruhe ins Team bringt, wieder die Menschen im Team und an seiner Spitze, die den Wertekompass der Mannschaft von Neuem einnorden. Mit Blick auf: Was sind die Regeln unseres Umgangs miteinander? Vor allem dort, wo die Regeln noch nicht fest verankert sind, sind wieder die Verbindungsleute und Schlüsselspieler im Team gefragt. Leute, die unterstreichen, wieso bestimmte Dinge nicht gehen: weil sie andere Menschen herabwürdigen, sie verächtlich machen und verletzen. Ohne ihr beherztes Einschreiten würden solche Dinge weiterlaufen, weil sie nicht zum Thema werden."

Wieso brauchen Führungskräfte noch mehr Werteorientierung als Mitarbeiter?

„Weil Führung ein großes Bewusstsein für Werte und Ethik erfordert, wie Erziehung, kurz einen Wertekompass. Er befähigt Führungskräfte oder auch Betriebsräte eines Unternehmens, zu erkennen, wann eine Verletzung der internen Werte droht und sie einschreiten müssen.

13 Verteidigung gegen Mobbing und Intrigen

Denn die Führungskraft sticht heraus – sie weist die Richtung, sie gibt Orientierung. Ganz so, wie es die beiden Sprichwörter ausdrücken: ‚Die Treppe kehrt man von oben' oder ‚Der Fisch fängt am Kopf zu stinken an'. Das heißt freilich: Sollen Führungskräfte ein gutes Vorbild für die Mitarbeiter abgeben, brauchen sie eigenen Rückhalt in einem starken Wertebezug. Bildung mag hier helfen – vor allem den führenden Köpfen im Unternehmen, vom Chef bis zum Betriebsrat.

Ein Teilnehmer eines Coachings hat mir einmal gesagt: ‚Wie man wertschätzend führt, kann man in teuren Seminaren lernen. Oder bekommt es von klein auf mit.' Richtig daran ist: Vor allem Selbsterfahrung lehrt Wertschätzung. Jeder beobachtet früh an anderen Menschen, was als angemessen oder unangemessen gilt, vor allem mit Blick auf die eigene Rolle. Das beginnt im Elternhaus und setzt sich in Kindergarten und Schule fort, den wichtigsten Lernorten für soziales Verhalten in jungen Jahren.

Deshalb genießen alle einen Startvorteil, hat in ihrem Elternhaus und ihrer Erziehung Wertschätzung gezählt: Wem das nicht vergönnt war, der hat trotzdem eine Chance. Früher oder später wird er sich hoffentlich vom Elternhaus emanzipieren, andere Vorbilder suchen und aufholen. Zumal sich nie sagen lässt, jemand hat die Anlage zum Führen oder hat sie nicht: Die Befähigung dafür entwickelt sich und lässt sich auch entwickeln.

Ebenso sind hier Schule und Gesellschaft gefragt: mit Möglichkeiten zur sozialen Teilhabe für Kinder aus einkommensschwächeren Schichten. Wem ein Kinobesuch oder das Schwimmbad mit seinen Freunden häufig nicht vergönnt ist, lernt früh, nicht dazuzugehören. Das erschwert das Ausbilden von Selbstrespekt ebenso wie das Empfinden, anderen gegenüber ebenbürtig zu sein und sich auf einer Augenhöhe mit ihnen zu bewegen.[10] Wer als Berufseinsteiger in dem Feld an sich arbeiten will, kann ihm geneigte Kollegen um behutsame Hinweise bitten: bei einem konkreten Anlass, wenn er sich anderen gegenüber besonders zugewandt gezeigt hat oder sie mit seiner Wortwahl und Körpersprache eher befremdet hat.

Oft spüren Betroffene nicht, wie ich-zentriert ihr Verhalten auf andere wirkt. Wer einen Kollegen darauf ansprechen möchte, muss Vertrauen zu ihm aufgebaut haben – und fragen, ob er eine Rückmeldung zu einer bestimmten Situation haben möchte. Will der andere das nicht, bleibt nur, es so stehen zu lassen – außer, er beeinträchtigt mit seinem Verhalten das Verhältnis zu Kunden oder Kollegen: etwa mit Egoismus oder mangelnder Teamfähigkeit."

> **Praxistipp bei unpassendem Verhalten von Kollegen**
> - Darüber hinwegzuschauen geht nicht mehr, sobald jemand mit seinem Verhalten die Beziehungen zu Kunden oder den Teamgeist beeinträchtigt. Erst recht, wiederholt er sein verletzendes Verhalten so oft, dass es andere in ihrer Würde kränkt oder sie krank macht.
> - Das Überbringen sowie die Annahme der Botschaft erleichtert, ein optimistisches Menschenbild vor Augen zu haben, wonach Menschen nicht nur ihre Einstellung, sondern auch ihr Verhalten ändern können.
> - Die Chancen auf Einsicht steigen zudem, wenn es gelingt, dem Empfänger die Botschaft gelassen zu vermitteln, statt ihn bissig auf unglückliches Verhalten hinzuweisen.
> - Oft kommt die Botschaft nicht auf Anhieb an: Deshalb mehrmals wiederholen, wenn nötig, sowie dem anderen einige Zeit geben, sie anzunehmen und umzusetzen.
> - Die Botschaft als Lerngeschenk zu verpacken und in Positives einzubinden, hilft dabei wieder weiter.

---

[10] Renger & Renger (2022).

14

Die eigene Gegenwehr – für andere, für mich und überall

Herr Frey, wieso ist Gegenwehr an jedem Ort gefragt?

Professor Frey: „Ein wesentliches Zeichen einer wertschätzenden Kultur ist es, Kollegen beizustehen, wenn sie drangsaliert werden. Dagegen wehrt sich nicht nur das Opfer, wenn es kann, sondern auch andere Menschen pochen darauf, die Wertschätzung wiederherzustellen. Meine ich es ernst mit ihr, zählt, sich nicht wegzuducken: vielmehr, sich zuständig zu fühlen.

Und das nicht nur am Arbeitsplatz, sondern an jedem Ort, wie im Bus oder der Bahn: etwa bei Pöbeleien gegen Frauen oder Menschen mit Beeinträchtigungen. Erst recht, wenn jemand dabei in eine akute Gefährdung gerät, muss ich sofort einschreiten. Das heißt: Zunächst das Opfer schützen und es aus der Situation herausziehen – möglichst zu mehreren und nicht allein. Die konkrete Bitte dazu richtet sich an einzelne Fahrgäste, indem ich sie gezielt ansprechen: ‚Sie mit der blauen Jacke, können Sie mir helfen?' Bei großer Gefahr lässt sich die Notbremse ziehen.

Auch Schmähungen verlangen, Aufmerksamkeit für die Situation zu erregen und den Umstehenden zu vermitteln: Hier werden die Grenzen von Würde und Anstand überschritten, hier ist Beistand gefragt. Wichtig ist: Der Täter oder die Täterin werden angesprochen. Wer mit den Tätern redet, sagt ihnen so ruhig wie möglich, was genau an ihrem Verhalten nicht okay ist. Sind genügend Leute da und zeigen sich solidarisch, schützt die gemeinsame Unterstützung dabei das Opfer sowie jeden seiner Helfer.

Das Wissen, was Einzelne in kritischen Situationen machen können, lässt sich zudem erwerben wie in einem Erste-Hilfe-Kurs: vor allem mutiges Verhalten, sobald jemand abwertende Sprache verwendet, gegen andere hetzt oder aggressiv wütet.

Wie sich ausländerfeindlichen Sprüchen oder sexistischem Verhalten begegnen lässt, wird dafür in Rollenspielen trainiert. Das erste Ziel ist: Die Teilnehmer erkennen, wie sie damit umgehen können, und lösen sich aus ihrer Schockstarre. Mit solcher Vorbereitung wachsen die Sicherheit und die Fähigkeiten, wie sich im Notfall einschreiten lässt. Die erste Frage dazu lautet für jeden: ‚Wenn nicht ich, wer dann?', ‚Wenn nicht jetzt, wann dann?'"

Alltagstipp:

Für Kurse zur Zivilcourage gibt es deutschlandweit verschiedene Anbieter. Einer davon ist der Verein ‚Zivilcourage für alle' in München mit Dieter Frey als Schirmherr. Im Jahr 2021 hat der Verein in der Kategorie ‚Demokratie stärken' den ‚Deutschen Engagementpreis' erhalten, eine Auszeichnung für bürgerschaftliches Engagement. In Trainings vermitteln seine Mitglieder, wie im Notfall gehandelt werden kann, ohne sich selbst zu gefährden.

Wann sollte ich für den Kollegen eintreten?

„Auch am Arbeitsplatz sollte niemand darauf warten, bis Betroffene um Hilfe bitten. In die Enge getriebene Menschen sind oft verängstigt. Manchmal denken sie sogar, sie hätten es nicht besser verdient. Jedoch sollte keiner vorschnell für seinen Kollegen antworten; das wäre übergriffiges Verhalten. Deshalb muss ich in der Situation entscheiden, was das Richtige ist. Auch, ob ich auf eine fiese Bemerkung hin spontan etwas sage oder besser nochmal eine Nacht darüber schlafe.

Der Widerspruch darf durchaus spontan sein. Zum Beispiel: Ein Kollege wartet ungeduldig auf die Berechnung eines Angebots und schnauzt den anderen an: ‚Für jemanden in deinem Alter ist das wohl zu schwierig.' Ist der Angeredete zu verstört, um darauf etwas zu sagen, kann ich für ihn einspringen und dem Widersacher entgegnen: ‚Das war jetzt wohl etwas überzogen.' Antwortet der Angeredete indes seinem Widersacher direkt, lässt sich ihm beipflichten: ‚Ja, das fand ich auch etwas daneben.' Zudem lässt sich darüber nachdenken, ob das gereicht hat oder noch etwas zu tun ist. Falls es nicht die erste blöde Bemerkung war oder eine überaus heftige, kann es zudem ratsam sein, nicht sofort einzuschreiten und stattdessen zu überlegen, wie sich gegen solches Verhalten im Team vorgehen lässt.

Gerade wenn es um mehr als einen einmaligen Vorfall geht, ist gemeinsames Handeln angesagt und nach Unterstützern zu suchen. Doch vorher ist mit dem betroffenen Kollegen wieder zu klären, ob er damit einverstanden ist, wenn andere ihm gegen seine Widersacher helfen. Will er Dritte lieber heraushalten, lässt sich fragen, was für ihn die ersten Schritte der Gegenwehr sind und ob der eigene

Beistand dabei gewünscht wäre. Falls der Betroffene unterstützt werden möchte, ist mit allen Beteiligten abzusprechen, mit welcher Strategie und welcher Zielsetzung vorgegangen werden soll. Wieder eingeübt werden muss zudem, wer im Gespräch mit dem Widersacher was betont.

Sind im Unternehmen feste Spielregeln für den fairen Umgang miteinander vereinbart worden, hilft das beim gemeinsamen Vorgehen, weil sich in der Unterredung darauf verweisen lässt. Zwar werden die Täter meist nicht sofort einsichtig reagieren – aber zumindest merken, wie wenig ihr Verhalten hingenommen wird und gewünscht ist.

Doch ob spontaner Beistand oder mit Plan: Zivilcourage heißt immer, den Mut zum Widerspruch zu haben, sich klar zu positionieren – und dennoch Brücken zu bauen und eine Zuspitzung zu vermeiden. Der Einstieg gelingt am besten wieder mit friedfertiger Kommunikation und klaren Aussagen wie: ‚Das finde ich nicht okay' – ob im Büro, im Seminar, in der Werkstatt oder einer Straßenbahn.

Setzt das Gegenüber eins drauf und sagt: ‚Das geht dich oder euch nichts an', heißt es umso mehr dranzubleiben und stets zumindest den Grundgedanken zu wiederholen: ‚Ich finde es trotzdem nicht korrekt.' Noch günstiger ist, die Erwiderung aufzugreifen, den anderen einzubinden und ruhig zu erwidern: ‚Was mich etwas angeht, entscheide schon auch ich, nicht nur Sie.' Oder etwas deutlicher: ‚Was mich angeht, entscheide ich.'

Beide Erwiderungen verweisen den anderen zwar auf seinen Platz, aber sie verteidigen den eigenen Raum, meinen Raum. Greift die Entgegnung aber in den Raum des anderen ein, fühlt er sich bedroht, und die Situation spitzt sich zu. Ungeschickt wäre daher, in einer unübersichtlichen Lage überdeutlich zu werden: ‚Was mich etwas angeht, entscheide ich, nicht Sie!' Denn solch ein Satz ist auch eine Macht- und Autoritätsaussage: Sie weist den anderen zurecht wie ein Schiedsrichter, der Rot gibt und den Übeltäter aus dem Spiel schickt.

Ein genervter Vorgesetzter kann aber diesen Satz ‚Ich entscheide, nicht Sie!' als rote Karte ziehen, will ein Mitarbeiter ihm erklären, was den Vorgesetzten als Chef etwas angeht und was nicht. Da muss auch die Autorität des Vorgesetzten verteidigt werden und dafür braucht es manchmal die direkte Führung mittels roter Karten sowie von Entscheidungsgewalt. Doch sehr sparsam: Zu oft eingesetzt, erhöhen solch scharfe Erwiderungen nur die Stufe der Eskalation.

Gerade in einer beklemmenden Lage hilft Streit niemandem weiter, am wenigsten jemandem in Bedrängnis oder dem Opfer einer Schmähung. Ein fortgesetzter Widerspruch entlastet sie viel mehr. Je mehr Leute dagegenhalten, desto eher dringt der Widerspruch durch. Bloß braucht es oft einen langen Atem, bis er Wirkung zeigt."

> **Praxistipp:**
> Auf eine abfällige Bemerkung hin kurz überlegen: „Schreite ich spontan für den Kollegen ein oder schlafe ich noch einmal darüber? Was will der Betroffene?" Ist gemeinsames Handeln im Team gefragt, erwägen: „Wer könnten die Unterstützer in der Mannschaft sein? Und wie sieht das Drehbuch für das gemeinsame Vorgehen aus?"

Wohin mit der eigenen Wut darüber, wie meiner Kollegin zugesetzt wird?

„Ja, das ist schwer zum Aushalten. Das ist mir vor Jahren an einer norddeutschen Universität nicht anders gegangen: Auch ich habe Emotionen, und die entwickeln sich.

Zum Beispiel, wenn die sonst nette Mitarbeiterin plötzlich die andere harsch anfährt und ihr vorwirft, sie sei viel zu wenig präsent, kaum erreichbar – und dürfte mit ihren drei Kindern keine Führungsposition innehaben. Das mit den Kindern hat mich seinerzeit auf die Palme gebracht, zumal die Abwesenheit so verabredet war.

Der angegriffenen Mitarbeiterin ging es nicht gut, weil sie keine Chance hatte, zu widersprechen. Auch mit ihrer Kollegin musste ich reden, vor allem über deren scharfen Ton. Aber nicht sofort: Mir war klar – gleich oder am nächsten Tag würde ich als Vorgesetzter zu emotional dafür sein so aufgebracht, wie ich war. In dem Fall hat geholfen, mir am Wochenende die Zeit zu geben, darüber nachzudenken, was mich an dem Vorfall so bewegt hat, wie ich das Gespräch dazu angehen will, und die Sätze dafür zu Hause zu üben.

Als ich bereit war, habe ich der Kollegin angekündigt, ich wolle nochmals auf unsere Telefonkonferenz zu dritt zurückkommen. Am nächsten Tag bin ich ins Gespräch eingestiegen mit: ‚Willst du erst meine Sichtweise dazu hören oder mir deine schildern?' Diese Wahl zu lassen, ist wichtig: zumal mein Gegenüber vielleicht etwas zum Hintergrund sagen will, was ich nicht sehe.

Weil jedoch zuerst meine Sichtweise gefragt war, habe ich gesagt: ‚Ich konnte mit Blick auf deine Überlastung nachvollziehen, was du inhaltlich geäußert hast – aber nicht deinen scharfen Ton dabei.' Es liegt am anderen, inwieweit er oder sie sich als nächstes dazu erklären möchte. In dem Fall hat die Frau gesagt: ‚Ich fühle mich überlastet, weil ich immer mehr Arbeit übernehmen muss: Deshalb bin ich so hart geworden; sonst hätte ich angefangen zu weinen.'

Liegen die Gründe auf dem Tisch, lässt sich darüber sprechen, was sich ändern lässt: etwa, welche Aufgaben sie an Kollegen abgeben kann oder wie sie mehr Mut entwickelt, nein zu sagen, werden neue Aufgaben verteilt. Nicht vergessen werden darf, noch einmal als Vorgesetzter nachzuhaken: ‚Gibt es noch etwas, was ich nicht sehe?' Auch wer sich unfair verhält, den hat irgendetwas dazu getrieben – und das wahrzunehmen, hilft mir, angemessen zu reagieren und die eigenen Emotionen herunterzufahren.

Noch lieber wäre es mir aber, unfaire, ungerechte Handlungsweisen anderen gegenüber weder zu erleben noch darin verwickelt zu sein. Kommt es jedoch zu solchen Vorfällen, herrscht das Gefühl bei mir vor, das geht mich etwas an. Deshalb kämpfe ich für eine Welt, worin sich das Herabsetzen oder gar Entwürdigen von Mitmenschen nicht ausbreitet. Dafür suche ich nach Lösungen oder Verbündeten, bis die Sache geklärt ist."

Jeder bekommt mal einen dummen Spruch ab. Übergehen Sie ihn, Herr Frey?

„Es kommt darauf an, wie gut ich jemand kenne und was er sagt. Neulich hat mich ein befreundeter Kollege geneckt: ‚Ja, ja, der Herr Frey hat immer einen lockeren Spruch drauf, kommt aber nie mit etwas Wissenschaftlichem rüber.' Ich konnte mitlachen, davon fühle ich mich nicht beleidigt: Vielmehr weiß ich, das ist so weit weg von meinem detailversessenen Ruf, das stimmt nicht. Ich muss über mich lachen können; das sollte sich jeder bewahren.

Kommt eher eine giftige, meist neidische Spitze angeflogen, lässt die sich oft mit einem ebenso dummen Spruch abschmettern. Zum Beispiel bekam ich einmal den Vorwurf zu hören: ‚Herr Frey, Sie tanzen auf allen Hochzeiten.' Da habe ich entgegnet: ‚Ja wunderbar, Hochzeiten sind doch immer schön.' Ich war hinterher zufrieden mit mir: Es zeigt eine gewisse Souveränität, auf der gleichen Ebene einen Konter setzen zu können.

Anders sieht das aus, wenn der dumme Spruch meine Integrität bedroht und in Richtung Lüge geht, also Unwahres über mich verbreitet. Wie die Behauptung: ‚Herr Frey bezieht sein Honorar, ohne dass er etwas dafür macht.' Oder: ‚Er schreibt für seine wissenschaftlichen Artikel von anderen ab.' An der Stelle muss ich scharf widersprechen, erst recht, wenn es vor anderen Leuten gesagt wird. Werde ich öffentlich bloßgestellt, muss ich sofort reagieren. Weil ich sehe: Da will jemand mit unwahren Behauptungen meinen Ruf schädigen und mich in eine Ecke stellen.

Deshalb zählt, sich einen dummen Spruch nicht gefallen zu lassen, sobald der meine Person verleumdet: auch, damit mein Selbstverständnis nicht darunter leidet und ich mich am nächsten Morgen wieder im Spiegel anschauen kann.

Das geht sogar auf eine Grundidee des Humanismus zurück: Bereits der Philosoph Immanuel Kant hat betont, es gehe nicht nur um Respekt dem anderen gegenüber, sondern auch immer um den Respekt vor sich selbst. Dem entgegenzutreten, was ich als beleidigend empfinde, ist deshalb auch eine Frage der Selbstachtung. Jeder muss sich manchmal Wertschätzung erkämpfen und sich so sichtbar machen. Daher ist das oberste Gebot: ‚Wirst und fühlst du dich nicht respektvoll behandelt, sprich es deutlich aus!' Wenn ich gekränkt werde, mein Ruf infrage gestellt wird – da ist Gegenwehr gefragt, und ich muss einschreiten.

Manchmal wird die Gegenwehr abgetan mit: ‚Du bist zu emotional, zu uncool.' Da kann ich mir überlegen: ‚Hat der andere Recht damit oder nicht?' Ich muss es aber nicht gleich abschmettern, weder widersprechen noch eskalieren. Falls der andere Recht damit hat, lässt sich sagen:

‚Ich stehe dazu. Die Sache ist so schwerwiegend, da kann ich nicht mehr locker sein. Das möchte ich zeigen können.' So gelassen zu entgegnen, wird jedoch umso schwieriger, je näher einem die Person steht oder wenn es sich um Vorgesetzte handelt. Da fällt eine knappe Entgegnung oft leichter als: ‚Jeder Mensch hat seine Emotionen – und das sind meine. Sie haben durchaus ihre Vorteile.'

Allerdings ist es klüger, nichts darauf zu sagen, wenn der andere nicht offen für Argumente im persönlichen Bereich ist oder sie für ihn nicht zählen. In dem Fall stellt sich vielmehr die Frage: Bewege ich mich im passenden Umfeld, wenn ich jede Emotion vor der Tür lassen soll? Solange jemand nicht unbeherrscht reagiert, laut wird, andere anfährt oder ständig ausflippt, darf jeder zeigen, wie sehr ihn eine Äußerung des anderen trifft und mitnimmt. Gilt das als nicht zulässig, wird es für alle schwer.

Mit Blick auf die eigene Gemütsruhe hilft auch, im täglichen Miteinander gut unterscheiden zu können: Wann muss ich widersprechen? Wann kann ich großzügig sein und brauche nicht alles so bierernst zu nehmen? Zum Beispiel, wenn sich Spitzen wie ‚der alte weiße Mann' ins Gespräch einschleichen. Da ist ratsam, nicht einzuschnappen, sondern eher wieder den dummen Spruch zurückzugeben, etwa mit: ‚Zum Glück habe ich noch keine weißen Haare.' Oder: ‚Sie meinen jetzt ‚weis' mit s, nicht mit scharfem ß, nicht wahr?' Fällt mir nichts ein, bleibt der Spruch stehen, und ich blende ihn aus.

Denn: Für das Grundrauschen ist es besser, einiges aushalten zu können, damit keine konfrontative, bissige Note ins Gespräch hineinkommt. Vor allem, wenn mein Ziel ist, ein Brückenbauer zu sein: Dafür muss ich eher über der Sache stehen als in ihr und locker bleiben; alles andere macht das Leben noch schwieriger. Und mir sagen: ‚Humor baut Brücken, auch über dumme Sprüche hinweg.'"

Wie wehre ich mich gegen Kränkungen im Job?

„Wie gesagt: Wertgeschätzt wird, wer sich selbst schätzt – und Grenzen dafür zieht. Zum Beispiel bei Streitigkeiten zeigt: So weit kannst du bei mir gehen, aber nicht weiter. Für mich habe ich entschieden, noch einen Schritt mehr zu machen und zu sagen: ‚Will ich den Respekt vor mir nicht verlieren, muss ich nicht nur für mich einschreiten, sondern auch für andere.' Deshalb bin ich fast umso strenger, wenn andere unter der Gürtellinie getroffen werden.

Dennoch: Für jeden ist es besser, für sich selbst einzutreten und angemessen auf Kränkungen reagieren zu können. In unseren Trainings zur Zivilcourage in den vergangenen Jahrzehnten hat sich gezeigt, wie wichtig es für Erwachsene, sogar bereits für Kinder ist, zu lernen, sich gegen verächtliche Aussagen zur eigenen Person zu wehren. Wer persönlich angegangen wird, muss Stellung beziehen und wissen: Was sage ich und wie verhalte ich mich? Erste Hilfe, auch bei Kränkungen, heißt wieder, zumindest einen Satz zur Gegenwehr parat zu haben, zum Beispiel ‚Ich finde das unfair', und ihn tapfer zu wiederholen, wenn das Gegenüber sagt, das sei ihm egal – etwa mit ‚Ich finde das trotzdem nicht fair'.

Sonst passiert erfahrungsgemäß vieles durch Geschehenlassen. Reagiere ich nicht, wird das vom Widersacher oft so interpretiert, dass sein Verhalten korrekt sei. Manche gehen noch weiter: Ohne Widerspruch denken sie, auch die Zuhörer würden hinter ihnen stehen. Sie setzen ihre Gemeinheiten fort, und ich bin als der Gekränkte auf der Verliererstraße. Deshalb zählt, sich zu wehren.

Dafür lässt sich auch einen Schritt zurücktreten und fragen: ‚Wieso trifft mich die Äußerung jetzt so heftig?' Zum Beispiel: Mir ist es peinlich, andere könnten von mir denken, ich sei geldgierig und wolle keine Leistung für mein Honorar bringen. Das rückt mich in ein falsches Bild und verletzt mein Selbstverständnis. Jeder hat so eine Achillessehne: eine Schwachstelle, an der ihn Dinge besonders schmerzen, erst recht, wenn sie öffentlich gesagt werden. Wer jedoch um sie weiß, kann seine Erregung besser einordnen, wird die Stelle berührt. Das lässt mich weniger emotional antworten, und ich kann wieder schneller auf eine sachliche Ebene kommen.

Dafür mache ich mir bewusst, was genau mich kränkt und wovon ich mich verletzt fühle. So lässt sich mein Gegenüber ansprechen: ‚Du hast mich damit gekränkt, wie du meine Arbeit bei den Kollegen schlechtgeredet hast, und zwar hinter meinem Rücken und das mehrmals.' Was genau die Verletzung ausmacht, muss klar benannt und eingekreist werden. Sonst kann der Angesprochene nicht viel damit anfangen.

Ebenso wichtig ist, das Gespräch mit dem Angreifer oder der Angreiferin zunächst unter vier Augen zu führen, wieder, damit ich sie nicht bloßstelle. Doch der Haken dabei ist: Mancher oder manche Angegriffene ist so einer Aussprache nicht gewachsen und hat Angst davor. Zumal die Widersacher oft die Mächtigeren sind. Deshalb gilt auch hier: ‚Such dir Unterstützung, ob im Unternehmen oder außerhalb – aber immer so, dass du nicht alleine bist.'

Zunächst lässt sich im Team schauen, wer eine ähnliche Sicht auf die Dinge hat und meine Werte teilt: An den oder die wende ich mich zuerst. Mit ihnen lässt sich darüber reden, was vorgefallen ist: zumal der Blick von außen manchmal hilft, Dinge wahrzunehmen, die im eigenen Verhalten begründet liegen und die der Betreffende bisher übersehen hat. Danach lässt sich das Gespräch mit demjenigen planen, der mich gekränkt hat.

Führt die erste Unterredung mit ihm nicht weiter, ist die nächste Stufe, den Kollegen um Unterstützung zu bitten, sich gemeinsam mit dem Angreifer zu unterhalten und ihn darauf hinzuweisen, sein Verhalten sei unannehmbar. Zu überlegen ist dafür auch: ‚Wer hat Gewicht in der Mannschaft und ist ein Botschafter für meine Sache und in meinem Sinn?'

Fruchtet das Gespräch zu dritt ebenfalls nicht, können mehrere aus dem Team zu einem weiteren hinzugezogen werden. Gerade für angegriffene Menschen zählt, sich nicht allein und als Opfer zu fühlen, sondern im Umfeld nach Hilfe zu suchen. Nicht immer erfüllt sich die Hoffnung, dafür genug Verbündete im eigenen Team zu finden, aber häufiger als viele denken.

Unabhängig davon, ist zu entscheiden, wann die Führung eingebunden werden muss: spätestens, wenn das herabsetzende Verhalten eines Kollegen überhandnimmt. Auch mit der Führungskraft lässt sich dazu eine Ursachenanalyse machen und fragen, inwieweit das eigene Auftreten die Ablehnung des anderen begründet und wie sich gegensteuern lässt. Zur eigenen Entwicklung trägt es viel bei, eine solche Klärung mit verschiedenen Leuten anzugehen, obwohl das schwerfällt und die Umstände meist nicht angenehm sind.

Sind aber alle Wege ausgereizt oder bleibt die Unterstützung von Kollegen oder Vorgesetzten aus, steht eine Entscheidung an: Die Betroffenen müssen überlegen, ob sie in ihrem Team, an ihrem Arbeitsplatz in einer veränderbaren oder nicht veränderbaren Welt leben. Wieder nach der bekannten Problemlösestrategie: ‚Love it, change it, leave it, challenge it!'

Lässt sich für die Betroffenen bei aller Geduld und Energie nichts ändern, kommt die Exitstrategie zum Tragen. Schon aus Selbstfürsorge heraus: Bevor ich krank werde, verlasse ich lieber das Unternehmen, sofern mir das möglich ist.

Geht das nicht, suche ich mir spätestens jetzt außerhalb Hilfe: etwa bei einem Rechtsbeistand, der Gewerkschaft, einer Selbsthilfegruppe oder einem Psychologen."

Entwertet wird auch oft mit Aggression. Ein Teufelskreislauf?

„Der erste und schwerste Schritt ist, den Angriff nicht ebenso aggressiv zu erwidern und damit einen Teufelskreislauf von Rache – Missetat gegen Missetat oder Schimpfwort gegen Schimpfwort – zu eröffnen. Wie gesagt, verlangt die Selbstbehauptung zwar, auf boshafte, erst recht verleumderische Bemerkungen hin unbedingt zu antworten und sie nicht stehen zu lassen, aber in einem beherrschten Ton.

Noch schwieriger wird das, will der Angreifer keine Antwort hören, fährt bei meiner Gegenrede immer wieder dazwischen oder hört schlicht nicht zu und schottet sich ab. Auch hier kann es helfen, den immer gleichen Satz zu entgegnen. Zumal ein Angreifer mich noch mehr trifft als bei seinem ersten aggressiven Akt, lässt er meine Antwort darauf nicht zu: Er entwertet so nicht nur meine Gedanken und Gefühle; er lässt mich auch im Unklaren darüber, wieso er mir kein Gehör schenkt.

Wenn zum Beispiel ein Geschäftsführer dem Bereichsleiter Finanzen vor seinen Kollegen und in großer Runde vorwirft: ‚Sie haben voriges Jahr die Förderung der talentierten Frauen unter unseren jungen Führungskräften in Ihrem Bereich völlig vergessen und deshalb totalen Mist gebaut.' Gibt er dem Leiter Finanzen hinterher nicht die Möglichkeit, etwas dazu zu sagen und schmettert ihn ab mit ‚Ich will nichts hören!', schürt er dessen Wut und Widerstand statt seine Einsicht, die Schwerpunkte bei seiner Arbeit anders gewichten zu müssen.

Wie jedes kränkende Verhalten können solche verbalen Ohrfeigen aber in einer Gruppe der Ausgangspunkt dafür sein, die vorherrschenden Handlungsweisen sowie deren Spielregeln zu überdenken und zu beschließen: ‚So kann es nicht weitergehen. So ein kränkendes Verhalten wollen wir nicht, auch wenn es etwas zu kritisieren gibt.' In der Folge lassen sich neue Regeln festlegen. Zum Beispiel die eine: ‚Kränkendes Verhalten sprechen wir sofort an und sich möglichst viele von uns deutlich dagegen aus. Und: Wir versuchen, es zu vermeiden!'

Oft ist das nicht einfach und braucht Übung. Denn: Die Grundlagen dafür, wie konfliktfähig jemand beim Streiten ist, werden ebenfalls bereits in der Erziehung geschaffen – auch dafür, wie fair sich jemand dabei verhält, zum Beispiel nicht droht. Die ersten Erfahrungen geben zudem ein Muster vor, wie aufgeschlossen jemand anderen Menschen gegenüber ist und ob er ihnen Achtung entgegenbringen kann: erst recht, wenn er oder sie beim Streiten gekränkt worden ist. Fehlen einem die Fähigkeiten dafür, lassen sie sich immerhin noch ein Leben lang trainieren."

Wann ist es besser, zu gehen: Woran zerbreche ich?

„Ja, es gibt Personen und Situationen, die einen krank machen. Sie räumen das mentale Wohlfühlkonto leer und bringen es sogar ins Minus: Sie zerstören mich. Wer das erkannt hat, muss daraus die Konsequenzen ziehen und flüchten. Ganz klar muss für jeden sein: ‚Ich lasse mich nicht kleinmachen, ich lasse mich nicht krank machen. Ich wehre mich, ich muss nicht lieb Kind für jeden sein, ich muss nicht mit allen den Kontakt pflegen.' Wem fortwährend zugesetzt wird, ohne dass es zu unterbinden ist, für den ist der Rat eindeutig, zu flüchten.

Das schließt jedoch nicht aus, sein Gegenüber vorher zur Rede zu stellen, es zu korrigieren, zu kritisieren und sogar zu sagen: ‚Ihr Verhalten macht mich krank.' Jede/r bleibt gefordert, sich auch die Sichtweise des anderen dazu offen anzuhören.

Wer sich fürs Gehen entscheidet, macht das mit erhobenem Kopf und Gedanken, wie sie der Psychologe Viktor Frankl empfohlen hat: ‚Ich gehe selbstwirksam in meine Zukunft, entwickle eine Perspektive und Aufgabe für mich.' Das gilt erst recht nach schmerzhaften Erfahrungen wie quälendem Mobbing oder einem schweren Verlust, wenn jemand zuletzt doch seinen Job kündigen musste. Hilfreich ist, für das Danach einen Plan zu entwerfen und zu wissen, wo sich die persönlichen Tankstellen für das Aufladen meiner Energie befinden und wie sich das eigene Netzwerk schnell ankurbeln lässt."

15

Widerspruch mit Haltung

Herr Frey, verlieren wir die Fähigkeit, verschiedene Meinungen auszuhalten?

Professor Frey: „Ich habe zumindest den Eindruck, die Intoleranz nimmt zu: Zuletzt hat sich unsere Gesellschaft immer mehr polarisiert. Die Bereitschaft sinkt, den anderen verstehen zu wollen. Verschärfte Debatten, sogar um nachgeordnete Fragen wie um die Currywurst in der Kantine, verstärken den Eindruck, unterschiedliche Auffassungen seien schier nicht mehr zu ertragen.

Eine Ursache dafür sind die vielen Krisen in jüngster Zeit – von der Finanzkrise 2008 und hohen Inflation 2023 über die Flüchtlings- und Coronakrise bis hin zu den Kriegen in der Ukraine und in Nahost. Sie haben den Leuten zugesetzt, weil sie sicher Geglaubtes infrage stellen, etwa Gesundheit, Frieden und wirtschaftliche Stabilität: Die Menschen haben mehr Angst vor der Zukunft, wie Umfragen belegen,[1] und sind dünnhäutiger geworden. Ihre Zündschnur wird immer kürzer.[2] Auch die Zahl der depressiven Verstimmungen ist in allen Bevölkerungsgruppen gestiegen, vor allem in den jungen.[3]

Bedrohungen und eine hohe Verunsicherung machen die Menschen weniger belastbar. Das wiederum trägt zur Polarisierung bei: Unter Druck sehen die Leute schnell weniger das Verbindende, verlieren das Gemeinsame aus den Augen und schauen mehr auf das Trennende. Zumal die Ansichten heute nach links und rechts weiter ausschlagen als noch vor zehn Jahren – und die Bereitschaft abgenommen hat, denen zuzuhören, die eine andere Meinung vertreten als man selbst. Sie werden schnell in Schubladen gesteckt.[4] Doch wer kritische Fragen zu Impfungen hat, sollte nicht fürchten müssen, gleich als Querdenker abgestempelt zu werden, und die Begleiterin der Flüchtlinge im Dorf nicht, als naiver Gutmensch zu gelten – und beide nicht, kein Gehör zu finden.

Damit verbreitet sich eine schlechte Stimmung und die führt ins Grundsätzliche, hin zu Verlustängsten und einer Abwehrhaltung gegenüber jedem Mittelweg. Strittige Themen werden diskutiert, ohne an einer Brücke zu bauen, auf der sich aufeinander zugehen lässt. Beide Seiten fürchten, sonst aufgeben zu müssen, was ihnen wichtig ist, wie sich etwa am erbitterten Streit um eine geschlechtergerechte Sprache zeigt. Doch so kommt niemand weiter, was auf beiden Seiten zu enttäuschten Allgemeinplätzen führt wie: ‚Das ist nicht mehr unsere Sprache.'

---

[1] Erwerbspersonenpanel der Hans-Böckler-Stiftung (2024), R&V-Studie "Ängste der Deutschen" (2023).
[2] Angst-Index in R&V-Studie 2023 sowie Waldow-Meier (2022).
[3] Schnetzer et al. (2024), Resch & Parzer (2024), AOK-Gesundheitsatlas Depression (2024), Robert-Koch-Institut (2023).
[4] Grohnert (2023).

Dabei lässt sich übers Gendern im Betrieb, an der Hochschule oder in der Verwaltung sicher trefflich streiten. Sich für einen bewusst herbeigeführten Sprachwandel einzusetzen oder ihn als erzwungen und grammatisch falsch abzulehnen, ist zulässig, sogar wichtig: Das Ringen darum sollte sein. Weg von der Sache und hin zur Intoleranz führen jedoch Verunglimpfungen: Etwa der anderen Seite vorzuwerfen, den ‚Sprachdiktator' oder die ‚Sprachpolizei' zu geben.

Noch schlimmer wird es, haben Leute das Gefühl, ihre Sichtweise kommt zu kurz, weil sie mit Argumenten überschüttet werden und dem wenig entgegensetzen können, sei es inhaltlich, sei es, weil andere sie nicht zu Wort kommen lassen. Für die Zurückgedrängten kommt eine Emotion in die Debatte hinein – der Ärger darüber, den eigenen Standpunkt unter den Füßen weggezogen zu bekommen. In der Sache mag dabei das stärkere Argument das schwächere ausstechen, aber nicht in der Beziehung zum anderen hin – und die kommt in jeder Debatte zum Tragen, auch zwischen Kollegen, Verwandten und Freunden. Als Antwort auf die Frage: ‚Wie begegnest du, begegnen Sie mir?'

Was dem anderen bleibt, ist der Eindruck, seine Sichtweise werde missachtet. Es ist okay, seine Unzufriedenheit darüber zu äußern; die Gesprächspartner sollten darum wissen. Zugleich geht mit dem Gefühl, untergebuttert zu werden, ein Auftrag einher: mehr zu üben, den eigenen Standpunkt bei strittigen Themen zu beziehen und zu vertreten.

Doch der Eindruck, zu oft kein Gehör zu finden, hat bei einigen zu etwas anderem geführt: Sie schrauben jede Frage zu einer grundsätzlichen empor und zweifeln die Grundlagen des demokratischen Zusammenlebens sowie dessen Werte an. Wem es gelingt, solche Leute in Diskussionen dennoch zur Ausgangsfrage zurückzuführen, kann stolz auf sich sein: Er ist ein Brückenbauer und wirkt der Polarisierung entgegen.

Leider gibt auch die Politik oft kein Vorbild für eine Streitkultur im Sinne des Brückenbauens ab. Selten wird bei Strittigem zuerst gefragt: ‚Worüber sind wir einig dabei?' Vielmehr wird von den Parteien zunächst mit dem reingehauen, was ihre Sichtweisen trennt. Bestes Beispiel, wohin das führt, ist die Europäische Union. Viele fragen jetzt zuerst: ‚Was läuft schief in Brüssel?' Nicht mehr: ‚Welchen Nutzen haben wir und die anderen Europäer davon?'

Trennendes erträgt dabei besser, wer wenigstens einmal am Tag darauf schaut, was alle verbindet und worauf wir stolz sein können. Ich denke mir etwa immer wieder: ‚Nichts in der Welt ist ideal, auch in der Bundesrepublik nicht. Was für ein Glück habe ich aber, in einem Land mit solchen Privilegien zu leben: Wir haben Frieden, keine Schulgebühren und zählen immer noch zu den führenden Wirtschaftsnationen.' Oder ich freue mich über den starken Gemeinsinn: ‚Toll, wie viele Ehrenamtliche bei uns ihren Mitmenschen helfen und sich für sie einsetzen.'

Es hilft im Leben wie gegen die zunehmende Spaltung, nicht nur nach dem Fehlerhaften zu suchen, sondern auch das Positive im Blick zu behalten. Ohne sich die Dinge dabei schönzureden: Kritisches muss angesprochen werden. Die Demokratie braucht solche Hinweise auf die Fehler in ihrem System, auf jeden einzelnen – und so lange wiederholt, bis sie begradigt sind. Doch das verlangt, sich auf den jeweiligen Punkt zu konzentrieren, nicht die Kritik daran immer mehr breitzutreten, bis sie uferlos wird.

Ebenso wenig lösungsorientiert ist es, Kritik immer mehr zuzuspitzen. Finde ich mich in solch einer polarisierenden Debatte wieder, ist die Frage: ‚Lässt sich das für mich gerade ändern oder nicht?' Wenn nicht, hilft, ruhig

Blut zu bewahren: manches zu ignorieren, Uneinigkeit auszuhalten oder mit Humor zu kontern. Für die gegenseitige Wertschätzung zählt, mit jedem im Gespräch zu bleiben, solange es geht."

Bei Tisch stoßen mir die Ansichten eines Kollegen übel auf. Was nun?

„Manchmal schleift sich Wertschätzung ab, weil einem beiläufige Bemerkungen des Kollegen am Kantinentisch und ihr Tonfall zuwider sind, etwa zu Flüchtlingen, Frauen oder queeren Menschen. Das gibt es überall, nicht nur in der Kantine, auch im Sportverein, in der Nachbarschaft oder unter Freunden und in der Familie. Im privaten Bereich treibt mancher Scharfmacher die Debatten sogar noch mehr auf die Spitze, mit Hetzparolen wie ‚Die Gasöfen sind ja leider außer Betrieb' oder ‚Es gibt halt keine Arbeitslager mehr'. Ohne Rücksicht darauf, ob er die Gefühle anderer mit seiner Polemik verletzt.

Das gefährdet das Miteinander; deshalb lässt sich nicht einfach weghören. Vielmehr besteht die Kunst darin, einerseits mit den Leuten zu sprechen und zu fragen, wieso sie das sagen, und sich gerade nicht von ihnen abzukapseln: Sonst würden sie sich nur noch mehr von der Achtung des Lebens entfernen und in ihrem Denken radikalisieren. Andererseits muss ich klar sagen, wofür ich stehe und wieso ich die Ansichten des anderen als menschen- und demokratiefeindlich betrachte, gerade wenn manche seiner Äußerungen sogar strafbewehrt sind. Das ist ein Spagat und erfordert Übung, die Situation zu entspannen, aber dennoch meine Haltung zu vermitteln.

Dafür lohnt es, sich vorab Gedanken zu machen, wie ich in solchen Momenten reagieren kann, vor allem, wenn sie wiederkehrend sind. Es verlangt zunächst, in der Wortwahl einen Ausgleich zwischen Ächtung und Achtung zu finden. Es müssen nicht alle Emotionen dafür ausgeschaltet werden: Sie sind gut, denn sie geben Kraft zum Erwidern. Sie sollten nur so weit runtergedimmt sein, dass die eigene Sprache sachlich und die Stimme ruhig bleibt. Zudem ist vor jeder Antwort zu überlegen, welches Ziel damit angestrebt wird: dem Gegenüber inhaltlich zu antworten oder Abstand davon zu gewinnen. Ist Letzteres das Ziel, lässt sich etwa sagen: ‚Darüber will ich jetzt nicht reden. Aber was sagst du zur akutellen Form unserer Fußballnationalmannschaft?'

Locker lässt sich provozierenden Nadelstichen indes mit Witz begegnen, gerade vor Publikum: zum Beispiel, wenn sich jemand die Wirklichkeit so lange zurechtbiegt, bis sie zu seinem Weltbild passt und er etwa über die vielen Leute bei den zahlreichen Demonstrationen gegen Rechtsextremismus Anfang 2024 sagt: ‚Städtische Bedienstete waren zum Hingehen gezwungen; sonst kämen sie beruflich nicht mehr weiter.' Auf solche Behauptungen lässt sich eins obendrauf setzen: ‚Klar, die sind alle mit dem Polizeiauto dorthin gekarrt worden.' Auf die Art übersteigert und auf die Schippe genommen, wird die anfängliche Stichelei verulkt und ihre Spitze bricht.

Aber das gelingt nicht immer. Zum Ausbremsen lässt sich deshalb auch einfach wiederholen: ‚Ich habe es gehört, aber Sie wissen ja, ich bin anderer Meinung.' Oder, deutlicher: ‚Ich habe dich gehört, aber du weißt, für mich sind solche Aussagen unterste Schublade.' Geht es gar nicht mehr, bleibt nur, den Tisch zu wechseln und mit anderen Kollegen essen zu gehen. Wer etwa zu dem Schluss kommt: ‚Ich will meine Energie nicht auf extreme Meinungen verschwenden, sondern beim Essen nur mal kurz Luft holen von der Arbeit.'"

Früher hat der Kollege, die Kollegin anders getickt. Was ist passiert?

„Nicht jedem, der stichelt und provoziert, geht es so sehr um seine politische Überzeugung: Manche suchen eher nach einem emotionalen Ventil meiner Erfahrung nach. Sie wollen Dampf ablassen, weil sie mit ihrer Meinung auf starke Widerstände im Alltag stoßen und sich immer mehr fremdbestimmt fühlen, vom Budgetstreit in ihrer Abteilung über die nun gegenderte Pressemitteilung des Unternehmens bis hin zum zunehmend vegetarischen Menü in der Kantine. Über die verschiedenen Auffassungen dazu muss geredet werden, auch mal gelästert. Aber wer darüber den Zusammenhalt, das Positive im Unternehmen nicht mehr sehen kann oder will, ringt oft auch mit seinem Platz in dessen Gefüge. Irgendwann kapselt er oder sie sich ab, dreht den Spieß um und redet jede Veränderung schlecht. Müssten sich solche Kollegen ihre Außenseiterrolle eingestehen, würde sie das viel mehr belasten.

Deshalb hilft es, zu überlegen, um was es dem Kollegen mit seinen ständigen Querschüssen eigentlich geht. Wer den Verdacht hat, dahinter steckt mehr als eine befremdliche politische Überzeugung, kann mit dem Angebot auf den Einzelnen zugehen, über seine Sorgen zu reden: zumindest, wenn jemand seine Zeit dafür einsetzen will, weil der Kollege ihm das wert ist. Wollen die Betreffenden das, lässt sich mit ihnen auch darüber sprechen, was sie so unzufrieden macht und was sie vermissen – ob etwa Anerkennung in ihrem Leben fehlt.

Doch solche Gespräche setzen eine gewisse Nähe und eine gute Beziehung zum anderen voraus: Sie zu schaffen, gelingt meist dem, der wieder nach den Gemeinsamkeiten mit dem Kollegen schaut – Hobbys wie Fußball, Musik, Gärtnern oder Reiseziele. Sich dazu auszutauschen hilft, miteinander lachen zu können und eine gemeinsame Ebene zu finden: Ohne sie lassen sich auch Gespräche zu ernsteren Themen nicht angehen. Allerdings bedeutet das, beide können einander offen begegnen und sich über den Urlaub unterhalten statt über Politik. Vor allem, wenn es sonst schnell ins Grundsätzliche ginge und das Interesse aneinander davon überdeckt werden würde.

Das heißt auch, Themen auszusparen, ohne ein Tabu daraus zu machen. Es gelingt, wenn sich beide einig sind: ‚Ich vertrete eine klare Meinung und politische Auffassung. Du eine andere, aber wir wollen uns deshalb nicht bekriegen. Solange keiner eine Position von Hass und Gewalt einnimmt, brechen wir den Kontakt nicht ab und bleiben im Gespräch.' Ein solches Aufeinanderzugehen erleichtert es auch, wollen beide doch einmal ein politisches Thema diskutieren. Es hilft, die Sichtweise des anderen zumindest sehen zu wollen – und zu verstehen, was beide an Gemeinsamem teilen."

Und wenn es doch um die politische Überzeugung geht, Herr Frey?

„Fängt jemand im Pausengespräch immer wieder damit an, wie kaputt und falsch ausgerichtet der Staat und das System doch seien, oder kommen ständig unterschwellige Spitzen dazu, lässt sich aus der Unterhaltung aussteigen oder dagegenhalten. Ich entscheide mich meist dafür, zu widersprechen: weil ich nicht mit Pauschalisierungen kaputtreden lassen will, was wir uns an offener, demokratischer Gesellschaft nach der Nazidiktatur und dem Zweiten Weltkrieg aufgebaut haben.

Auch ich übe das Erwidern darauf noch, zum Beispiel bei Debatten zu den Ideen der Neuen Rechten wie der

AfD-Politik. Manche gewichtigen Argumente ihrer Anhänger hatten mich zunächst verunsichert. Dagegen anzudiskutieren, fiel mir schwer, obwohl ich ihre damit verknüpften Lösungsvorschläge mit Blick auf unser Grundgesetz, die Menschenwürde und den Gemeinsinn ablehne. Geholfen hat mir schließlich, zu überlegen, wofür steht diese Partei und was will ich? Das ließ sich auf die Kurzformel bringen: ‚Die AfD ist gegen Europa, für Russland und gegen Ausländer. Doch die Ausländer brauchen wir, um unseren Wohlstand zu behalten, die Solidarität gegen die russische Aggression für den Frieden im eigenen Land – und das geeinte Europa für beides.'

Seit ich benennen kann, worauf es mir ankommt, mag in politischen Diskussionen ein Gegenargument richtig sein, aber es bringt mich nicht mehr aus der Spur. Beim Abwägen mit meinen Interessen verliert es an Gewicht – und ich komme schneller darauf, was ich an stimmigen Argumenten dagegensetzen kann.

In der Erziehung und in den Schulen wird heute viel zum Differenzieren und komplexen Denken vermittelt, was gut ist. Aber leider wird noch zu wenig vermittelt, den eigenen Standpunkt zu verdichten und ihn kurz und knapp zu fassen. Deshalb fehlt vielen Leuten eine griffige Kurzformel in Diskussionen, worauf sie die eigene Argumentation immer wieder zurückführen können. Machen sie sich ihre Formel zum Thema aber klar, lässt sich besser einordnen und darauf erwidern, was die Gegenseite an gewichtigen Argumenten anführt – ohne das Gefühl zu haben, davon erdrückt zu werden.

Denn: Solange es irgend möglich ist und es keine Seite verletzt, müssen Menschen im Austausch miteinander bleiben. Wegen stark voneinander abweichender Auffassungen nicht mehr miteinander zu reden, geht nicht. Passen Zeit und Ort, ist das Gespräch über die verschiedenen politischen Auffassungen wichtig – und im Zweifel müssen der Gegensatz, der Dissens und die Unterschiede dabei ausgehalten werden."

Einige suchen nach Publikum für ihre Überzeugungen. Wie sich dem entziehen?

„Versucht der eine oder die andere, immer wieder politische Diskussionen in der Mittagspause anzuzetteln, spricht nach meiner Ansicht einiges dafür, dass es nicht wirklich um einen lösungsorientierten Austausch zu gesellschaftlichen Fragen geht. Vielmehr liegt der Verdacht nahe, es wird nach einem Publikum für die jeweilige Weltsicht gesucht und dafür mittels Provokationen oder missionarischem Eifer anderen die Diskussion dazu aufgezwungen. Manche Leute wollen sich so Aufmerksamkeit und ein bestimmtes Ansehen verschaffen, sei es das der einsamen Streiterin gegen den gesellschaftlichen Niedergang, sei es das des wackeren Vorkämpfers gegen den ‚Mainstream', als was sich Querdenker oder Verschwörungstheoretiker oft sehen.

Wieder stellt sich dabei die Frage, wo die Grenze zu ziehen ist: Wann lasse ich mich lieber nicht auf ein Gespräch ein; wann breche ich es ab? Eine Richtschnur dafür ist, wie viele Leute drumherum sitzen: Erneut darf der Schmähredner nicht den Eindruck bekommen, ihm stimme die schweigende Mehrheit zu. In dem Fall zählt immer, Haltung zu zeigen: mit andauerndem Widerspruch, wieder am besten zusammen mit anderen. Nicht nur im Unternehmen, auch anderenorts: Der Nachbarin etwa lässt sich sogar eher als dem Kollegen offen sagen, ihre Ansichten und ihre drastische Wortwahl seien unter der Gürtellinie. Auch wenn einige Leute damit mutmaßlich in erster Linie

Aufmerksamkeit erregen wollen: Wer andere herabwürdigt, dem bleibt zu zeigen, dass es dafür keine Mehrheit gibt.'

Wer auf die eine oder andere Art widersprochen hat, aber merkt, das geht weiter, kann den anderen ausbremsen und sagen: ‚Ich habe keine Lust, das weiter zu diskutieren; ich will dir für solche Ideen hier keine Bühne bieten.' Wird zum Beispiel weiter mit Schmähungen wie ‚linksversifft', ‚rechte Ratten' und anderen Hass- oder Hetzparolen argumentiert. Oder werden die Gesprächspartner fortgesetzt mit belehrendem Dogmatismus niedergeredet: Da geht es nicht mehr um den Austausch von Meinungen.

Wird diese Grenze des Austauschs immer wieder überschritten und will sich deshalb jemand zurückziehen, sollten die Betreffenden den Mut haben, das auch zu sagen. Etwa: ‚Ich möchte solche Gespräche nicht mehr. Ich brauche meine Energie für andere Dinge.' Bei allem guten Willen, miteinander im Austausch zu bleiben, verstehe ich gerade in solch penetranten Fällen, wenn jemand beschließt: ‚Jetzt reicht's mir. Ich gehe auf Abstand, weil ich immer wieder in Debatten hineingezogen werden soll, die inhaltlich und in ihrer Tonart für mich einfach abstoßend sind.'

Rückzug kann sogar ein gutes Mittel sein, gerade Selbstdarstellern zu zeigen: Mit ihren extremen Ansichten können sie nicht punkten; ihre Zuhörer laufen ihnen davon. Ob sie mit ihren Positionen Aufmerksamkeit erregen wollen oder von ihren politischen Aussagen tatsächlich überzeugt sind, spielt deshalb dabei am Ende keine so große Rolle mehr.

Wer sich zurückzieht, setzt ein Zeichen seiner Ablehnung gegen ihre Haltung. Will er das betonen, sollte er von seinem Rückzug den nächsten vertrauten Kollegen berichten und ihn ihnen gegenüber begründen. Zum Beispiel: ‚Mit einem Vertreter solcher Ansichten will ich nicht mehr zu tun haben, als im Job unbedingt notwendig ist.' Das heißt aber nicht, sich völlig herauszuhalten. Mit Blick auf Vertreter von demokratie- oder menschenfeindlichen Positionen lässt sich im kleinen Kreis auch sagen: ‚In unserer Firma sollten Leute mit einer solchen Haltung keine Chance haben.' Oft wirkt das wie ein Stein, der ins Wasser geworfen wird und Kreise zieht."

Manche sind voller Hass, weil ein Krieg ihre Familie betrifft. Was ist mit ihnen?

„Kommen persönliche Schicksale ins Spiel, ist es auch für mich schwieriger, die richtigen Worte zu finden, vor allem keine verletzenden. Zum Beispiel, wenn ein Kollege in der Kaffeepause Opfer von Terror oder Krieg schmäht: ‚Da hat es sie eben mal geschüttelt.' Zunächst weiß niemand, was ihn treibt, sich so niederträchtig zu äußern. Nicht auszuschließen ist oft ein persönlicher Hintergrund, zum Beispiel weil jemand in seiner Familie Gewalt von der Gegenseite angetan worden ist.

Im Gespräch mit dem Kollegen heißt es deshalb wieder, nachzuhaken, wieso er das sagt, ihm vor allem zuzuhören und zu schauen, wo es einen Anknüpfungspunkt gibt – aber ohne die eigene Haltung aufzugeben. Aufgrund meiner Meinung zur Krise in Nahost könnte ich etwa sagen: ‚Es geht nicht, was die Hamas mit ihrem Terror macht. Sie wollen den Staat Israel zerstören. Dagegen muss sich Israel wehren können. Es geht aber auch nicht, wenn Israel die Zivilbevölkerung im Gazastreifen über die Maßen leiden lässt. Was könnten wir beide von hier aus tun, dass die Menschen dort besser versorgt werden?' Oder: ‚Was muss sich noch alles ändern, bis der Traum von den zwei Staaten umgesetzt wird oder ein gleichberechtigtes Leben aller Bevölkerungsgruppen in Israel möglich wird?'

Je nachdem, was darauf als Antwort kommt, lässt sich aufeinander zugehen – oder die Auseinandersetzung verschärft sich noch. Obwohl es mir im Streitfall wahrscheinlich zuwider wäre, wie sich mein Gegenüber äußert, sollte ich trotzdem am anderen dranbleiben und nicht vorschnell aufgeben, solange ich es aushalten kann. Es hilft wieder, wenn andere Kollegen am Kaffeeautomaten seinen extremistischen Ansichten ebenfalls widersprechen. Das heißt nicht, alle sollen auf ihn einreden – aber an den passenden Stellen ihre Haltung äußern. Mit starkem, lang anhaltendem Widerspruch lässt sich seine Meinung zumindest isolieren.

Zugleich braucht es gerade in solchen Fällen eine Perspektive für den künftigen Umgang miteinander: Ein Weg kann sein, sich darauf zu einigen, das Thema in der Kollegenrunde auszuklammern. Zumal Gespräche zu so heftigen Themen mit jedem etwas machen. Auch wenn jemand aus persönlicher Betroffenheit spricht: Extreme Äußerungen sind nur schwer zu ertragen. Wer sie ausspricht, setzt anderen damit zu. Den wenigsten Zuhörern gelingt es, dabei dem Sender oder der Senderin zugewandt zu bleiben, weil sich innerlich alles gegen deren Herabsetzungen wehrt. Die meisten übertragen ihre Abneigung deshalb mit der Zeit auf die, die sie aussprechen.

Wer solche Äußerungen länger hinnimmt, als er kann, läuft zudem Gefahr, irgendwann die Beherrschung zu verlieren. Rechtzeitig zu sagen, wie unerträglich einem die Äußerungen des anderen sind und wieso, bewahrt deshalb davor, seinen Grimm aufzustauen, bis der explodiert – und davor, selbst zu verächtlichen Worten zu greifen.

Im äußersten Fall besteht zugleich die Gefahr, beim Kollegen, der Kollegin zu übersehen, wenn die Dinge ins Kippen geraten und er oder sie sich radikalisiert. Das zu erkennen ist nicht so einfach. Zumal der Mensch manches häufig nicht wahrnehmen will: etwa, wenn der freundliche Kollege am Nebentisch unverhofft auf Websites oder

Messengerdiensten hasserfüllte Videos betrachtet, etwa solche aus der islamistischen oder der links- sowie rechtsextremistischen Szene. Wer das sieht, verdrängt bisweilen die Bilder sofort, weil sie mit der eigenen Weltsicht und dem Blick auf den Kollegen nicht zu vereinbaren sind und sich deshalb nicht einordnen lassen.

Die Wertschätzung von Leben und Frieden erfordert jedoch, die Augen vor solchen Dingen nicht zu verschließen. Ihr Gebot lautet immer: ‚Sobald etwas an meinem Arbeitsplatz, in meinem Unternehmen, in meinem Team geschieht, bin ich mutig und fühle mich verantwortlich, gegen Verhalten einzuschreiten, das andere Menschen bedrohen könnte. Da mache ich die Augen auf.'[5] Das gelingt, fängt mein Blick zum Beispiel ein blutiges Bild im Video des Kollegen ein, und ich spüre, da ist etwas nicht stimmig: Dem Gefühl ist nachzugehen und zu fragen, was genau stimmt da gerade nicht? Diese kritische Sichtweise hilft, weniger zu übersehen und zu verdrängen: vor allem, wenn Dinge mich verwirren und sich zunächst nicht in mein Werte- und Urteilsgefüge einordnen lassen.

Zuletzt ein Rat: Manchmal darf ich die Augen auch zulassen. Wenn ein Geschehen zu weit weg von mir ist und ich objektiv keine Möglichkeit habe, Einfluss darauf zu nehmen, würde es mich überfordern, zu reagieren: In dem Fall kann und darf ich Dinge ausblenden. Denn: Niemand kann für alle Probleme der Welt zuständig sein; das verlangt auch die Wertschätzung nicht. Kraft und Energie müssen zuerst für sie und ihre Hindernisse im nächsten Umfeld reichen. Das hat Vorrang – zum Beispiel das Gespräch mit dem Kollegen über das menschenverachtende Video.[6]

---

[5] Durkheim (2013).
[6] Durkheim (2013).

Das heißt: Wer mit jedem in Kontakt bleiben will und Achtung zeigen möchte, solange es geht, muss dafür seine Kräfte bündeln. Und hoffen, auch Menschen mit extremen Ansichten oder Selbstdarsteller merken mit der Zeit, was an ihrer Meinung zu weit geht und der Wertschätzung anderer widerspricht."

Alltagstipp

- Bei extremen Ansichten – erwidern und einen Anknüpfungspunkt finden;
- den Menschen zuhören, um sie zu verstehen – was nicht heißt, ihre Meinung zu teilen;
- nachfragen, wie sie zu ihrer Auffassung gekommen sind;
- zugleich klar sagen, was daran als menschenfeindlich empfunden wird;
- Emotionen zulassen, aber beim Widerspruch in der Wortwahl sachlich bleiben;
- sich vor der Antwort überlegen, was sie beim anderen erreichen soll;
- trotz allem – dem oder der Betreffenden zugewandt bleiben.

16

Ausgleich mit Achtung

Herr Frey, wie entschuldigen Sie sich?

Professor Frey: „Ist ein Gespräch zu persönlich geworden, lässt sich aus dem Moment heraus fragen, ‚Habe ich Sie gekränkt?', oder sagen, ‚Ich wollte Sie nicht kränken', etwas abgeschwächter: ‚Ich wollte Ihnen nicht zu nahe treten'. All das zeigt meinem Gegenüber, dass ich ihn sehe und schätze – und vor allem anerkenne, dass ihn das Gesagte getroffen hat.[1] Es drückt mein Bedauern aus, den falschen Ton gesetzt oder eine falsche Einschätzung vorgenommen zu haben – das kann ein kurzes ‚Sorry' sein. Schon die kleine Geste zeigt: ‚Ich nehme Sie und Ihre Bedürfnisse wieder wahr. Wir sind auf Augenhöhe.'

---

[1] Sulzberger (2023).

Sich aufrichtig zu entschuldigen, geht noch einen Schritt weiter. Es betont das eigene Bedürfnis, etwas geradezurücken und zu erklären, wie es zu der Schieflage gekommen ist: zum Beispiel, was zum verschärften Ton geführt hat. Zugleich beweist eine Entschuldigung Souveränität, indem ich sage: ‚Ich will mich zu meinem Verhalten erklären und bedaure, wie es gelaufen ist.' Ein Aufhänger dafür kann das Wann sein, der Zeitpunkt, wie der Mediator Benjamin Volk vorschlägt.[2] Etwa: ‚Gestern habe ich Ihnen heftige Vorwürfe gemacht; das hat Ihnen zugesetzt. Beides bedaure ich. Ich möchte, dass wir wertschätzend miteinander umgehen, und Ihnen deshalb sagen, was mich dazu gebracht hat. Ich fühlte mich als Forschungsleiter angegriffen, als Sie in der Sitzung geäußert haben, alles laufe schief im Team. Dabei sind Sie nach Ihrem Urlaub noch nicht über alles informiert. Mein scharfer Ton war dennoch daneben. Dafür entschuldige ich mich. Können Sie mich ein wenig verstehen?'

Wie vielen anderen passiert es auch mir manchmal, mich zu leidenschaftlich zu äußern. Sogar, wenn ich in der Sache im Recht bin, geht das nicht: Ich verletze damit den Raum des anderen. Erkläre ich mich zu meinem Verhalten und entschuldige mich dafür, hat das mit Ausgleich zu tun, mit Wiedergutmachung, und das entspannt die Lage. Mein Gegenüber sieht meine Einsicht, dass ich zwischen uns etwas in Schieflage gebracht habe, meine Bereitschaft, es zu begradigen und es künftig zu lassen. Das eröffnet uns beiden die Chance, sich wieder offen zu begegnen und auf eine bessere Art weiterzumachen. Habe ich mit meiner Entschuldigung dafür gesorgt, ist das etwas, worauf ich stolz sein kann.

---

[2] Volk (2022).

Leichter macht den Umgang mit so unangenehmen Situationen übrigens, sich selbst gegenüber nicht zu streng zu sein, sondern sich genug Raum zum Atmen und für die eigene Entwicklung zu geben. Sich zu sagen: ‚Ich darf mein Leben lang lernen, auch aus eigenen Fehlern, wenn etwas suboptimal gelaufen ist.' Statt sich zu beschränken auf: ‚Ich bin wie ich bin – und will, kann oder darf mich nicht ändern.' Das hilft zumindest mir, den Mut zu finden, anzusprechen, habe ich einmal Wertschätzung missachtet und Vertrauen verletzt."

Aber wenn sich beide im Recht fühlen, was dann?

„Stimmt. Einfach ist es, wenn ich alleine etwas begradigen kann: In dem Fall entschuldige ich mich und schaue, wie es künftig besser geht.

Schwieriger wird es, wenn sich beide Seiten im Recht fühlen, jeweils gute Gründe dafür anführen und beide mit ihrer Sichtweise ein Stück weit Recht haben: Da ist die Wahrheit oft im Plural – und ein Schritt auf den anderen zu fällt schwer. In so einem Fall muss ich zunächst noch einmal durchgehen, wie das Ganze entstanden ist, wie es sich entwickelt hat, also wieder Ursachenanalyse betreiben. Zunächst auf der Sachebene mit Fragen wie: ‚Was wurde an mich herangetragen? Wie berechtigt war das? Habe ich meinen Standpunkt dazu deutlich genug vertreten?'

Bei dieser Klärung hilft auch, zu prüfen, an welchen Stellen Missverständnisse aufgetreten sein könnten, sogenannte ‚false-consensus-biases': Sie entstehen, weil jeder von seiner Perspektive ausgeht. Manche halten ihre Sicht für so schlüssig, dass sie Konsens darüber voraussetzen – und ihre Haltung nicht weiter begründen, sondern stark verkürzt äußern. Auf das Gegenüber wirkt das wie ein Gedankensprung: Die Ansprüche der anderen Seite lassen sich nicht nachvollziehen und werden nicht verstanden. Vielmehr werden sie persönlich genommen und ich fühle mich schlecht behandelt. Deshalb zahlt sich aus, beim Prüfen des eigenen Standpunkts immer wieder einen Perspektivenwechsel vorzunehmen.

Wer jedoch zu dem Schluss kommt, er nehme die Sache richtig wahr, muss nun entscheiden: Ist sie es ihm wert, sich auf den Kampf darum einzulassen? Sonst lässt sich sagen: ‚Ich muss nicht jeden Kampf gewinnen; es geht nicht um viel für mich.' Wertschätzendes Verhalten unterstützt zudem, nachsichtig und großzügig gegenüber anderen zu sein: Nicht jedes Wort abzuwiegen und mit einem ‚Sowohl als auch' verschiedene Sichtweisen gelten zu lassen. Damit schont man die eigenen Kräfte, statt verbissen um Kleinigkeiten zu kämpfen oder um Zustimmung, wenn die nicht zu erreichen ist. Solange im Beruf die Zusammenarbeit davon nicht behindert wird, kann manches einfach stehenbleiben – und niemand muss Energie dafür vergeuden.

Doch wenn es für einen um etwas geht und der Betreffende von seinem Standpunkt überzeugt ist, lohnt es sich, dafür einzutreten: vor allem, wenn jemand annimmt, von der anderen Seite sei bei der Sache getrickst worden. Sich gewiss ist: Da ist Unrecht passiert – und Dritte inhaltlich seine Auffassung bestätigen, vom Kollegen bis zur Anwältin. Und, noch mehr, wenn jemand die eigene Würde oder die eines anderen verletzt sieht. Doch auch, wenn sich jemand im Recht sieht, bleibt die Frage, wie sich in der Begegnung mit der anderen Partei zumindest ein gewisses Maß an Wertschätzung zeigen lässt. Schon weil sich die Sachfrage schneller lösen lässt, spitzt sich die Beziehung zum anderen nicht noch mehr zu und überlagert nicht mit ihrem Stressgehalt das Ringen um den Kern der Sache.

Nach dem Austausch über die verschiedenen Positionen dazu bietet sich als erste Frage an das Gegenüber deshalb an: ‚Auch wenn Sie meine Sichtweise nicht teilen: Können Sie verstehen, wie ich dazu komme?' Eine Verbindung über den Graben hinweg entsteht, wenn der andere antworten kann: ‚Ja, ich verstehe Sie, obwohl ich es anders sehe. Aber verstehen Sie auch mich?' Je nach Antwort lässt sich darüber ein Dialog eröffnen oder nachfragen, was es für das gegenseitige Verständnis noch an Erklärungen braucht. Wie gesagt: In einer angespannten Lage geht es nur darum, den anderen verstehen zu können. Nicht darum, seine Sichtweise zu teilen oder ihn gar von der eigenen zu überzeugen.

Ebenso wenig muss sich jemand entschuldigen, hat er eine gut begründete Schiedsrichterentscheidung gefällt. Manche meiner Studierenden haben sich über ihre Prüfungsnoten beschwert und gesagt, ich hätte ihre Leistung zu streng beurteilt. Doch kein Schiedsrichter sollte seine Entscheidung mit einer Entschuldigung abschwächen; er muss darin klar bleiben. Aber er ist gefordert, die Einwände anzuhören – und sich ganz oder teilweise zu berichtigen, wiegen die angeführten Gründe dafür schwer genug. Sind sie zu leicht und er bleibt bei seiner ursprünglichen Entscheidung, sollte der Schiedsrichter bloß nochmals gut erläutern, wie er dazu gekommen ist.

Ebenso braucht es auf der Sachebene keine Entschuldigung, solange jemand überzeugt ist, er sei im Recht. Dennoch ist auf der Beziehungsebene nach jeder Auseinandersetzung zu überlegen: ‚Wie wertschätzend war meine Rede dem anderen gegenüber? War ich zu pauschal? War ich zu vorwurfsvoll? War mein Ton zu harsch? Was spielte für mich noch hinein, etwa an Erlebtem in der Vergangenheit – und wurde im Gespräch ausgespart?'

Ist beim Streiten etwas aus dem Ruder gelaufen, tragen die meisten Schrammen oder Narben davon. Sie erschweren die Auseinandersetzung um die Sache, bringen sie ins Stocken. Doch das Gute ist: An der Stelle ist die Welt veränderbar. Jeder kann sich für die Art und Weise seiner Rede sowie Entgegnungen entschuldigen, auch wenn sie sachlich richtig gewesen sind. Dabei kann jede/r nur von sich fordern, die Dinge in der Beziehung zum anderen zu begradigen. Zu verlangen, ‚Soll doch der andere erst einmal meine Wunden verbinden', führt zum Stillstand. Weshalb Voltaire einmal spöttisch bemerkt haben soll: ‚Wie schön wäre es, wenn sich die anderen verändern würden.' Denn die Idee geht nicht auf: Einsicht fängt bei mir an, nicht beim anderen. Von keinem und keiner anderen lässt sich einfordern, den ersten Schritt dafür zu machen, nur von sich selbst."

Wann macht die Bitte um ein klärendes Gespräch Sinn?

„Fängt ein Konflikt zu schwelen an oder droht gar ein Zerwürfnis, überlegen viele durchaus: Macht jetzt die Bitte um ein klärendes Gespräch Sinn? Was bei sachlichen Fragen den meisten noch leicht fällt, ist mit Blick auf die Beziehungsebene am Arbeitsplatz wie im Privaten schwer. Zweifel kommen auf: ‚Will der andere mich jetzt verstehen?', ‚Ist sie nun bereit, mit mir auf Augenhöhe zu reden?' und ‚Will er meine Bedürfnisse überhaupt sehen?'. Ob sich bei dem oder der anderen etwas verändert hat, lässt sich daran merken, welche Signale sie dem Gegenüber geben, noch einmal über die Sache oder den Vorfall sprechen zu wollen. An ihrer Mimik, Gestik und Sprache lässt sich das ablesen: Deren Zeichen deuten darauf hin, ob zumindest Verständnis für den anderen und seine Sichtweise entstehen könnte.

Sendet das Gegenüber solche Signale nicht, führt die Bitte um ein klärendes Gespräch ins Leere. Ein solches bringt auch nichts, wird es jemandem aufgezwungen oder aufgedrückt. Ebenfalls nicht, lässt sich eine Seite zwar darauf ein, kocht aber die bekannten Vorwürfe sofort wieder auf und versucht nicht, Verständnis für die andere Seite aufzubringen. Vermittelt jemand so den Eindruck, er wolle oder könne über das Vorgefallene noch nicht offen reden, bleibt wieder sich aus dem Feld zurückzuziehen. Auch, wenn der Gesprächsversuch zum Ziel hat, einen der Beteiligten unter Druck zu setzen, ist schon aus Selbstschutz ein schnelles Ausweichen angesagt.

Deshalb sollte jeder vorab die eigene Bereitschaft zum klärenden Gespräch prüfen. Mit der Frage: ‚Bin ich bereit, mich dabei dem anderen gegenüber wertschätzend zu verhalten?' Dazu trägt bei, sich nach einem Zusammenprall erst einmal Zeit zu geben. So kann sich setzen, was vorgefallen ist: Es hilft oft, darüber eine oder mehrere Nächte zu schlafen, bis sich die eigene aufgewühlte Gefühlslage ein Stück weit beruhigt hat."

Wie sich auf ein klärendes Gespräch vorbereiten, Herr Frey?

„Können sich beide Seiten auf das Gespräch einlassen, empfehle ich, jeder sollte für sich ein Drehbuch dazu entwickeln. Vor allem, wenn sich beide Parteien im Recht fühlen, beginnt für jeden das Skript mit der Frage: ‚Wie stelle ich mir die Zukunft mit dem oder der anderen vor?' Die nächste lautet: ‚Wie kommen wir dahin?'

Das Gespräch dazu lässt sich in vier Schritten angehen:

1. Die Ursachenanalyse: Worum ging es auf der Sachebene, worum auf der Beziehungsebene?
2. Die Vogelperspektive: Von oben daraufgeschaut – was lief ab im Streit vorige Woche? Wie haben die Beteiligten das jeweils wahrgenommen?

3. Die Abfrage: Können die Beteiligten ihr Gegenüber zumindest verstehen, auch wenn sie die Ursachen wie den Gesprächsablauf unterschiedlich sehen und bewerten?
4. Die Lösungsvorschläge: Wie stellen sich die Beteiligten jeweils die Lösung für die Zukunft vor – als ein Miteinander, ein Nebeneinander oder mit einem Aufschub für ein weiteres Gespräch beim nächsten Zusammentreffen?

Der Einstieg, die Ursachenanalyse, fällt überdies leichter, wenn sich beide vorab darüber verständigen können, worüber sie reden möchten – auf der Sach- wie auf der Beziehungsebene. Das trägt zur Klarheit bei, worum es beiden geht.

Wem es gelingt, in den Austausch zur Ursachenanalyse und der Vogelperspektive einzusteigen, sollte es zudem behutsam angehen. Wer mit Anklagen käme wie ‚Du hast mich verletzt', drängt den anderen in eine Ecke und in eine Abwehrhaltung. Das erschwert es für ihn stark, das klärende Gespräch fortzuführen. Etwas besser, aber noch unklar, ist, zu sagen, ‚Ich fühle mich von Ihnen verletzt', was jedoch ein recht pauschaler Vorwurf ist. Der andere wird ihn vermutlich erwidern mit: ‚Ich mich von Ihnen auch.' Weiter trägt die Aussprache, den wunden Punkt klar zu benennen. Zum Beispiel: ‚Ich fühle mich von Ihnen in meiner Redlichkeit verletzt, unterstellen Sie, ich würde die immer gleichen Lieferanten bevorzugen.'

Weiter kommt auch, wer in der Lage ist, Anklagen oder Pauschalvorwürfe nicht gleich abzuschmettern. Wer vielmehr gefasst und schnell den anderen auffordert: ‚Sagen Sie mir bitte genau, an welchem Punkt ich Sie verletzt habe.' Lässt sich das nachvollziehen, greift wieder die Regel, sein Bedauern darüber auszudrücken und sich zu erklären. Zugleich eröffnet die Bitte, der andere möge den getroffenen Punkt genau benennen, die Möglichkeit, zu verstehen, was in ihm vorgeht – weshalb es die Abfrage dafür braucht.

Aber oft fällt der Einstieg in die Ursachenanalyse schwer: Meist hat jede/r eine andere Wahrnehmung dessen, was geschehen ist und worum es im Kern geht. Oft merken beide nur: ‚Da läuft etwas schief. Da ist eine Kränkung, Verletzung bei mir, beim anderen entstanden.' Scheitert an den unterschiedlichen Vorstellungen schon die Ursachenanalyse und deren Aufarbeitung, lässt sich der zweite Punkt überspringen: die Vogelperspektive aufs Geschehen – auch dazu würden sich die Beteiligten nicht einig werden.

Gerade wenn sich die Wahrnehmung deutlich unterscheidet, hilft es, im nächsten Schritt abzufragen, ob beide trotzdem Verständnis für die Sichtweise des anderen aufbringen können, und danach gleich beim Lösungsvorschlag anzusetzen. Sich schlicht zu sagen: ‚Wir vergessen die Ursache und konzentrieren uns auf die Zukunft: Wie stellt sie sich jede/r von uns mit dem anderen vor?'"

Was, wenn trotz Schieflage zusammengearbeitet werden muss?

„Die Frage, wie lässt sich bei Streitigkeiten und Unstimmigkeiten eine Brücke bauen, wird vor allem dringlich, sobald ein Muss besteht, mit dem anderen auszukommen: zum Beispiel, weil mit dem Kollegen, der Chefin, dem Kunden zusammengearbeitet werden muss, sollen die Entwicklungs- oder Umsatzziele des Unternehmens erreicht werden.

In dem Fall kann strategisches Denken weiterhelfen. Die erste Überlegung lautet abermals: ‚Wo ist die Macht?' Liegt sie einseitig, etwa bei der Chefin oder beim Kunden, entsteht Druck aufgrund ihres Gefälles. Denn: Wer die Macht hat, entscheidet meist, wer als Sieger vom Platz geht – auch wenn das leider oft unfair endet. Daher ist jedem zu raten, zunächst zu bedenken: ‚Gehe ich in die Auseinandersetzung hinein oder verliere ich dabei noch mehr? Sollte ich früh einen Ausgleich anpeilen?' Oder: ‚Wie kann ich den anderen überzeugen, eine Ungerechtigkeit geradezurücken?'

Manchmal ist die Antwort schlicht, eine Unstimmigkeit stehenzulassen und auszublenden – kurz, sich zu arrangieren. Wer den Kunden, die Chefin, den Kollegen sonst schätzt, kann wieder großzügig sagen: ‚Vergiss es', statt eigene Energie zu verschwenden. Nur nicht, wenn die eigene Würde oder die Dritter verletzt worden ist, etwa aufgrund kränkenden Verhaltens: Da werden die Grenzen des Respekts zu weit überschritten, als dass die Betroffenen die Dinge auf sich beruhen lassen könnten. Die Kunst ist dabei wieder, den richtigen Ton zu treffen – einen angemessenen, der die Sache nicht zuspitzt und verschärft, aber die Botschaft dennoch beim Empfänger ankommen lässt.

Sobald Streitigkeiten und persönliche Vorbehalte so viel Raum einnehmen, dass sie die Zusammenarbeit erschweren, ist ihre Klärung ebenfalls anzugehen, unabhängig vom Machtgefälle. Entscheidend dafür ist nicht die Frage, wer ist schuld. Vielmehr die Einsicht: ‚Da ist etwas schiefgelaufen. Das müssen wir wieder hinkriegen. Bringen wir diese Bereitschaft nicht auf, entwickelt sich daraus fürs Unternehmen ein Desaster.' Sonst werden sich beide Seiten bald nicht mehr die Bälle gegenseitig zuspielen: Wie im Fußball zwischen zerstrittenen Spielern auf dem Platz wird sogar ein zugedachter Pass weder erkannt noch angenommen. Kommt es so weit, ist spätestens an dem Punkt eine Konfliktmoderation zwischen den Betreffenden nötig – schon, damit aus ihren Streitigkeiten kein echter Kostenfaktor fürs Unternehmen wird.

Wenn es die Beteiligten indes schaffen, ihre Unstimmigkeiten von sich aus anzugehen, überlegt auch in dem Fall jeder für sein Drehbuch: ‚Über was möchte ich reden?' Günstig ist, die Klärung mit den Sachfragen zu beginnen. Dreht es sich gleich um das Verhältnis zueinander, finden manche auf Anhieb nicht den Zugang dafür, weil vieles an Verletzungen im Verborgenen und unter der Wasserlinie des Eisbergs liegt. Darüber zu sprechen, braucht etwas Vertrauen: Das lässt sich über die Klärung auf der Sachebene häufig zumindest wieder soweit aufbauen, dass sich danach die Fragen zum persönlichen Verhältnis miteinander angehen lassen.

Vorausgesetzt bei der Aussprache zu den Streitfragen in der Sache wird eines beachtet: Der Intellekt vieler ist darauf geschult, die Stärke des Arguments gebe bei Sachfragen den Ausschlag. Doch das stimmt nicht immer: Sobald die damit vermittelte Botschaft auf der Beziehungsebene die Sachfrage überdeckt, trifft das nicht mehr zu. So, wie es viele aus dem Privatleben kennen, etwa aus Ehestreitigkeiten, wenn die Frage nach der Augenhöhe die zur Sache verdrängt. Sich der Partner als Zuhörer fragt: ‚Mag sie mich, mag sie mich nicht? Schenkt sie mir ihr Ohr oder nicht? Sieht sie mich?'

Ähnlich denkt sich manche Zuhörerin am Arbeitsplatz: ‚Der Chef sagt mir 1000 Argumente, die mich nicht interessieren. Er soll mich einfach ernst nehmen.' Zugleich fragt sich der Chef: ‚Wieso versteht die Mitarbeiterin meine Argumente nicht? So schwer von Begriff ist sie doch sonst nicht?' Beide reden deshalb aneinander vorbei und beide fühlen sich nicht gesehen. In dem Fall hilft es, wenn die Mitarbeiterin unterbricht: ‚Sie hören mich nicht. Sie bringen viele Argumente, aber Sie verstehen nicht, worum es mir gerade geht: nämlich, dass für Sie alles gleich wichtig ist und ich bei Ihren Aufträgen nie weiß, was ich zuerst erledigen soll.' Oder der Chef von sich aus fragt: ‚Worum geht es Ihnen gerade?'

Eine Abkürzung dafür kenne ich übrigens aus eigenen Streitigkeiten mit Kollegen. Nach einer gewissen Zeit und mit Abstand zum Vorgefallenen bin ich mit manchen ein Bier trinken gegangen. Wir haben uns gesagt: ‚Lass uns den ganzen Scheiß vergessen. Wir brauchen uns gegenseitig. Lass uns schauen, was wir bei der Aufteilung der Haushaltsmittel künftig besser machen können.' Nicht jeder Konflikt muss in aller Breite aufgearbeitet werden. Vor allem, wenn es beiden Seiten nicht möglich ist: In dem Fall konzentrieren sie sich besser auf die Zukunft."

Was bleibt, wenn die Leute nicht mehr miteinander reden?

„Ob beruflich oder privat: Wenn sich ein Streit verhärtet hat, die Beziehung zerrüttet ist, ist mein dringender Rat, für den Umgang miteinander zumindest eine abgestufte Form von Wertschätzung zu finden, damit nicht noch größere Schäden in der Zukunft entstehen.

Doch häufig ist die Ausgangslage dafür denkbar schlecht, ob im Rosenkrieg oder im Kollegenstreit: Auf der Bühne oder hinter den Kulissen geht es schon lange um Anfeindungen, um Freund-Feind-Denken und um Schuldvorwürfe. Oft haben sich die Leute dabei angeschrien und sprechen schlecht übereinander. Sie wollen ihr Gegenüber nicht mehr im Team oder in der Familie haben. Zuletzt hören die Leute auf, miteinander zu reden. Sie sagen, es bringe nichts und die Welt sei nicht mehr zu verändern. Sie fürchten auch, jedes weitere Gespräch würde zur nächsten Eskalation führen, und wollen sich vor dem Ausraster des anderen schützen – oder sich davor, selbst auszurasten.

Wer das erkennt, kann sich zwar zurückziehen, aber dennoch einen Schritt nach vorne gehen und versuchen, zumindest die Grundlage für einen beherrschten Umgang miteinander zu schaffen. Dazu ermutigt der Volksmund, wenn er sagt: ‚Der Klügere gibt nach.' Denn: Der oder die Klügere wird damit wieder Herr oder Herrin des eigenen Handelns, losgelöst von den Vorgaben des anderen. Die Klügeren bewahren so ihre Stabilität, zeigen sich souverän und beweisen Selbstvertrauen. Wenn sie beim Handeln zudem bewusst sachlich bleiben, schützt das alle, auch vor der gefürchteten nächsten Eskalation.

Überdies sollte jeder, der sich zurückzieht, manchmal ‚Guten Tag' sagen, denn die Umwelt achtet darauf, wie er sich verhält. Das beste Beispiel sind Kinder, haben sich ihre Eltern getrennt. Sie schauen genau: Wie geht der Vater mit der Mutter um und umgekehrt? Ähnlich hilft es am Arbeitsplatz, nach einer inneren Kündigung einige wertschätzende Zeichen zu setzen, damit sich die Situation nicht weiter verschlimmert.

Abschätzig lässt sich all das taktische Freundlichkeit nennen: Manchmal ist sie aber nötig, damit die eigenen Interessen gewahrt werden und der Alltag zumindest erträglich bleibt. Ihr Einsatz ist zulässig, solange sich dabei niemand völlig verbiegt: zum Beispiel, weil die Kollegin den anderen für verlogen hält. Das würde der Kollege in ihrer Stimme hören und an ihrer Mimik sehen. Der Ton käme als aufgesetzte Freundlichkeit an – und als Versuch, sich und der eigenen Großmut einen Heiligenschein aufzusetzen, vor allem wenn Dritte zugegen sind. Deshalb sollte keine und keiner der anderen Seite etwas vorspielen, was dem eigenen Empfinden völlig widerspricht: vielmehr nur das zeigen, was als ein angemessener Ausdruck für einen anständigen Umgang mit jedermann gilt. Es wahrt die eigene Authentizität.

Sie ist gerade in zerstrittenen Verhältnissen wichtig, weil sich beide Parteien misstrauen und sich fortwährend fragen: ‚Ist das Verhalten des anderen ehrlich gemeint, also authentisch? Oder will er mich instrumentalisieren, manipulieren und macht mir dafür etwas vor?' Leichter beantwortet das, wer überlegt und beobachtet, wie sich der oder die andere verschiedenen Menschen gegenüber sonst verhält, vor allem in Stresssituationen.

Trotz eines Zerwürfnisses miteinander umzugehen, gelingt zudem oft besser, wenn beide Seiten ein gemeinsames Interesse haben: zum Beispiel der größte Kunde, der sonst beiden vielleicht verloren ginge, oder im Privaten das Wohl ihrer Kinder. Manchmal können solche gemeinsamen Ziele Menschen wieder zusammenbringen nach dem Motto: ‚Wir müssen uns nicht lieben, aber wir müssen uns irgendwie arrangieren, um des Kunden Willen.' Oder im Privaten: ‚um der Kinder willen'. Entscheidend ist, obwohl im Streit oft schwiyrig, das jeweils vereinte Interesse herauszufinden.

Gut ist auch, wenn eine der Konfliktparteien auf die andere Partei zugehen kann und sagt: ‚Ein Konflikt entsteht von beiden Seiten; deshalb können wir ihn auch nur beide lösen.' Als Mutmachersatz lässt sich dazu vorab denken: ‚Ich will Frieden in mir finden und nicht weiterkämpfen müssen. Das ist den Versuch wert, auf den anderen zuzugehen, damit wir einen Ausweg oder einen besseren Umgang miteinander finden.' Denn: Wer vorlegt, geht zweifelsohne das Risiko ein, zurückgewiesen zu werden. Jeder sollte deshalb abwägen, wie er damit umgehen würde. Ein Hebel dafür wäre, sich in dem Fall zu sagen: ‚Die Zeit ist noch nicht reif. Wir verständigen uns jetzt nicht; die Sache steht weiter zwischen uns. Vielleicht gibt uns die Zukunft eine Chance, trotzdem versöhnlichere Signale zu entdecken.' Wer es danach noch schafft, zum Abschied die Hand zu geben, ist richtig gut – und gibt nicht auf, weiter an der Brücke über den tiefen Graben hinweg zu bauen.

Kommt nach einer Eiszeit eine Aussprache doch zustande, ist entscheidend, im Gespräch den Blick in die

Zukunft statt auf die Vergangenheit zu richten: Wovon soll sie bestimmt sein, was soll sich ändern? Dazu lässt sich vereinbaren, künftig regelmäßige Zwischenstopps einzulegen und zu besprechen, was gut läuft mit den Veränderungen und was nicht. Der gelegentliche Austausch darüber ist in angeschlagenen Beziehungen meist der erste Schritt in eine bessere Zukunft."

Wie wird die Brücke tragfähig?

„Die Brücke hält, so meine Erfahrung, gibt es eine gemeinsame Lösung für die Zukunft: Sie kann im Mit- oder im Nebeneinander liegen, je nachdem, worauf sich die Beteiligten einigen. In jedem Fall wird die Wertschätzung für den anderen wieder aufgenommen: Das ist der erste Pfeiler der Brücke. Auch, wenn ein Dissens bestehen bleibt, und auch im Nebeneinander. Das Mindeste ist, übereinzukommen: ‚Wir sind uns einig, dass wir uns uneinig sind. Doch wir können uns trotzdem weiter in die Augen schauen und uns austauschen.' Das heißt, die Beteiligten müssen abmachen, künftig zu versuchen, respektvoll miteinander umzugehen.

Im nächsten Schritt sollten sich die Beteiligten gegenseitig für entstandene Kränkungen entschuldigen; das ist der zweite Pfeiler der Brücke. Wer die Lösung im Miteinander sieht, sollte zudem verzeihen können, wo Vertrauen verletzt worden ist. Nochmals ist zu betonen: Für diese ersten Schritte müssen sich die Beteiligten nicht über die Ursachen und die Wahrnehmung ihres Konflikts einig sein. Darüber, ob ihre Brücke tragfähig wird, entscheidet vielmehr, inwieweit es ihnen gelingt, sich auf den respektvollen Umgang in der Zukunft zu konzentrieren.

Der dritte Pfeiler der Brücke ist deshalb: Gegenwart und Vergangenheit bleiben zurück; sie werden liegengelassen.

Die Beteiligten sind sich einig, sich künftig angemessen zu verhalten – ob im Mit- oder im Nebeneinander. Als vierter Pfeiler der Brücke werden dafür immer wieder Gesten des Respekts gezeigt und sichtbar. Gelingt das, ist der fünfte Pfeiler, sich dafür zu belohnen und sich darin zu bestärken. Indem beide etwa sagen: ‚Toll, wie wir uns neu gefunden haben.' Oder sogar die Kollegen sie loben: ‚Das ist klasse, wie das jetzt mit euch beiden klappt.' Gelingt es, die Brücke auf die fünf Pfeiler zu setzen und fest darauf zu verankern, wird der Streit zu einer Chance des Wandels.

Beim Übergang in das neue Miteinander helfen zudem klare Spielregeln. Sind mehrere Beteiligte in die Streitigkeiten verwickelt gewesen, lassen sie sich betonen, indem der Verhaltenskodex gemeinsam überarbeitet wird und seine Regeln ausgehängt werden. Mit Geboten wie: ‚Wir sind mutig und bauen geduldig an unserer Brücke – über Altlasten und Gräben hinweg. Wenn wir uns falsch oder missverständlich verhalten haben, haben wir die Souveränität, uns dafür zu entschuldigen. Wir versuchen, gemeinsame Lösungen für die Zukunft zu finden.' Der Vorteil solcher Regeln ist: Im Alltag lässt sich immer wieder auf sie hinweisen und ihr Befolgen einfordern. Freilich muss jeder dabei Geduld aufbringen – von jetzt auf gleich verändert sich Verhalten nicht."

Fürs Unternehmen: Welche Lehren lassen sich aus Krisen ziehen, Herr Frey?

„Eine persönliche Missachtung wie eine Kränkung ist das eine. Doch wenn Missachtung geballt im Unternehmen wächst, etwa mittels Diskriminierung, ist das eine andere Sache: Hier lässt sich von einer strukturellen Missachtung sprechen. In dem Fall geht es nicht mehr darum, wie sich einzelne Menschen begegnen. Vielmehr um die Stereotypisierung der Leute in einer Organisation namens Unternehmen: zum Beispiel, wenn ältere Mitarbeitende nicht mehr als lernfähig oder leistungsstark gelten – und infolgedessen benachteiligt werden.

Zugleich sind es in einer solchen Struktur immer Menschen, die diskriminieren, ebenso sind es Menschen, die sich das gefallen lassen – und wiederum Menschen, die dagegen angehen und den Unterschied machen: Deshalb lässt sich strukturelle Missachtung nur mit struktureller Gegenwehr beantworten. Das heißt, mehrere Menschen verbünden sich, beziehen Position dagegen und drängen auf Veränderungen.

Aufzeigen lässt sich dafür auch, wie sehr sich das Unternehmen mit seiner stereotypen Ausgrenzung schadet. Weil etwa keine Frauen aufsteigen, fehlt es an Fachwissen auf der Leitungsebene im Unternehmen. Auf solchen Schaden lässt sich verweisen, wenn Widerstände gegen eine neue Politik aufkommen. Zum Beispiel mit der Frage: ‚Sehen Sie nicht, wie viel Know-how dem Unternehmen verloren geht, wenn Sie fähige Frauen ziehen lassen, statt sie zu fördern?'

Der Kampf gegen solche Missstände braucht oft einen langen Atem und ist zäh, mit ungewissen Erfolgsaussichten. Dazu ermuntert hat der Philosoph Karl Popper dennoch, als er gesagt hat: ‚Alles Leben ist Problemlösen.'[3] Gemeint hat Popper damit: Der Mensch sieht Schwächen in seiner Gruppe und sollte immer wieder versuchen, sie zu verringern. Popper hat damit betont, im Leben komme es darauf an, ob jemand Probleme nur sieht, oder ob er beharrlich versucht, sie zu lösen, allein oder mit anderen.

---

[3] Popper (1996).

Mit Blick auf eine Neuausrichtung kann sogar ein krasses Organisationsversagen wie Betrug am Kunden dazu beitragen, den Beschäftigten eines Unternehmens bewusst zu machen, welche Werte für sie von Bedeutung sind. So hat bereits der frühe französische Soziologe Emile Durkheim unterstrichen, Fehlverhalten mit krimineller Energie sei nicht zu billigen.[4] Einmal aufgedeckt, stoße es den Menschen aber dazu an, über die Frage nachzudenken: ‚Welche Werte leiten unser Verhalten?' Ins Heute übersetzt, heißt das: ‚Passt Betrug zu unser Kultur? Und wollen wir das hinnehmen?' Die Antwort ist in beiden Fällen: ‚Nein.' Mancher wird sich seiner Werte erst aufgrund ihrer Verletzung bewusst, auch der Kernwerte im Unternehmen. Sonst bleiben sie eher in einem verschwommenen Graubereich. Extreme Ausschläge im Verhalten erinnern indes an sie – bis sie sich wieder in einem mittleren Niveau eingependelt haben.

Aufgerüttelt von hässlichen Vorfällen, auch ihrem Betrachten und Bewerten in der Presse, muss das Unternehmen neue Leit- und Schutzplanken für seine Werte setzen. Aus der Frage heraus: ‚Wie wollen wir es nicht mehr machen?' Auf die Art lernen Unternehmen aus ihren Krisen. Letztlich entscheidet sich jeden Tag neu, ob sich ihre Beschäftigten nach innen und außen wertschätzend verhalten oder nicht – und welchen Kurs das Management der Mannschaft dafür vorgibt.

Eine viel diskutierte Frage mit Blick auf Organisationsversagen und strukturelle Missachtung ist überdies, inwieweit positive Diskriminierung erfahrene Missachtung heilen und künftig vermeiden kann: etwa die Einführung einer Quote im Vorstand zugunsten weiblicher Führungskräfte. Vor allem, wenn Frauen in der Vergangenheit

---

[4] Besnard (2017), Durkheim (2013).

bislang an eine gläserne Decke im Unternehmen gestoßen sind, weil ihre Fähigkeiten ohne sachliche Grundlage geringer geschätzt und damit missachtet worden sind."

Und wie hilft Wertschätzung am Arbeitsplatz durch Krisen hindurch?

„Zunächst sind Krisensituationen in Unternehmen, gerade wenn sie lange anhalten, eine Bewährungsprobe für die gegenseitige Wertschätzung. Wie ich es erlebe, sind in Krisenlagen alle überfordert und machen Fehler im Umgang miteinander. Die Menschen sind meist angespannter; in ihrem Ton anders als sonst, schroff, hart bis hin zu unwirsch.

Wer Wertschätzung ernst nimmt, für den ist entscheidend, die Haltung einzunehmen: ‚Aus jeder Krise lässt sich lernen. Ich kann über meinen Schatten springen, Brückenbauer sein und eine Beziehung verbessern – und jeder andere auch.' Doch das braucht Übung, ebenso Selbstvertrauen und Souveränität. Es hilft deshalb, wenn die eine Kollegin oder der eine Kollege, die viel davon haben, den Mut aufbringen, einen Schritt voranzugehen und mit dem Brückenbau zu beginnen. Folgen genug Leute solchen Vorreitern, lassen sich mit Vertrauen und Langmut neue Verbindungen zueinander knüpfen. Die Bereitschaft dazu steigt, je mehr die Leute aus der Zeit vor der Krise einen besseren Umgang miteinander kennen.

Auch bei gesellschaftlichen Krisen lässt sich auf diesen Kredit zurückgreifen. Das hat zuletzt die Coronapandemie gezeigt: In der Zeit hatten sich zwar für die meisten ihre beruflichen Aufgaben nicht verändert. Aber die Bedingungen im Homeoffice haben das konzentrierte Arbeiten daran für viele erschwert, wenn nebenher etwa Kinder zu betreuen waren oder Ängste vorm eigenen Erkranken aufgekommen sind.

Angesichts solcher Umstände haben einige Chefs mehr Geduld mit ihren Mitarbeitern gebraucht, weil sie manchmal abgelenkt waren. Umso wichtiger ist die Empathie für sie geworden: Die Chefs mussten sich in die Sichtweise wie in die Bedingungen des jeweiligen Mitarbeiters hineinversetzen können. Umgekehrt haben die Leute mehr Langmut mit ihren bisweilen gestressten Vorgesetzten gebraucht: Viele waren davon belastet, nun aus der Ferne und remote ihr Team führen zu müssen. Doch hatten Vorgesetzte und Mitarbeitende bereits ein gewisses Vertrauen zueinander aufgebaut, hatten beide Seiten zumindest eine gute Grundlage, dem anderen mit mehr Geduld als sonst zu begegnen – weil jeder wusste, seine Leute oder seine Führungskraft würden ihn weder enttäuschen noch alleine lassen.

Für die Vorgesetzten zählt gerade in unruhigen Zeiten, ob von einer Pandemie, von Kriegen oder wirtschaftlichen Krisen bestimmt, in jeder Mitarbeiterin, jedem Mitarbeiter den ganzen Menschen zu sehen und nicht nur die Arbeitskraft, die ihre Pflicht für das Unternehmen erfüllt. Dazu gehört, sich regelmäßig nach deren Befinden zu erkundigen: Wie fühlt sich die Kollegin? Wie kommt der Kollege mit den Veränderungen zu Hause zurecht, wenn die Familie auf einmal einen pflegebedürftigen Angehörigen oder einen Kriegsflüchtling betreut? Wie wird er mit der Schulsituation seiner Kinder fertig? Wie kommt die Kollegin mit den digitalen Anforderungen klar?

Im Unternehmen lassen sich übers betriebliche Gesundheitswesen auch Tipps geben, etwa zu Entspannungstechniken mit einfachen Atemübungen. Es entlastet manche Mitarbeiter, wenn das Unternehmen so zeigt: ‚Wir fühlen uns zuständig.' Auch mit der Frage: ‚Wo können wir noch helfen?' Das stärkt die Selbstfürsorge der Mitarbeitenden wie die Fürsorge des Unternehmens für sie.

Nicht nur in Krisenzeiten fördert ein Perspektivwechsel auf beiden Seiten zudem die Bereitschaft, manches Wort oder Verhalten nicht zu ernst zu nehmen. Darüber, wie das Miteinander trotz Überforderung und Stress gelingt, entscheidet immer das gegenseitige Vertrauen. Auch unter widrigen Umständen vermittelt es: ‚Ich werde nicht über den Tisch gezogen. Ich werde in meinen Interessen und Bedürfnissen gesehen – obwohl sie nicht immer sofort und manchmal gar nicht erfüllt werden können.'

Auf dieser Grundlage lernen alle zu allen Zeiten dazu. Wenn sie sich gegenseitig den Raum dafür geben, Korrekturen zulassen und Wertschätzung für den und die anderen ausstrahlen."

17

Nachwort

Als das letzte Kapitel geschrieben war, hat uns überrascht, wie häufig der Begriff Wertschätzung wieder überall zu hören ist. Schien er ein wenig vergessen, hat ihn der öffentliche Applaus für die Pflegekräfte während der Covid-19-Pandemie zunächst mehr in den Vordergrund gerückt. Moderne Arbeitskonzepte wie „New Work" und „Work-Life-Balance" betonen ihn zudem. Inzwischen ist Wertschätzung zu einem Schlüsselbegriff geworden, geht es um Themen wie Mitarbeiterzufriedenheit, Motivation und psychisches Wohlbefinden, um gegenseitige Anerkennung und den Zusammenhalt in Unternehmen.

Auch im öffentlichen Diskurs ist von Wertschätzung wieder mehr die Rede: sei es in Debatten zur Abgrenzung vom Menschenbild populistischer Parteien, sei es bei Anfeindungen und Herabwürdigungen in der internationalen Politik oder beim Einsatz für mehr Gleichberechtigung bei Bewegungen wie „#MeToo". Zugleich steht der häufige

Gebrauch des Begriffs für ein wachsendes Bedürfnis in der Gesellschaft nach ihr.

Arbeitgeber haben ihren Begriff ebenfalls wiederentdeckt. Sie erkennen immer mehr an, wie stark Wertschätzung das Wohlergehen und die Leistungsfähigkeit ihrer Leute beeinflusst, erst recht angesichts der zunehmenden Arbeitsverdichtung. Zugleich merken sie: Fehlt es an ihr, wird daraus ein Kosten- und Fluktuationsfaktor im Unternehmen.

Wie die Praxis zeigt, haben Führungskräfte auf Dauer deshalb meist mehr Erfolg, vermitteln sie ihren Leuten Wertschätzung. Vor allem, weil Vertrauen und ein fairer Umgang damit einhergehen. Beides stärkt die Bereitschaft zu Selbstorganisation und Eigenverantwortung des Einzelnen wie in den Teams – und beides brauchen Unternehmen dringend, weil sie häufig Abläufe und Aufgaben in der Mannschaft an die Bedingungen eines sich ständig wandelnden Marktes anpassen müssen.[1]

Gelingen kann das nur, geben dafür auch die Haltung und Werteorientierung der Führungsspitze ein förderliches Klima und eine wertschätzende Kultur vor: mehr mit einem Management von Unterstützung, des Ermöglichens als über Kontrolle und Steuerung.[2]

Aber wie unsere Beispiele zeigen, stößt Wertschätzung in Beruf und Alltag manchmal trotzdem an ihre Grenzen. Gerade wenn es zu persönlichen Spannungen kommt, etwa beim Verhandeln einer strittigen Frage. Wie die Beteiligten dennoch eine gemeinsame Ebene finden können, hat in unserem Buch einen großen Raum eingenommen; dafür bietet die Psychologie lohnende Ansätze zum Weiterdenken.

Zum Beispiel, wie sich Kritik- und Konfliktgespräche führen lassen – klar, aber nicht verletzend, sondern auf-

---

[1] Bundesanstalt für Arbeitsschutz und Arbeitsmedizin & Kantar Deutschland (2020).

[2] Bundesanstalt für Arbeitsschutz und Arbeitsmedizin & Kantar Deutschland (2020).

bauend. Ebenso haben wir viel über Themen gesprochen, die keine Wertschätzung vermuten lassen, wie eine Kündigung, aber trotzdem wertschätzend angegangen werden können. Wir finden, gerade in schwierigen Situationen hilft respektvolles Verhalten weiter.

Weil Menschen unterschiedliche Interessen verfolgen, erfordert es allerdings ein hohes Maß an Toleranz gegenüber Widersprüchlichem, Unsicherheiten und Enttäuschungen im Verhalten anderer, an sogenannter Ambiguitäts- und Frustrationstoleranz. Die Kunst ist deshalb, Spannungen auszuhalten, weiterhin Wertschätzung zu zeigen und mit ihren verschiedenen Stufen zu arbeiten.

Damit lässt sich auf Augenhöhe reagieren und erwidern, selbst wenn ich mich gerade nicht gut behandelt fühle. Denn Wertschätzung kann ein fröhliches, freundschaftliches Miteinander sein oder ein sachliches, distanziertes Miteinander, in schwierigen Fällen auch nur ein Nebeneinander. Bloß bei Grenzüberschreitungen wie schwerem Mobbing würde es die meisten Betroffenen überfordern, versuchten sie, Wertschätzung für dessen Drahtzieher aufzubringen. Wenn es zu psychischer oder körperlicher Gewalt gekommen ist, zählt mehr, sich vor den Tätern zu schützen und sich gegen neue Angriffe mit aller Kraft zu wehren.

Doch meist zahlt sich Wertschätzung im Unternehmen aus und schützt etwa vor Machtmissbrauch. Achten die Führungskräfte zudem auf gute Leistungen, macht beides das Unternehmen langfristig erfolgreich und überlebensfähig.

Als Grundlage dafür fordern Führungskräfte und Mitarbeiter voneinander in der Zusammenarbeit dieselben Dinge ein. Die Kernsätze sind:

- „Wertschätzung beginnt mit mir."
- „Ich erwarte Wertschätzung von jeder und jedem und erwarte sie auch von mir."

- „Ich fordere Loyalität von meinem Gegenüber, ebenso von mir."
- „Wertschätzend begegne ich nicht nur den Leuten in meinem Team oder meinen Kunden und Lieferanten, sondern allen Menschen."
- „Wenn Spannungen entstehen, erwarte ich, dass wir darüber reden."

Konkret heißt das: Spannungen spreche ich an und kann auf eine gemeinsame Suche nach Lösungen hoffen. Denn Wertschätzung bedeutet nicht, Konflikte auszublenden; vielmehr alles zu unternehmen, sie mit friedfertigen Worten zu klären. Auch in einem Umfeld, das geprägt ist von Neid, Intrigen und dem Druck der Stärkeren auf die Schwächeren. Hier hat sie aber nur eine Chance, wenn Menschen respektvolle Zeichen setzen und so vorangehen. Wer dabei mit den „Trumps" dieser Erde umgehen muss, antwortet ihnen aus seiner professionellen Rolle heraus und gibt möglichst nicht allein Kontra.

Nicht zu trennen vom Begriff der Wertschätzung ist dabei das, was die Psychologen ‚Selbstregulation' nennen, die bewusste Steuerung der eigenen Gefühle: vor allem, wenn die Dinge nicht so laufen wie gehofft. Dazu kann der erste Gedanke einfach sein: „Wie kann ich weitermachen, ohne mich dabei zugrunde zu richten – treibe ich zum Ausgleich mehr Sport?" Im äußersten Fall lässt die Selbstführung auch den Punkt erkennen, wo es zum eigenen Schutz besser ist, aufzugeben und loszulassen – etwa, weil es eine/n sonst krank machen würde.

Ebenso gehört zur Selbstregulation eine gewisse Ehrlichkeit, sich zu melden, fühle ich mich nicht wertgeschätzt, anstatt eingeschnappt dagegenzuhalten. Und: Sich genügend zu wappnen, angefangen bei einfachen Dingen wie gesundem Schlaf, ausgewogener Ernährung, Bewegung, guten Gesprächen mit Freunden und der Familie und der Suche nach einer befriedigenden Arbeit oder ehrenamtlichen Aufgabe. Wer chronische Mängel davon im eigenen Feld hat, wird letztlich auch Probleme haben, anderen gegenüber Wertschätzung zu zeigen oder sie in schwierigen Situationen beizubehalten.

Wohin hat uns nun unsere Gesprächsreise zur Wertschätzung gebracht? Vor allem zu der Erkenntnis, dass es keinen einfachen, vorgezeichneten Weg dafür in Beruf und Alltag gibt: nur den Plan, sie immer wieder in Angriff zu nehmen, auf der Suche nach guten Antworten.

Was hilft dabei am meisten? Wir denken: sich dort Fragen zu stellen, wo es unbequem wird und es einem am schwersten fällt. Zumindest uns ist es so gegangen: bei Fragen wie „Wo ist die Grenze – wie schätze ich jemanden wert, der so viel Fehlverhalten gezeigt hat, dass ich ihm kündigen muss?" Über solche Grenzfälle nachzudenken, kostet Überwindung und ist anstrengend. Doch es erweitert die Vorstellung dessen, was möglich ist.

Zugleich führen die Überlegungen dazu immer wieder auf den entscheidenden Punkt der Wertschätzung zurück, wie wir bei unserem Austausch gemerkt haben: Welche Antwort ist meiner würdig, in welcher Art? Sie drückt letztlich aus, wie sehr ich mich schätze und darüber andere wertschätzen kann.

Leichter fällt die Antwort darauf allen, die von klein auf gelernt haben, wie sich Konflikte angehen lassen: wie jede/r versuchen kann, sachlich zu bleiben, dem Gegenüber zuzuhören, sich in dessen Lage sowie Perspektive hineinzuversetzen, aber trotzdem nicht vorschnell die eigene Position aufzugeben. Das lässt sich im Elternhaus lernen. Gut wäre, es auch anderenorts Heranwachsenden mehr zu vermitteln, wie im Verein und erst recht in der Schule.

Zumal wohl nicht viele über Deutschland sagen würden: „Wir sind ein Land von Lob und Anerkennung." Eher ist zu hören, unser Umgang miteinander sei ruppig

– zum Beispiel auf der Straße, sogar gegenüber Vertretern des Staates, die anderen helfen wollen, wie der Polizei, der Feuerwehr. Auf dem Sportplatz schreien manche Eltern sogar die Spielgegner ihrer Kinder nieder oder beleidigen den Schiedsrichter. Die Gefahr dabei: Rohe Sprache setzt die Hemmschwelle für gewalttätiges Verhalten herab, vor allem in der Gruppe.

Dort, wo niemand auf übergriffige Sprache hinweist und sie korrigiert, wird sich jedoch nichts ändern. Schlimmer noch: Was sich jemand in einem Lebensbereich angewöhnt hat, strahlt auf die anderen aus. Deshalb ist jeder aufgerufen, darauf zu achten, wie er spricht – und wie sich andere äußern, in der Familie, im Klassenzimmer oder am Konferenztisch.

Besonders die Leute an der Spitze setzen den Ton dafür, ob der Vorsitzende im Sportverein oder die Managerin in der Wirtschaft. Sie sind besonders gefordert, der Verrohung der Sprache entgegenzutreten und so die Weichen für mehr Wertschätzung zu stellen: damit ein Klima entsteht, in dem sich alle wohlfühlen können. Nicht nur in Unternehmen und im Team gehen die menschlichen Gründe dafür Hand in Hand mit Erfolg und Wohlbefinden: vielmehr in jeder Gemeinschaft, die vom ‚Wir' getragen sein soll.

Die Wertschätzung in ihr beginnt damit, das Gemeinsame zu sehen statt das Trennende. Nicht nur im Beruf und in Unternehmen, auch an allen anderen Lern- und Lebensorten: ob im Kindergarten, der Schule, im Senioren- oder Pflegeheim, ob in Krankenhäusern, Arztpraxen, Hochschulen und Behörden oder im Supermarkt. Zugleich verlangt Wertschätzung, den Finger in die Wunde zu legen, wenn es im eigenen Umfeld am Respekt für andere fehlt.

Dafür brauchen wir Menschen, die den Mut haben, schwierige Dinge anzusprechen, auch am Arbeitsplatz.

Ebenso im öffentlichen Raum, wo manche abfällige Parolen gegen ihre Mitmenschen schwingen und sich damit gegen die Wertschätzung sowie andere Pfeiler unserer Demokratie richten. Solche groben Verbalattacken spitzen Problematisches in der Gesellschaft immer weiter zu: bis die Welt nur noch schwarz-weiß erscheint, obwohl sie meist mittelgrau ist und viele Zwischentöne hat.

Damit ich dort mutig sein kann, wo das mein Team, meinen Verein oder meine Familie betrifft, ist zu überlegen: „Wie gut bin ich darin, mich zu positionieren und Stellung zu beziehen, wenn ich denke, ich kann die politische Haltung und ausgrenzenden Ansichten anderer nicht ertragen? Und wie werde ich besser darin?"

Denn: Nur auf dem Sofa zu sitzen und zu jammern, ist zu wenig. Aufzustehen, aktiv zu werden und für die eigenen Werte einzustehen, hilft mehr: indem ich mich für ein friedliches Miteinander starkmache. Dafür lassen sich Verbündete suchen sowie auf Unterstützung hoffen: Denn derzeit ist Wertschätzung gefragt wie lange nicht mehr und ihre zuträglichen Folgen für ein zugewandtes Miteinander erst recht.

Bloß das, worauf ich nicht einwirken kann und keinerlei Möglichkeiten dazu sehe, sollte ich ausblenden – damit ich meine Energie für den Einsatz aufspare, der sich lohnt. Weil es den im eigenen Umfeld häufiger gibt, als viele denken, lässt sich zudem überlegen, was als Erstes, Zweites und Drittes angegangen werden soll und muss. Wir können uns angesichts der weltweiten Konflikte nicht erlauben, innerhalb unseres Landes eine immer tiefere Spaltung zuzulassen.

Dafür beginnt Wertschätzung im Kleinen – und lohnt sich auch im Großen. Etwa mit Blick auf die fünf ostdeutschen Bundesländer und deren Menschen in der Bundesrepublik: Der Respekt vor ihrer Biografie verbietet es, den Einsatz und die Lebensleistung derer zu übergehen, die mit schwierigen Bedingungen zu kämpfen hatten – als zähle das Leben von Millionen in der DDR aufgewachsener Menschen vor der deutschen Einheit nicht wirklich. Erst wenn die Anerkennung der jeweiligen Lebensleistung in den neuen wie alten Bundesländern beiden Seiten gelingt, wird sich jede und jeder Einzelne in der Bundesrepublik gehört und zugehörig fühlen können.[3]

Bis dahin braucht es jedoch in West und Ost viel Geduld mit sich und den anderen. Denn die Zeichen von Wertschätzung in einer Gemeinschaft einzuüben, bedeutet zunächst für jede/n: „Ich bin am Lernen." Erst mit einiger Übung lässt sich spüren: „Ich bin am Wachsen." Humor gegenüber den eigenen Schwächen wie denen anderer Menschen macht die Zeit dazwischen erträglicher.

Auch uns haben im Gespräch eigene Erfahrungen in Sachen Wertschätzung bei der Arbeit und im Alltag oft zum Lachen gebracht – und zum Nachdenken über uns und andere. Nachdem Sie uns dabei begleitet haben, wünschen wir Ihnen, liebe Leserinnen und Leser, ebenfalls anregende Gedanken und gute Gespräche dazu – und den Mut, in Ihrer Welt den Unterschied zu machen.

Es hilft, wenn Sie sich dabei denken: „Wertschätzung ist eine Reise; am Ziel ist man nie."

---

[3] Merkel (2021), Lohse (2023).

Literatur

Alshmemri, M., Shahwan-Akl, L., & Maude, P. (2017). Herzberg's two-factor theory. *Life Science Journal, 14*(5), 12–16.

Althammer, J., Böhmer, M., Frey, D., Hradil, S., Nothelle-Wildfeuer, U., Ott, N., van Schoor, B. & Sevda, S. (2011). *Die Zukunft der Familie sichern: Ein modernes Familienkonzept in zehn Punkten. In: Wie viel Familie verträgt die moderne Gesellschaft?* Roman Herzog Institut e.V. München.

Anderson, E. (1995). *Value in ethics and economics.* Harvard University Press.

AOK. (2024, 09. Oktober). Gesundheitsatlas Deutschland: Knapp 9,5 Millionen Menschen von Depressionen betroffen [Pressemitteilung]. https://www.aok.de/pp/bv/pm/gesundheitsatlas-deutschland-depression/. Zugegriffen: 22. April 2024.

Arribas, C. (2013, 24. Februar). The honesty of the long-distance runner. https://english.elpais.com/elpais/2012/12/19/inenglish/1355928531_856388.html. Zugegriffen: 27. Mai 2024.

Literatur

Badura, B., Ducki, A., Schröder, H., Klose, J., & Meyer, M. (2018). *Fehlzeiten-Report 2018: Sinn erleben – Arbeit und Gesundheit*. Springer.

Badura, B., Baumgardt, J., Ducki, A., Klose, J., Meyer, M., & Schröder H. (2023). *Fehlzeiten-Report 2023: Zeitenwende – Arbeit gesund gestalten*. Springer-Verlag.

Bandura, A. (1994). Self-efficacy. In V. S. Ramachaudran (Hrsg.), *Encyclopedia of human behavior* (S. 71–81). Academic.

Barmer Institut für Gesundheitssystemforschung. (2025, 23. März). Sinus-Jugendstudie 2025: Cyber-Mobbing weiter auf dem Vormarsch. [Pressemitteilung]. https://www.barmer.de/presse/presseinformationen/pressearchiv/sinus-jugendstudie-cyber-mobbing-weiter-auf-dem-vormarsch-1326418. Zugegriffen: 22. April 2024.

Bass, B., M., & Bass, R. (2008). *The bass handbook of leadership: Theory, research, and managerial applications*. Free Press.

Bauer, J. (2008). *Prinzip Menschlichkeit: Warum wir von Natur aus kooperieren*. Heyne.

Bauer, J. (2015). *Arbeit: Warum sie uns glücklich oder krank macht*. Heyne.

Benfer-Breisacher, A. (2020). Mitarbeiter wertschätzen – aber wie? *Pflegezeitschrift, 73*, 14–17.

Besnard, P. (2017). The true nature of anomie. In P. Besnard, *Emile Durkheim* (S. 167–171). Routledge.

Braun, S., Peus, C., Weisweiler, S., & Frey, D. (2013). Transformational leadership, job satisfaction, and team performance. A multilevel mediation model of trust. *The Leadership Quarterly, 24*(1), 270–283.

Brunstein, J. C., & Heckhausen, H. (2018). Achievement motivation. *Motivation and Action, 221*–304.

Bundesanstalt für Arbeitsschutz und Arbeitsmedizin & Kantar Deutschland (2020). *Führung und Organisation im Wandel*. https://www.baua.de/DE/Forschung/Forschungsprojekte/f2436.html. Zugegriffen: 27. Juni 2024.

Bundesregierung. (2023, 2. Juli). Hinweisgeberschutzgesetz stärkt Rechte von Beschäftigten. https://derefgmx.net/mail/client/QtoYKo9XWgE/dereferrer/?redirectUrl=https%3A%2F%2Fwww.bundesregierung.de%2Fbreg-de%2Faktuelles%2Fhinweisgeberschutz-2064178%22https://www.bundesregierung.de/breg-de/aktuelles/hinweisgeberschutz-2064178. Zugegriffen: 08. Januar 2025.

DAK-Gesundheit. (2025, 11. April). Update Psychreport 2025. Entwicklungen der psychischen Erkrankungen im Job: 2023-2024. https://caas.content.dak.de/caas/v1/media/131624/data/4e1fc7bc25d_abe1339535a2da6d9be4/250415-download-report-psychreport-vorsaetze-1-.pdf. Zugegriffen: 23. April 2025.

de Saint-Exupéry, A. (1951). *Antoine de Saint-Exupéry: Die Stadt in der Wüste (Citadelle).* Europäischer Buchklub.

Deci, E. L., & Ryan, R. M. (2008). Self-determination theory: A macrotheory of human motivation, development, and health. *Canadian Psychology / Psychologie canadienne, 49*(3), 182–185.

Dehe, A. (2024). Viele von uns haben einen chronischen Burnout. https://www.faz.net/aktuell/rhein-main/frankfurt/aerzte-in-kliniken-viele-von-uns-haben-einen-chronischen-burnout-19857650.html. Zugegriffen: 18. Juli 2024.

Diller, S. J., Czibor, A., Restas, P., Zolte, P., Jonas, E., & Frey, D. (2022). The positive connection between dark triad traits and leadership levels in self- and other-ratings. Leadership, education, personality. *An Interdisciplinary Journal, 3,* 117–131.

Dollard, C. (2022). Invest in Your Relationship: The Emotional Bank Account. https://www.gottman.com/blog/invest-relationship-emotional-bank-account/. Zugegriffen: 27. Mai 2024.

Dunbar, R. (2000). *Klatsch und Tratsch: Wie der Mensch zur Sprache fand.* Bertelsmann.

Durkheim, E. (2013). *De la division du travail social.* Presses Universitaires de France.

Edmondson, A. C. (2020). *Die angstfreie Organisation.* Vahlen.

Eisenberger, N. I., Lieberman, M. D., & Williams, K. D. (2003). Does rejection hurt? An fMRI study of social exclusion. *Science, 302*(5643), 290–292.

Elsner, K. (2012). Kleine Ursache – große Wirkung: Wertschätzung von hochqualifizierten Mitarbeitern: Eine konzeptionelle Einordnung und empirische Untersuchung zur Bedeutung der Anerkennung für gute Mitarbeiterführung. Edition Rainer Hampp.

Elson, C. M., Ferrere, C., & Goossen, N. J. (2015). The bug at Volkswagen: Lessons in co-determination, ownership, and board structure. *Journal of Applied Corporate Finance, 27*(4), 1–16.

Enste, D., Kürten, L. M., Suling, L., & Orth, A. K. (2020). Digitalisierung und mitarbeiterorientierte Führung: Die Bedeutung der Kontrollüberzeugung für die Personalpolitik. *IW-Analysen*, No. 135.

Frankl, V. E. (2015). *Psychotherapie für den Alltag: Rundfunkvorträge über Seelenheilkunde*. Kreuz.

Frankl, V. E. (2021). *Der Mensch vor der Frage nach dem Sinn*. Piper.

Fraunhofer IAO. (2024, 23. Februar). Arbeitswerte in Deutschland. https://www.iao.fraunhofer.de/de/presse-und-medien/aktuelles/arbeitswerte-in-deutschland.html. Zugegriffen: 27. Mai 2024.

Frey, D., & Schmalzried, L. (2013). *Philosophie in der Führung – Gute Führung lernen von Kant, Aristoteles, Popper & Co.* Springer.

Frey, D. (2015). *Ethische Grundlagen guter Führung. Warum gute Führung einfach und schwierig zugleich ist*. Roman-Herzog-Institut München.

Frey, D. (2016). Was ist Selbstrespekt? – ein Diskurs. In E. Reichart (Hrsg.): *Was heißt hier Respekt?* (S. 174–187). DTV.

Frey, D., & Bergunde, F. (n.d.). *Emotionskonten in Analogie zum Bankkonto*.

Frey, D., Hehnen, M., Pham, H., Vilser, M., & Fladerer, M. (2014). Teamführung, Teamerfolg und Dynamiken im Team. In D. Frey & M. Vilser (2024), *Führung und Personalentwicklung in Hochschulen* (S. 67–85). Springer.

Gallup (2025). *Engagement Index Deutschland 2024*. Gallup.
Goldhammer, F., Rauch, W. A., Schweizer, K., & Moosbrugger, H. (2010). Differential effects of intelligence, perceptual speed and age on growth in attentional speed and accuracy. *Intelligence, 38*(1), 83–92.
Griffin, R. W., Hanna, A. A., Smith, T. A., & Kirkman, B. L. (2022). How bad leaders impact organizational effectiveness. *Overcoming Bad Leadership in Organizations,* 224–250.
Grohnert, A. (2023, 6. September). Der alte, weiße Mann ist genauso viel wert wie die junge, lesbische Migrantin. https://www.focus.de/politik/meinung/kolumne-von-ana-cristina-grohnert-der-alte-weisse-mann-ist-genauso-viel-wert-wie-die-junge-lesbische-migrantin_id_203761545.html. Zugegriffen: 30. April 2024.
Häfner, A., & Hartmann-Pinneker, J. (2023). *Wertschätzung in Organisationen fördern*. Hogrefe.
Haller, R. (2021). *Das Wunder der Wertschätzung: Wie wir andere stark machen und dabei selbst stärker werden*. Gräfe und Unzer.
Hangartner, D., Gennaro, G., Alasiri, S., Bahrich, N., Bornhoft, A., Boucher, J., & Donnay, K. (2021). Empathy-based counterspeech can reduce racist hate speech in a social media field experiment. *Proceedings of the National Academy of Sciences, 118*(50), e2116310118.
Hans-Böckler-Stiftung. (2024, 03. April). Erwerbspersonenpanel: Entwicklung des Anteils mit großen Sorgen – Ergebnisse der Erhebungswelle vom November 2023. https://www.boeckler.de/pdf/pm_wsi_2024_04_03.pdf. Zugegriffen: 22. April 2024.
Hartmann-Kottek, L. (2012). *Gestalttherapie*. Springer.
Hattie, J., & Timperley, H. (2007). The power of feedback. *Review of Educational Research, 77*(1), 81–112.
Honneth, A. (2021). *Kampf um Anerkennung: Zur moralischen Grammatik sozialer Konflikte*. Suhrkamp Taschenbuch Wissenschaft.
Hossiep, R., & Paschen, M. (2003). *Das Bochumer Inventar zur berufsbezogenen Persönlichkeitsbeschreibung: BIP*. Verlag für Psychologie: Hogrefe.

Huemer, S. (2024, 25. März). Angeben geht auch ohne Rolex. www.faz.net/aktuell/finanzen/rolex-porsche-und-co-haben-ausgedient-das-sind-die-neuen-statussymbole-19606002.html. Zugegriffen: 27. Mai 2024.

Jungmann, U. (2017). Ethik-Verstöße im Büro. https://www.faz.net/aktuell/karriere-hochschule/recht-und-gehalt/compliance-verstoesse-schummeln-fuer-den-chef-15031284.html. Zugegriffen: 24. Juni 2024.

Jungmann, U. (2019, 9. Mai). Wie Sie als Chef den richtigen Ton treffen. https://www.faz.net/aktuell/karriere-hochschule/buero-co/wie-sie-als-chef-den-richtigen-ton-treffen-16168360.html. Zugegriffen: 24. Juni 2024.

Kahneman, D. (2016). *Schnelles Denken, langsames Denken*. Penguin.

Kant, I. (1785). *Grundlegung zur Metaphysik der Sitten*. J. F. Hartknoch.

Khan, M. R. (2021). A critical analysis of Elon Musk's leadership in Tesla motors. *Journal of Global Entrepreneurship Research, 11*(1), 213–222.

Klauber, J., Wasem, J., Beivers, A., & Mostert, C. (2023). *Krankenhaus-Report 2023: Schwerpunkt: Personal*. Springer Nature.

Klejbor, M. (2014). Rituale der Wertschätzung: 37 Erfolgswege, um die Herzen Ihrer Mitarbeiter zu erobern. Marc Klejbor Erfolgsimpulse.

Kleinmann, M., & Odermatt, I. (2024). Professor_innen führen und engagieren sich. Wie lässt sich dies in Berufungsverfahren prognostizieren und integrieren? Ein Erfahrungsbericht. *Psychologische Rundschau*.

Koch, I., & Anders, G. (2008). Bürofeste organisieren und gestalten: 100 Fest-Ideen. Urania Verlag.

Kraus-Wildegger. (2019). *Feelgood Management: Mit Wertschätzung und Menschlichkeit erfolgreich in die Arbeitswelt von morgen*. Metropolitan.

Kuonath, A., Frey, D., & Schmidt-Huber, M. (2016). Selbstwert. In H. W. Bierhoff & D. Frey (Hrsg.). Enzyklopädie der Psychologie – Sozialpsychologie: Selbst und soziale Kognition (Bd. 1, S. 213–232). Hogrefe.

Lampe, M., & Schöler, G. (2006). *Messen, werten, optimieren: Erfolg durch Unternehmenskultur: Ein Leitfaden für die Praxis*. Bertelsmann Stiftung.

Liepmann, D., Beauducel, A., Brocke, B., & Amthauer, R. (2007). Intelligenz-Struktur-Test 2000 R: IST 2000 R. Hogrefe.

Lohse, Eckart (2023). Merkels konsequenter Rückzug von der CDU. https://www.faz.net/aktuell/politik/inland/angela-merkel-und-die-cdu-wie-die-altkanzlerin-sich-konsequent-zurueckzieht-19400834.html. Zugegriffen: 27 Juni 2024.

Ludwig-Walz, H., Dannheim, I., Pfadenhauer, L. M., Fegert, J. M., & Bujard, M. (2022). Increase of depression among children and adolescents after the onset of the COVID-19 pandemic in Europe: A systematic review and meta-analysis. *Child and Adolescent Psychiatry and Mental Health, 16*(1), 109.

Mach, A. (2012). *Das Handbuch für Familienunternehmen: Eine Schriftensammlung*. AlphaZirkel.

May, P. (2012). *Erfolgsmodell Familienunternehmen: Das Strategie-Buch*. Murmann Publishers GmbH.

Mayer, C. H., van Niekerk, R., & Wannenburg, N. (2021). Ferdinand Karl Piëch: A psychobiography of a ruthless manager and ingenious engineer. *Frontiers in Psychology, 12*, 671243.

Mazzei, A., Ravazzani, S., & Wolfgruber, D. (2021). Whistleblowing in Organisationen: Wenn Mitarbeitende auf Missstände aufmerksam machen. In S. Einwiller (Hrsg.), *Handbuch Mitarbeiterkommunikation: Interne Kommunikation in Unternehmen* (S. 487–500). Springer Fachmedien Wiesbaden.

McClelland, D. C., & Atkinson, J. W. (2012). *The achievement motive*. Literary Licensing, LLC.

McClelland, D. C., Atkinson, J. W., Clark, R. A., & Lowell, E. L. (1953). Effects on fantasy of arousing achievement motivation. In D. C. McClelland, J. W. Atkinson, R. A. Clark, & E. L. Lowell, *The achievement motive* (S. 139–160). Appleton-Century-Crofts.

Medienpädagogischer Forschungsverbund Südwest (MPFS). (2024). *JIM-Studie 2024: Jugend, Information, Medien.* https://deref-gmx.net/mail/client/zKJ5Arn39E4/dereferrer/?redirectUrl=https%3A%2F%2Fmpfs.de%2Fstudie%2Fjim-studie-2024%2F%22https://mpfs.de/studie/jim-studie-2024/. Zugegriffen: 08. Januar 2025.

Merkel, A. (2021). *Rede von Bundeskanzlerin Dr. Angela Merkel beim Festakt zum Tag der Deutschen Einheit 2021 am 3. Oktober 2021 in Halle/Saale.* https://www.bundesregierung.de/breg-de/suche/rede-von-bundeskanzlerin-dr-angela-merkel-1965628. Zugegriffen: 27. Juni 2024.

Montua, A. (2020). *Führungsaufgabe Interne Kommunikation: Erfolgreich in Unternehmen kommunizieren – im Alltag und in Veränderungsprozessen.* Springer Gabler.

Moosbrugger, H., & Goldhammer, F. (2007). *Frankfurter Adaptiver Konzentrationsleistungs-Test (FAKT II).* Huber.

Niemeyer, H. (2022, 08. Februar). Süle wechselt zum BVB: Sein Statement zeigt, wie tief die Gräben mit den Bayern sind. https://www.tz.de/sport/fc-bayern/fc-bayern-niklas-suele-wechsel-transfer-borussia-dortmund-bvb-fix-bundesliga-91286742.html. Zugegriffen: 30. Apr. 2024.

Otterbach, A., & Wenig, C. (2017). *Führend durch Wertschätzung.* UVK Verlagsgesellschaft mbH.

Peus, C., Kerschreiter, R., Traut-Mattausch, E., & Frey, D. (2009). Ethics and economic success: A topical issue of the Zeitschrift für Psychologie/Journal of Psychology. *Zeitschrift für Psychologie/Journal of Psychology, 217*(3), 175–176.

Pfob, S. (2020). *Wertschätzung: Ein Praxisbuch. Für Führungskräfte und Mitarbeiter*innen.* Vahlen.

Popper, K. E. (1996). *Alles Leben ist Problemlösen: Über Erkenntnis, Geschichte und Politik.* Piper.

Popper, K. E. (2003). *Die offene Gesellschaft und ihre Feinde: Band 1: Der Zauber Platons.* Mohr Siebeck.

Pörksen, B., & Schulz von Thun, F. (2021). *Die Kunst des Miteinander-Redens: Über den Dialog in Gesellschaft und Politik.* Goldmann.

Posch, A., & Speckbacher, G. (2012). Führung in Familienunternehmen: Besonderheiten der Entscheidungsfindung und Verhaltenssteuerung und deren Auswirkung auf den Unternehmenserfolg. *Zeitschrift für Betriebswirtschaft ZfB, 82*(Suppl. 3), 5–23.

R+V-Versicherung (2023, 12. Oktober). Ängste der Deutschen: Deutsche fürchten Wohlstandsverlust. https://www.ruv.de/newsroom/themenspezial-die-aengste-der-deutschen/pressemitteilungen/2023-10-12-studie-aengste-der-deutschen. Studienleiter Grischa Browser-Rabinowitsch. Zugegriffen: 6. Juni 2024.

Reiermann, C. (2020, 03. November). Fake News am Arbeitsplatz: Aufklärung in der Mittagspause. https://www.spiegel.de/wirtschaft/soziales/fake-news-am-arbeitsplatz-aufklaerung-in-der-mittagspause-a-100423bf-0b2b-4137-80dc-a1c-95fc1cc6a. Zugegriffen: 27. Mai 2024.

Renger, S., & Renger, D. (2022). *Die Suche nach Selbstrespekt: Wie Anerkennung unser Selbstbild formt*. Vandenhoeck & Ruprecht.

Renz, F. M., & Vogel, J. U. (2020). Elon Musk: Leader or liability? *Journal of Case Research and Inquiry, 6*, 27–50.

Resch, F., & Parzer, P. (2024). Angst und Depression bei Jugendlichen. *Bundesgesundheitsblatt, Gesundheitsforschung, Gesundheitsschutz, 67*(4), 374–382.

Ricoeur, P. (2022). *Wege der Anerkennung: Erkennen, Wiedererkennen, Anerkanntsein*. Suhrkamp.

Robert-Koch-Institut. (2023). *Bericht Quartal 3/2023: Aktuelle Ergebnisse zur Entwicklung der psychischen Gesundheit der erwachsenen Bevölkerung bei hochfrequenter Beobachtung*. RKI.

Rosenberg, M. B. (2016). *Gewaltfreie Kommunikation: Eine Sprache des Lebens*. Junfermann.

Roßius, S. (2021). Corona-Prämien: Witz oder Wertschätzung? *CNE Pflegemanagement, 8*(2), 16–17.

Rössner, M. (2014). *Die Wertschätzungskonzeption der Toleranz. Praktische Analyse und Erklärungszusammenhang*. GRIN.

Schalwat, C. (2014). *Wertschätzung im Mitarbeitergespräch. Wodurch erleben Arbeitnehmer heutzutage Wertschätzung und wie lässt sich diese durch Vorgesetzte vermitteln? Eine empirische Analyse am Beispiel eines Unternehmens aus der Automobilbranche*. Lagos Verlag Berlin.

Schnetzer, S., Hampel, K., & Hurrelmann, K. (2024). *Trendstudie Jugend in Deutschland: Verantwortung für die Zukunft? Ja, aber.*

Schulz von Thun, F. (1981). *Miteinander reden: Band 1*. Rowohlt.

Schulz-Hardt, S., & Frey, D. (2015). Sinnprinzip. In M. Galliker & U. Wolfradt (Hrsg.), *Kompendium sozialpsychologischer Theorien* (S. 425–428). Suhrkamp.

Schwarzinger, D., & Schuler, H. (2016). *TOP: Dark Triad of Personality at Work: Deutschsprachige Originalfassung*. Hogrefe.

Siegrist, J. (2021). *Anerkennung und Gesundheit: Ein Dialog zwischen Soziologie und Medizin*. Alfred Kröner.

Siegrist, J., & Li, J. (2023). *Psychosocial occupational health: An interdisciplinary textbook*. Oxford University Press.

Sobotta, A. (2014). *Wertschöpfung durch Wertschätzung. Anerkennung als Führungsinstrument zur Motivations- und Verhaltenssteuerung*. GRIN.

Statistisches Bundesamt. (2025, 2. Januar). Zahl der Erwerbstätigen im Jahr 2024 auf neuem Höchststand. https://deref-gmx.net/mail/client/1KQuzGkNEZg/dereferrer/?redirectUrl=https%3A%2F%2Fwww.destatis.de%2FDE%2FPresse%2FPressemitteilungen%2F2025%2F01%2FPD25_001_13321.html%22https://www.destatis.de/DE/Presse/Pressemitteilungen/2025/01/PD25_001_13321.html. Zugegriffen: 08. Januar 2025.

Steinert, C., & Halstrup, D. (2011). Schlechte Führung wird toleriert, wenn die Zahlen stimmen: Stellenwert der Personalführung in deutschen Unternehmen. *Personalführung: Das Fachmagazin für Personalverantwortliche, 44*(7), 38–41.

Streicher, B., & Frey, D. (2012). Prinzipien der Fairness als Führungskultur der Zukunft. In S. Grote (Hrsg.), *Die Führung der Zukunft* (S. 331–345). Springer.

Strohschneider, T. (2022). *Krankenhaus im Ausverkauf: Private Gewinne auf Kosten unserer Gesundheit*. Westend.

Sulzberger, M. (2023). Die häufigste Kränkung ist wohl die fehlende Wertschätzung. *Zeitschrift Führung und Organisation, 2*, 93.

Tagesschau (2024, 29. Februar). Demokratie-Schulungen in Unternehmen begehrt. https://www.tagesschau.de/wirtschaft/unternehmen/demokratie-stiftungen-bc4d-100.html. Zugegriffen: 27. Mai 2024.

Tversky, A., & Kahneman, D. (2000). *Choices, values, and frames*. Russell Sage Foundation.

Universität Leipzig. (2025, 03. März). Wie häufig ist Mobbing in der Arbeitswelt? [Pressemitteilung]. https://idw-online.de/de/news848311. Zugegriffen: 22. April 2024.

Vilser, M., & Frey, D. (2024). Feedback an der Hochschule: Erfolgreich annehmen und kommunizieren. In D. Frey & M. Vilser (2024), *Führung und Personalentwicklung in Hochschulen* (S. 31–43). Springer.

Vilser, M., Mausz, I., Frey, D., & Siegrist, J. (2024): Effort-reward imbalance in PhD students: Adaptation and validation of the effort-reward imbalance scale for doctoral students. *International Journal of Stress Management*.

Volk, B. (2022). *Wertschätzung im Job: Impulse für bessere Kommunikation und Zusammenarbeit*. Haufe.

von Au, C. (2017). Von Burnout, Boreout und Narzissmus zur holistischen, wertschätzenden und lernenden Führungskultur. In C. von Au (Hrsg.), *Struktur und Kultur einer Leadership-Organisation: Holistik, Wertschätzung, Vertrauen, Agilität und Lernen* (S. 1–36). Springer.

von Strombeck, P. (2021, 14. Dezember). Mensch oder Arbeitskraft? Der entscheidende Unterschied zwischen Wert und Wertschätzung. https://www.xing.com/news/insiders/articles/mensch-oder-arbeitskraft-der-entscheidende-unterschied-zwischen-wert-und-wertschatzung-4471188. Zugegriffen: 30. Apr. 2024.

Waldow-Meier, S. (2022). *Zwischen Zukunftsangst und Zukunftsmut: Zur Rolle von Emotionen in der Auseinandersetzung mit gegenwärtigen Krisen und antizipierter Unsicherheit von Zukunft.* Institut Futur.

Walter, H. J. (2007). Heißer Stuhl. In G. Stumm & A. Pritz (Hrsg.), *Wörterbuch der Psychotherapie* (S. 272). Springer.

Wehrlin, U. (2019). *Leadership mit Leistungswertschätzung: Mitarbeiter führen durch Anerkennung und Wertschätzung.* Optimedien.

Wichert, J. (2024, 19. Juni). Darf ich meinen Arbeitgeber öffentlich kritisieren? https://www.faz.net/aktuell/karriere-hochschule/mein-urteil/arbeitsrecht-darf-ich-meinen-arbeitgeber-oeffentlich-kritisieren-19783316.html. Zugegriffen: 24. Juni 2024.

Wiegand, E. (undatiert). Wertschätzung – mehr davon! https://www.factory-magazin.de/themen/wert-schaetzung/wertschaetzung-mehr-davon. Zugegriffen: 30. Apr. 2024.

Wikipedia. (2024, 18. Mai). Daniel Kahneman. https://de.wikipedia.org/wiki?curid=231088. Zugegriffen: 27. Mai 2024.

Wilke, F. (2021, 30. Mai). Café auf, Kellner weg. https://www.sueddeutsche.de/wirtschaft/gastronomie-oeffnung-mitarbeiter-gesucht-1.5306712. Zugegriffen: 25. März 2024.

Williams, K. D. (2007). Ostracism: The kiss of social death. *Social and Personality Psychology Compass, 1*(1), 236–247.

Wong, V. (2024, 27. März). Daniel Kahneman: Nobel prize-winning behavioural economist dies. https://www.bbc.com/news/world-us-canada-68679510. Zugegriffen: 27. Mai 2024.

Wunderer, R. (2011). *Führung und Zusammenarbeit: Eine unternehmerische Führungslehre.* Hermann Luchterhand.

GPSR Compliance
The European Union's (EU) General Product Safety Regulation (GPSR) is a set of rules that requires consumer products to be safe and our obligations to ensure this.

If you have any concerns about our products, you can contact us on

ProductSafety@springernature.com

In case Publisher is established outside the EU, the EU authorized representative is:

Springer Nature Customer Service Center GmbH
Europaplatz 3
69115 Heidelberg, Germany

www.ingramcontent.com/pod-product-compliance
Lightning Source LLC
LaVergne TN
LVHW020340260326
834688LV00045B/1458